中国轻工业“十三五”规划教材

数字出版

（第二版）

主编 司占军 顾 翀
参编 谢新慧 王 静 李皓明 吕志梅

中国轻工业出版社

图书在版编目（CIP）数据

数字出版/司占军，顾翀主编. —2版. —北京：中国轻工业出版社，2025.7

ISBN 978-7-5184-2927-1

Ⅰ.①数… Ⅱ.①司…②顾… Ⅲ.①电子出版物-出版工作-高等学校-教材 Ⅳ.①G237.6

中国版本图书馆CIP数据核字（2020）第038481号

责任编辑：杜宇芳
策划编辑：杜宇芳　　责任终审：李建华　　封面设计：锋尚设计
版式设计：霸　州　　责任校对：吴大鹏　　责任监印：张京华

出版发行：中国轻工业出版社（北京鲁谷东街5号，邮编：100040）
印　　刷：河北鑫兆源印刷有限公司
经　　销：各地新华书店
版　　次：2025年7月第2版第5次印刷
开　　本：787×1092　1/16　印张：13.25
字　　数：300千字
书　　号：ISBN 978-7-5184-2927-1　定价：49.80元
邮购电话：010-85119873
发行电话：010-85119832　010-85119912
网　　址：http://www.chlip.com.cn
Email：club@chlip.com.cn

251236J2C205ZBW

前　言

《数字出版“十三五”时期发展战略规划》指出，我国数字出版在“十二五”时期迅猛发展，已经成为新闻出版业的第二大产业，对于新闻出版业实现结构调整和提质增效、加快转型升级和促进融合发展起到了重要的促进作用，其作为战略性新兴产业和出版业发展主要方向的重要地位日益凸显。“十三五”时期，是落实“四个全面”战略布局的关键时期，也是实现传统新闻出版转型升级并与新兴出版融合发展的关键时期，更是新闻出版强国建设的关键时期，数字出版将起到重要作用。

随着媒体融合成为全球出版传媒业的共同趋势，数字出版在意识形态传播中发挥的作用不断提升，舆论主阵地作用日益凸显。2018 年，我国数字出版产值突破 8000 亿元，5G 和人工智能等技术发展推动产业不断创新升级。

随着科技的发展和行业发展的需求，数字出版领域中使用的软硬件设备及其技术都在不断推陈出新，外延和内涵也发生着变化。本科教学需要紧跟行业发展态势，教材也要不断更新，这就是本版教材进行撰写的初衷。第二版教材沿用第一版的布局结构，保留了第一版中精髓部分及经典原理，增加了数字出版国内外最新研究成果及发展动态。我们编写过程中，以目前数字出版领域中应用的技术和原理为依据，对教材内容进行了更新和删除。

本书以数字出版产业年度报告中的内容和统计数据作为依据，同时兼顾本科教学的实际，内容涵盖了数字出版的最新发展动态和技术，同时配以大量插图，方便读者的学习。

总体上，在对第一版的修订中，主要进行了下列内容的更新和扩展：

◇ 添加了数字出版的最新数据；

◇ 删除“网络出版与网站设计”“音视频出版物”和“电子商务”三章；

◇ 互联网期刊单独成章；

◇ 增加“在线教育”“网络文学”“网络动漫”“移动出版”与“智能出版”章节；

◇ 增加“全景技术”；

◇ 将“虚拟现实”扩增为“增强虚拟现实技术”；

◇ 增加“数字出版标准化”。

除上述内容外，对全书各章的文字描述和部分插图进行了修改和完善。

本版的构思由司占军老师完成，统稿定稿由顾翀老师完成。第五至第十一章由司占军老师撰写；第一至第四章、十二章、十三章由顾翀老师撰写。谢新慧、王静、吕志梅、李皓明四位研究生在本书的编撰中做了大量的工作。

在修订过程中，虽然全体作者投入了较多精力对教材内容进行了严格认真的编写，但限于时间仓促及作者能力有限，难免存在不足，敬请读者批评指正。

司占军

2020 年 5 月

目　录

第一章　认识数字出版

第一节　概　　述

数字出版（Digital Publishing）作为出版业的一种新兴业态，从问世以来，发展非常迅猛，规模迅速扩大，形态逐渐完备，产品日益丰富，技术不断创新，成为出版业新的增长点。互联网＋的时代背景下，数字出版行业以技术融合创新为手段，逐步推动产业的不断变革。进入“十三五”时期，出版业融合发展向更深层次迈进，逐步步入转型升级的成长加速期。

一、数字出版概念

数字出版是指利用计算机、互联网、融媒体、人工智能等技术进行内容编辑并通过网络传播的一种全媒体的出版方式。它强调内容表达的数字化、生产模式的数字化、运营流程的数字化、传播载体的数字化和阅读方式的数字化。数字出版是出版传媒产业数字化传承的创新形态，是一种融合并超越了传统出版内容而发展起来的新兴出版产业。

广义的数字出版是指在出版流程的各个环节中涉及的数字技术应用、载体表达、内容传播、运营模式等出版形态。

狭义的数字出版指具有资质的企业生产制作及发行以数字内容为主体的公开出版物，一般通过信息网络向公众提供数字化作品，包括面向用户的网络文学、电子图书、数字报刊、互联网期刊、动漫、手机出版物等。

内容和终端是数字出版产业链的两大构成要素。如图 1-1 所示为数字出版产业链所涵盖的范围。从图中可以看出，数字出版产品形态主要包括电子图书、数字报纸、互联网期刊、网络文学、网络教育出版物、网络地图、网络动漫、网络游戏、数据库出版物、手机出版物等；而数字出版的终端则包括了阅读终端及相关服务。

二、数字出版发展历程

20 世纪 90 年代初，出版业进入了桌面出版时代。这种出版系统在当时给整个出版行业和社会的发展带来了系统的变革。就出版业而言，桌面出版时期大大简化了整个出版流程，创作、编辑加工环节的数字化，降低了出版物的错误率，提高了出版速度和质量，实现了传统出版物加工工艺的数字化，为数字出版的发展打下了坚实基础。

20 世纪 90 年代后期互联网发展进入 Web1.0 时代，以数据库和光学识别技术为代表的数据存储和加工技术日臻成熟，为内容资源的数字化发展提供了相应的技术支撑。在这一时期，国际领先的科技出版企业纷纷向数字出版转型，利用数字技术进行内容生产，全面推进了数字出版业的快速发展。我国的众多出版社和媒体也开始进行数字化转型的尝试，充分利用互联网技术发展带来的社会变革机遇，将以纸质为载体的传统出版物搬上了互联网，实现了早期纸质出版物在互联网上的数字化。

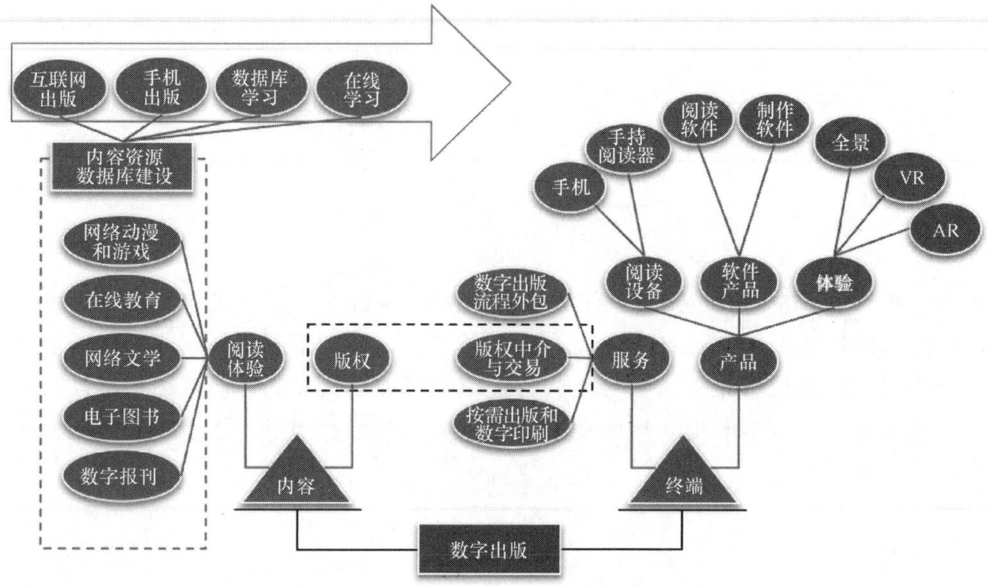

图 1-1　数字出版产业涉及的领域

21 世纪初，Web2.0 开始崛起，更加注重用户的交互体验，用户既是传播内容的使用者，也是传播内容的生产者。借助于 Web2.0 技术，一些原创文学网站开始大规模崛起，突破了传统纸质出版社的出版限制，鼓励一般受众进行创作，通过点击量推出相关作品，并采取付费阅读的方式，取得了不错的效果。这一阶段，数字出版出现了多元化的趋势，有利于个体充分参与到数字出版中来，开创了数字出版经营上的新模式。

2011 年初，移动互联网快速发展，加快了以受众为核心的社交媒体的兴起和发展，诸如微博、微信之类的各种类型的社交媒体层出不穷，发展迅速，也推动了数字出版业的进一步改革，以受众为核心的自出版时代到来。

2013 年，大数据时代到来，为数字出版发行方式带来一种全新变革，“云出版”概念开始成为数字出版业发展的新趋势。一方面，云出版把各种数字内容资源通过提供多渠道、多终端设备的方式推送给读者，整合传播内容，实现各个终端之间的无障碍阅读，加快网络内容的传播与交流；另一方面，云出版还可以通过不同内容资源之间的整合，合理解决数字出版产业中的版权、运营等关键问题，使数字出版业发展到全新阶段。

2017 年，人工智能进入快速发展阶段，由人工智能统领的新闻出版大数据、知识服务、智库建设、增强现实、虚拟仿真等新业态蓬勃发展。从产品形态、内容生产和智能连接三方面，人工智能逐渐渗透到数字出版领域各个方面，数字出版产业跨界融合趋势更为明显。转型升级、融合发展成为数字出版提质增效、新旧动能转换、推动高质量发展的核心任务。

2019 年，工信部发放 5G 商用牌照，我国正式进入 5G 商用元年。5G 商用，将为新时代数字出版产业插上腾飞的翅膀。

三、数字出版特点

与传统出版相比，数字出版具备查询快捷、存储海量、成本低廉、编辑便捷、绿色环保等特点，具有广阔的市场前景。数字出版的主要特点包括以下几个方面。

1. 数字出版极大地丰富了出版的内容与形式

传统出版最终都是以纸张的形式出现，而数字出版以计算机或其他终端为载体，它的表现形态更加丰富多彩，除了传统出版的文字形态外，还有图像、音频、视频、动画等，及它们之间的相互整合。数字出版可以用丰富、恰当的形式来表现相关内容。

2. 数字出版可以对信息进行检索、关联、重组和挖掘

利用计算机技术可以对信息进行检索、关联、重组，能够把某一领域内的信息搜集齐全以满足读者的需求。最重要的是可以挖掘内容中信息与信息之间的更深层次的关系，把本来看似孤立的信息整合在一起，方便读者使用。

3. 数字出版打破了按介质形态对出版行业划分的定势

出版行业按照介质形态可以划分为纸介质的出版、磁介质的出版、光介质的电子出版以及网络出版等。数字技术的发展创造了一些新兴的数字出版媒体，如网络游戏、手机小说、手机报纸、手机游戏、手机音乐、手机视频等。这样，跨越了介质形态的"跨媒体出版"就应运而生。出版单位将演变为内容提供商，传统的读者或受众将逐渐演变为内容消费者。

四、数字出版传播

在传统的出版传播模式中，作者、出版者、媒介商等个人或机构是传播的主体，对传播内容、传播媒介、传播效果等具有一定的掌控权。在数字化环境下，传播主体的组织结构正在发生革命性的变化，传统意义上的传播受众也拥有了话语权，迎来了自助出版时代。

与传统的报纸、广播、电视等传播媒介不同，网络与新媒体使数字出版的传播工具发生了巨大改变。以电子书为代表的电子阅读器、智能移动网络、智能手机的普及使得手持终端阅读、网络阅读和手机阅读成为数字出版时代的三大新型阅读方式。电子阅读器、智能手机等数字阅读工具以其便携性、实时化、大容量等优势成为数字化时代不可或缺的典型阅读工具。

数字化时代的数字出版传播内容呈现出多媒体性、精简化、碎片化等特征。一方面传统的纸质出版物主要基于静态的文字和图片两大传播符号，而数字技术的发展使得数字时代的出版物在内容和思想的表现形式上有了巨大的突破。数字传播在原有静态的文字和图片传播形式的基础上，还有动态的音频、视频、动画等多媒体表现形式，更有阅读者实时与交互等表现形式，另一方面，在现代"快节奏"的生活中，为了迎合人们零散化的休闲时间，数字出版内容呈现出"快、新、浅"等特征。在"浅阅读"时代，为适应受众在零碎时间里的快速式、兴趣化阅读需求，数字出版内容呈现出精简化、碎片化的特点，以满足受众"大量信息简单摄入"的需要，与传统"精、专、深"的出版内容不同，数字出版内容"快、新、浅"的要求使得微小说、微电影、微动漫、手机报等出版形式备受青睐。

五、数字出版设备

数字出版内容形式多样，诸如电子图书、数字报刊、网络动漫、短视频、虚拟现实等。内容制作和呈现需要各类数字出版设备，如计算机、平板电脑、手机、电子图书阅读器、VR 一体机、摄录一体机、体感设备等。

（1）个人电脑，如图 1-2 所示。

（2）平板电脑，如图 1-3 所示。

Dell PC 机　　Apple MAC 机

图 1-2　个人电脑

iPad Pro　　华为 M5　　小米

图 1-3　平板电脑

（3）手机，如图 1-4 所示。

iPhone 11 Pro　　HUAWEI P30　　vivo X27

图 1-4　手机

（4）电子图书阅读器，如图 1-5 所示。

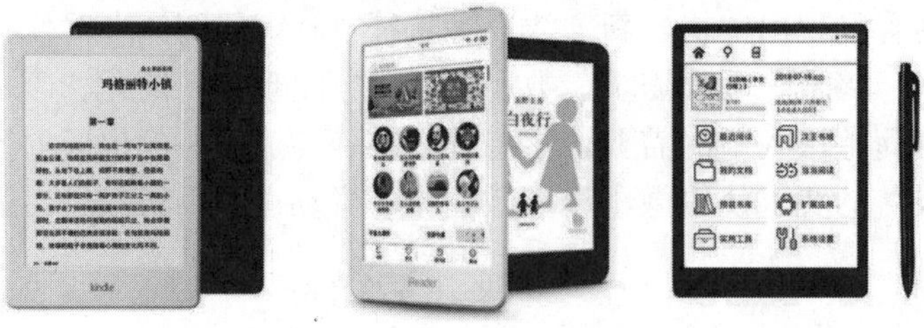

kindle　　掌阅 iReader　　汉王 Hanvon

图 1-5　电子图书阅读器

（5）VR 一体机，如图 1-6 所示。

（6）摄录一体机，如图 1-7 所示。

（7）体感设备，如图 1-8 所示。

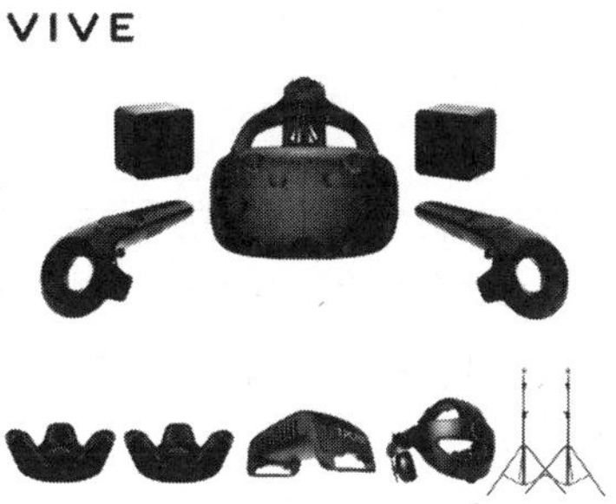

VR 设备

谷歌 AR 眼镜

图 1-6　VR 一体机

索尼

佳能

松下

图 1-7　摄录一体机

Inter RealSense SR300 摄像头

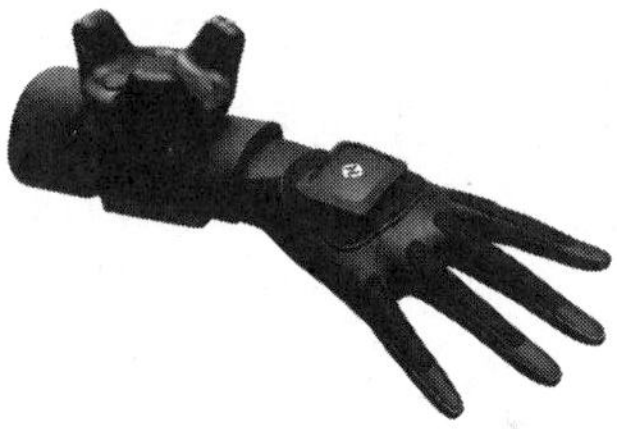

动作捕捉手套

图 1-8　体感设备

第二节　数字出版的产业分析

2018 年，媒体融合成为全球出版传媒业的共同趋势。5G 时代提前来临，以数字出版为代表的数字内容产业迎来了空前机遇和新一轮挑战。国际上，大型出版商持续着力转型；新兴技术推进媒体加速转型；有声读物成为出版市场的新增长点。国内，伴随数字中国、网络强国战略的持续推进，媒体融合迈向纵深发展，全媒体发展已成为发展趋势，数字出版在意识形态传播中发挥的作用不断提升，舆论主阵地作用日益凸显，被新时代赋予了更加重要的使命任务；数字出版产值突破 8000 亿元，再创新高，持续提升对数字经济的助力支持；新闻出版业转型升级、融合发展持续深化，5G 和人工智能等技术发展推动产业不断创新升级。

一、国外数字出版环境

大型出版商和传统媒体积极开展数字化转型，业务布局日臻完善；音视频发展势头良好，成为媒体转型的重要着力点，同时可以看到，电子书和数字原生媒体等形态正面临发展瓶颈。

1. 出版商积极拓展业务布局

国际出版商持续开展业务转型，从教育、专业、大众出版的不同领域来看，主要呈现以下态势。一是面对销售收入减少和业绩下滑，教育出版集团积极调整业务结构和探索新的经营模式。培生教育集团进一步从教育出版公司转型成为教育服务公司，其数字化业务和服务的收入占比达到 69%。同时，教育出版商纷纷开展费用全包模式，并积极拓展教材租赁业务。二是学术出版商积极开发先进的分析与决策工具，进行平台搭建，为研究人员多途径分享研究成果和获取科研信息提供支持。三是在大众出版领域，跨媒介开发成为出版商转型的重要手段。如学乐社拓展多元化业务，成立 Weston Woods 工作室，配合多部经典童书品牌开发了适合 iOS 和安卓以及 Windows 系统的游戏应用，打造跨媒介畅销品牌。在专业出版领域，约翰威立出版公司（下文简称“约翰威立”）成为数字化转型的杰出代表。据其发布的 2018 年财报显示，其数字化产品收入占比增长 5%，已达到 73%。多个业务板块在 2018 年都实现了增长。科研板块作为其最大的业务板块，位居全球第三名，2018 年增长 9%，这主要得益于期刊订阅的稳健表现和开放获取（OA）业务的大幅增长。其中，开放获取领域已成为其重要核心业务，在 2018 年实现了 34%的增长。

2. 音视频领域发展势头强劲

有声书市场发展势头良好，增势显著，英、美、德等国家的有声书市场均有突出表现。以美国为例，据相关数据显示，2017 年美国全年销售额超过 25 亿美元，有 26%的美国人收听过有声书，全年有声书新品种达到 7.9 万种，较 2016 年增长 29%。除了传统出版商，互联网企业也积极布局有声书领域。目前，谷歌已在 45 个国家以 9 种语言上线有声书商店。2018 年企鹅兰登书屋共出版了超过 1400 个有声读物产品，较 4 年前增长了 2.2 倍。2018 年 6 月，企鹅兰登书屋首次尝试开展了面向各类消费者的有声书月活动，并在纽约市设立了为期一周的 5 家快闪店，向行人免费发放有声书下载信息。麦克米伦出版集团的音频业务负责人也表示，音频在该公司整体出版战略中占据首要位置，购买音频版权被纳入其年度出版计划中。

音频需求的日益旺盛，不仅推动包括有声书等在内的音频内容的表现抢眼，也推动以智能音箱为代表的音频终端的快速发展。谷歌推出的两款智能音箱产品——Home mini 和 Max，具有较好的人机交互体验，可以自动播报当日天气和交通情况，也能够自动关闭一些智能家居设备。亚马逊新一代 Echo Plus 可支持 360°声音和多设备跨屋音乐播放，并内置智能家居控制中心，可控制家中的小夜灯、门锁、监控摄像头等智能家居设备。智能音箱针对不同的场景需求，提供不同的功能体验，全场景布局成为未来智能音箱市场竞争的关键点。

3. 技术与工具进一步提升媒体生产力

2018 年，人工智能在新闻传播领域得到更深入的应用。国外各大媒体纷纷借助 AI 强化新闻价值、延伸媒体感知，推动媒体生产力和创造力不断提升。如路透社启用人工智能工具 Lynx Insight 和 News Tracer 作为新闻助手，构建了一种“可控化的新闻编辑室”，可在海量信息中快速抓取新闻点。Lynx Insight 是人工智能信息抓取工具，它结合了大规模的自动数据筛选，根据记者习惯编程算法，通过海量数据抓取关键新闻事实并判断其发展趋势，为记者是否需要进一步对该新闻关注给出参考性建议，如果记者判定新闻价值选择继续深挖，系统会快速提供相关信息的概述。News Tracer 可追踪社交媒体（Twitter）上的突发新闻，这款 AI 工具每天实时筛选约 7 亿条推文，对不可靠的信源予以剔除，并标记出那些满足新闻价值和准确性要求的突发新闻，快速为记者提供相对真实的社交媒体信源。通过 AI 工具的使用，路透社的新闻生产效率得到显著提升。美联社也将更加精确和智能化新闻战略作为主要发力的方向之一，其新闻编辑室投入使用多个人工智能系统、工具及应用，以实现新闻采编流程的高效自动化、规模化生产。

4. 数字原生媒体遇发展瓶颈

数字原生媒体在国内依靠算法的聚合媒体平台大行其道，美国数字原生媒体正在遭遇滑铁卢，整个行业进入转型、洗牌的大调整时期。数字原生媒体遭遇生存危机的原因主要有以下几个方面：一是“轻量化”内容对建立品牌忠诚度和用户黏性的帮助较差。这些数字原生媒体在创业之初，利用社交时代读者阅读习惯碎片化、移动化的特点，投其所好，生产那些阅读轻松，用户易于接受的内容，在短时间内获得流量和用户的快速增长，但是在高速增长期过后就进入了用户增长瓶颈期，流量和用户持续增长难以维持，甚至出现下滑。二是传统媒体的新闻网站在时政新闻和严肃新闻报道方面更受用户青睐，用户还是倾向于选择传统新闻媒体的新闻网站。三是过度依赖外部社交网站，数字原生广告盈利模式难以为继。过度依赖社交媒体而获得的高点击率，并未给数字原生媒体带来高额的广告收入，广告收入流失严重的现象也使现有的盈利模式难以为继。

美国数字原生媒体遭遇生存危机，表明不仅传统媒体需要进行数字化转型，数字媒体同样要不断顺应发展形势，不断调整内容和服务。同时，媒体发展单纯依靠算法是难以为继的，想要可持续发展，必须坚持内容的深耕和服务的持续优化。

二、国外数字出版模式

国外数字出版呈现出市场整合的趋势，其竞争边界逐渐模糊，更多 IT 技术提供商也参与到数字出版内容的整合、加工及创造中来，他们将内容资源整合，根据市场需求创造出有效的商业模式，为读者提供多样性、个性化的服务。

（1）渠道带动型——以亚马逊为代表

渠道带动型即数字出版企业主要通过其独有的销售渠道来带动销售活动的商业模式。以亚马逊为例，其盈利模式是“内容平台＋终端设备”模式，即既卖其终端设备 Kindle，也卖内容资源，如图 1-9 所示。一方面，亚马逊靠其优质的终端设备 Kindle 带动其电子书内容的销售；另一方面亚马逊拥有着一个超过 2000 万种书籍资源的内容资源库，也带动了其终端设备的销售。

图 1-9　亚马逊模式

（2）多要素融合带动型——以苹果公司为代表

多要素融合带动型即数字出版企业综合利用其技术、平台、营销等带动其销售活动的商业模式。以苹果公司为例，其盈利模式也是“终端设备＋内容平台”，即既出售终端设备 iPad、iPhone 等，也出售其专有的应用商店 App Store 中的内容资源，如图 1-10 所示。内容资源方面，苹果公司与诸多出版集团有着良好的合作关系，很多出版商将苹果的应用商店 App Store 作为一个重要的销售平台，将其发行的报刊等放在 App Store 里独家发售。在数字出版物的价格方面，苹果公司采用了由出版商自主定价的方式，自己只抽取少量的提成。这一举措加深了苹果公司与各大出版集团的合作，提升了自身在市场上的竞争力。

图 1-10　苹果公司出版模式

（3）技术带动型——以谷歌公司为代表

技术带动型即数字出版企业主要依靠其技术优势占领市场并获取利润的商业模式。谷歌公司在盈利模式方面，主要是在搜索页面投放广告获利。通过大数据等技术手段，谷歌公司针对客户所搜索的关键词内容，向不同客户投放针对性的广告以与顾客需求相匹配。在内容资源方面，谷歌拥有一个包含几千万乃至上亿书籍资源的超大型数字图书馆，谷歌的用户可以通过谷歌的搜索功能搜索到自己想看的绝大多数书籍资料，如图 1-11 所示。

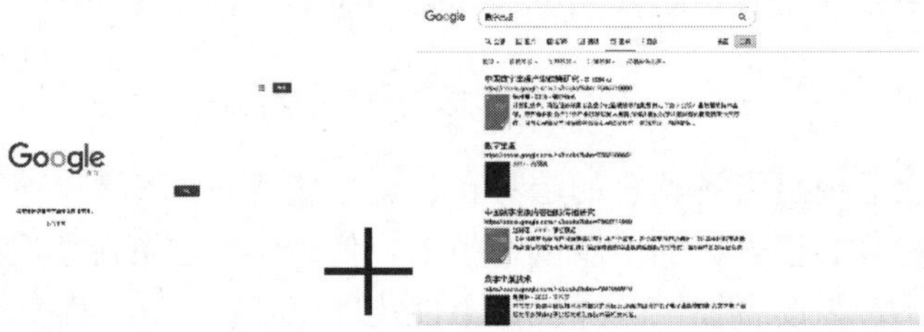

图 1-11　Google 模式

（4）内容资源带动型——以爱思唯尔（Elsevier）集团为代表

内容资源型是数字出版企业以其自身丰富的内容资源取胜的商业模式。例如爱思唯尔集团，其核心业务是为客户提供科研资料，用户可以通过爱思唯尔的网站快速地搜索到需要的学术文献等资料，如图 1-12 所示。在盈利模式方面，爱思唯尔集团主要靠把其科研成果出售给学校科研单位等获利。在内容资源方面，爱思唯尔拥有着数以千计的科技期刊。

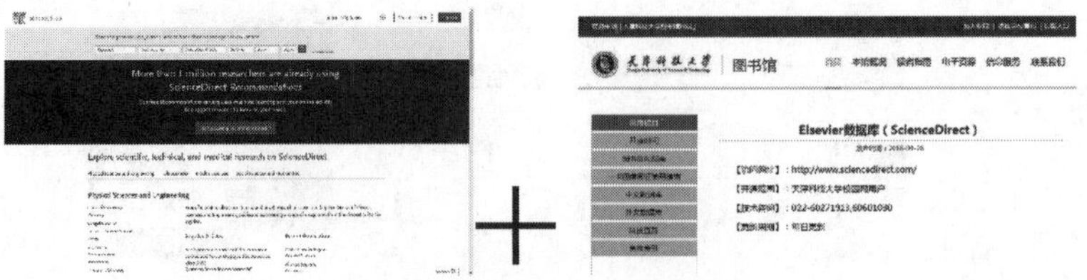

图 1-12　爱思唯尔出版模式

三、国内数字出版环境

在国家“数字中国”和“网络强国建设”的重大战略部署下，对新时代数字内容产业赋予了新责任，也带来新机遇。数字经济新引擎作用进一步凸显，推进产业结构调整，促进从生产到消费的升级；人工智能、区块链等技术革命为产业创新发展提供有力支撑；数字阅读需求日益旺盛，有声阅读作为新兴市场具有良好发展潜力。

1. 数字中国和网络强国建设步伐加快，数字重塑发展新定位

“十三五”以来，数字中国和网络强国建设已成为国家重大战略部署的重要组成部分。数字内容创新工程的实施，不仅将推进新闻出版企业转型升级、融合发展的进程，而且会为内容创新提供巨大的发展空间，从而为“数字中国”建设提供有力支撑。数字中国和网络强国建设已经上升至国家顶层设计层面，将对包括数字内容在内的各相关产业的发展带来巨大影响，也昭示着新时代数字内容等相关产业将承担更重大的历史使命和进一步推进经济发展的历史责任。

2018 年以来，党中央和政府持续推进网络强国战略，以习近平总书记为核心的党中央作出一系列重大部署，不断夯实网络强国根基。2018 年 3 月，中央网络安全和信息化委员会正式成立，网络强国顶层设计和总体布局日趋完善。习近平总书记在多个场合、多次会议上，从维护网络安全、把握关键核心技术、加强网络人才队伍、网络空间治理、全球网络空间命运共同体构建等多个维度对网络强国建设指明方向。2019 年 1 月，习近平总书记在中共中央政治局第十二次集体学习时，再次深刻分析了新形势下全媒体传播的重大理论和现实问题，明确提出了推动媒体融合向纵深发展的重要指示，系统阐述了媒体融合的方向、目标和任务，为出版业融合发展提出了方向指引和根本遵循。从提出“推动媒体融合发展的重大任务”到“推动媒体融合向纵深发展”，习近平总书记为媒体融合发展绘就了逐步清晰的路线图。随着媒体融合发展迈向纵深，全媒体发展成为必然趋势，出现了全程媒体、全系媒体、全员媒体、全效媒体，信息无处不在、无所不及，无人不用，舆论生态、媒体格局、传播方式正面临深刻变革。互联网和移动互联网已成为人们生产生活的新空间和意识形态传播的新主流阵地。

自 2018 年，国家相继出台《国务院关于推动创新创业高质量发展打造“双创”升级版的意见》《关于印发完善促进消费体制机制实施方案（2018—2020 年）》《文化体制改革中经营性文化事业单位转制为企业和进一步支持文化企业发展两个规定》等系列政策文件，从不同层面有力释放了新闻出版业融合、创新发展的活力，为新闻出版业的多业态、多形态共同高质量发展创造了有益环境。

2. 互联网成为经济发展新动能，推进生产消费持续升级

2018 年，我国信息消费规模约为 5 万亿元，同比增长超过 10%，互联网相关服务已融入人们生活方方面面，不断孕育新的经济增长点，持续拓展信息消费的新需求和发展新领域。2018 年 8 月 31 日，第十三届全国人大常委会第五次会议表决通过了《电子商务法》，标志着我国电子商务迈入规范化发展的新阶段。2019 年，中国电子商务市场规模持续引领全球，服务能力和应用水平进一步提高。中国网民规模已超过 9 亿人，互联网普及率达 64.5%；全国电子商务交易额达 34.81 万亿元，其中网上零售额 10.63 万亿元，同比增长 16.5%，实物商品网上零售额 8.52 亿元，占社会消费品零售总额的比重上升到

20.7％；电子商务从业人员达 5123.65 万人。同时，以互联网为依托，通过运用大数据、人工智能等先进技术手段，线上线下相融合的" 新零售" 的理念持续深入，智慧超市、智慧书店等新型销售门店模式在全国各地竞相涌现。

无界零售悄然兴起，线上线下深度融合，京东、阿里巴巴、腾讯等纷纷布局线上线下一体化电商生态，通过多元化的运营模式满足消费者多层次需求。每日优鲜（图 1-13）在全国主要城市建立“城市分选中心＋社区前置仓”的极速达冷链物流体系，为用户提供自营全品类精选生鲜 1 小时送达服务；京东到家（图 1-14）服务遍及华北、华东、华中、华南、西部等多个区域，为消费者提供了 2 小时内快速送达的全新“O2O”服务，打造生活服务一体化平台。

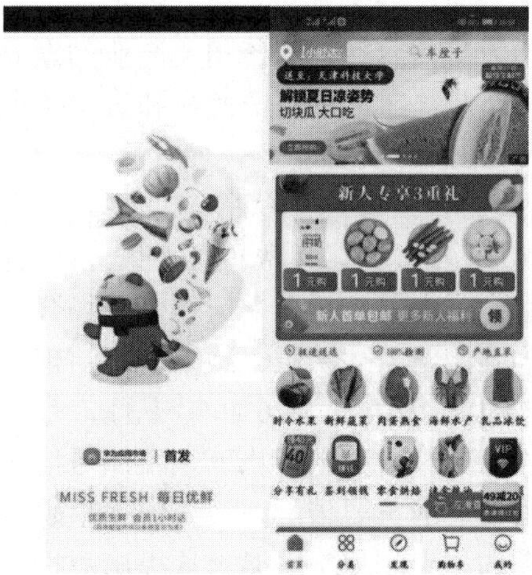

图 1-13　每日优鲜

图 1-14　京东到家

3. 技术应用为产业发展带来新机遇

目前，人工智能、区块链、物联网、5G 技术均取得了较大突破。2018 年 10 月，中共中央政治局就人工智能发展开展第九次集体学习；《2019 年政府工作报告》中首次提出“智能＋”概念，大数据、人工智能等相关词汇被提及十余次，全国多地发布人工智能专项政策，支持人工智能发展。另一方面，人工智能成为研究的重点领域，学科建设和人才培养加快推进。截至目前，全国已有数十所高校成立了 AI 学院，并设立相关学科专业。区块链技术正处于从概念发展到落地应用阶段，不仅重塑了互联网金融的新格局，并逐渐从数字货币中剥离出来，应用于各个领域，得到日益广泛的探索与应用，同样渗透至文化内容产业，有效解决互联网交易中的信用安全问题。在文化内容产业，区块链也在快速渗透，市场上已涌现出区块链＋游戏、区块链＋视频、区块链＋直播、区块链＋广告、区块链＋社交等产品。物联网将实现信息内容终端的无处不在和信息获取场景的持续多元，由此也将催生出基于场景的个性化服务。我国 5G 技术研发的第二阶段测试已经完成，网络架构等技术已成为国际标准。目前，工信部已正式向三大电信运营商和中国广电四家企业发放 5G 牌照，提早实现了 5G 商用。我国已为迎接 5G 时代做好了准备，为打造竞争力积累了先行优势。

4. 数字阅读需求日益旺盛，有声读物成为数字阅读新亮点

2018 年我国各类互联网应用用户规模持续上升，并呈现出移动化、视频化的发展趋

势。其中，即时通信、搜索引擎、网络新闻仍然保持在前三名，用户规模分别达到 7.92 亿、6.81 亿和 6.75 亿，使用率分别达到 95.6%、82.2%和 81.4%。网民使用率排名第四到第十名的应用分别是：网络视频、网络购物、网上支付、网络音乐、网络游戏、网络文学、网上银行。值得一提的是，在线教育在 2018 年取得较快发展，用户规模年增长率达 29.7%，短视频应用迅速崛起，使用率高达 78.2%。

从数字阅读方面来看，根据中国新闻出版研究院《第十六次全国国民阅读调查报告》数据显示，2018 年中国成年国民包括书报刊和数字出版物在内的各种媒介的综合阅读率为 80.8%，相较 2017 年提升了 0.5 个百分点。其中，数字化阅读方式（网络在线阅读、手机阅读、电子阅读器阅读、Pad 阅读等）的接触率为 76.2%，较 2017 年的 73.0%上升了 3.2%，数字阅读对国民阅读率提升的作用进一步提升。2018 年，手机成为我国成年人每天接触时间最长的媒介，接触率达到 73.7%，较 2017 年上升 2.7 个百分点。我国成年人人均每天手机接触时长达到 84.87 分钟。另外，从阅读方式来看，有声阅读发展势头持续良好，成为我国数字阅读的增长点。2018 年，我国有近三成的国民养成听书习惯。我国成年国民听书率为 26.0%，相较 2017 年提高 3.2%；0～17 岁未成年人听书率为 26.2%，相较 2017 年提高 3.5%。其中，选择移动有声 App 平台的国民比例达到 11.7%，成为国民听书的主流方式。数字阅读突出特点是有声读物增长显著，有声阅读已成为国民阅读的新兴增长点，移动有声 App 平台成为国民进行有声阅读的主要选择，如图 1-15 所示。

喜马拉雅　　懒人听书

图 1-15　移动有声 App

四、国内数字出版模式

数字出版产业结构不断发生变化，出现了一些相对成熟的商业模式。

（1）资本运作带动型——以盛大文学为代表

资本运作带动型是数字出版企业以其强大的资本实力介入市场并建立竞争优势的商业模式。以盛大文学为例，在用户体验方面，盛大文学最大的特点可以说是它给用户带来娱乐休闲的享受。在盈利模式方面，盛大文学的盈利模式主要依靠电子书的销售和网络文学的付费阅读。在内容资源方面，盛大文学拥有起点中文网等中文文学网和部分传统书籍资源，还打造了在线云图书馆丰富内容资源，同时培养了一大批原创网络小说作者为其提供源源不断的新内容，如图 1-16 所示。

（2）营销带动型——以汉王科技为代表

营销带动型即以强势有效的营销手段带动其产品的销售的商业模式，如图 1-17 所示。以汉王科技为例，其主要盈利模式是将电子书作为礼品，以销售电子书硬件营利。内容资源上，汉王科技拥有在国内较为领先的内容资源库，即汉王书城。

（3）终端带动型——以中国移动手机阅读基地为代表

终端带动型即数字出版企业利用其终端设备及其广大的终端设备用户群建立竞争优势

图 1-16　盛大模式

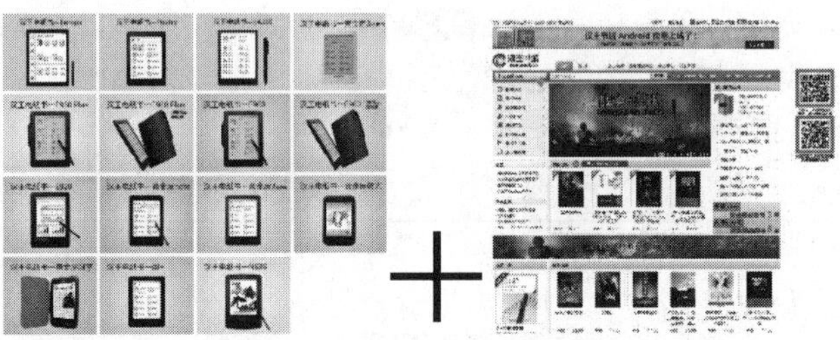

图 1-17　汉王模式

的商业模式，如图 1-18 所示。以中国移动手机阅读基地为例，在客户服务方面，以手机作为终端，中国移动手机阅读基地给客户带来了全新的随时阅读的体验。在内容资源方面，国内的诸多出版集团为其提供内容资源，在技术方面中国移动手机阅读基地斥巨资打造了一个支持近千万人同时在线参与阅读活动且容纳近百万书籍的大型阅读平台。

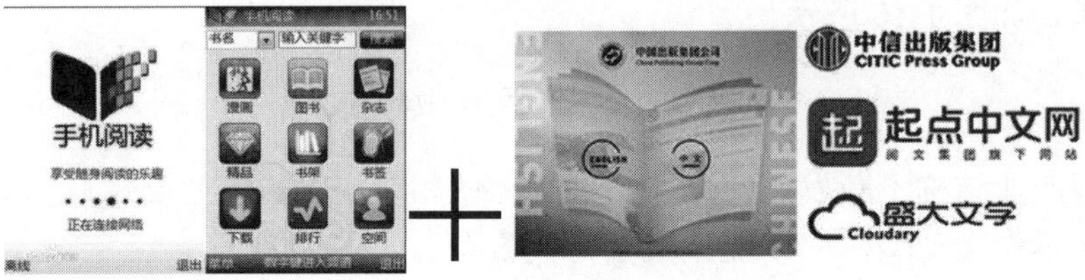

图 1-18　中国移动手机阅读模式

五、国家数字出版基地

2008 年，我国首个国家数字出版基地上海张江国家数字出版基地成立。11 年间，我国数字出版基地完成了华北、华东、华南、华中、西南、西北的总体布局，14 家数字出版基地陆续在上海、重庆、天津、广东、陕西、江苏、湖北、湖南、浙江、北京、福建、山东、江西、安徽成立。国家数字出版基地已经成为数字出版业创新驱动平台、要素集聚平台、公共服务承载平台，成为数字出版业整体发展产的强大引擎。国家数字出版基地为繁荣兴盛社会主义文化，健全现代文化产业体系，完善文化经济政策，培育新型文化业态的重要平台，对推动文化产业成为国民经济支柱产业、促进区域经济转型升级、培育新动能产生了重大作用。

（1）上海张江国家数字出版产业基地

上海张江国际数字出版产业基地是新闻出版总署授牌的第一家国家数字出版产业基地，如图 1-19 所示。伴随着上海市出版专业专硕研究生实践基地落户张江国家数字出版基地，基地的产学研水平迈向了一个新的高度。张江基地的发展模式对指导我国数字出版基地的发展具有重要的借鉴意义。

图 1-19　上海张江国家数字出版产业基地

（2）重庆北部新区国家数字出版产业基地

重庆基地是我国第二个国家数字出版基地，如图 1-20 所示。重庆基地形成了“1＋3＋10＋N”的发展模式，其发展具有三大产业层次，核心层是数字技术，包括传统出版的数字化和新媒体的出版。关联层是相关数字产品的开发；外围层则为数字出版服务通道，包括互联网、手机增值等。

图 1-20　重庆北部新区国家数字出版产业基地

（3）广东国家数字出版产业基地

广东基地揭牌于 2011 年，如图 1-21 所示。广东基地占据一切有利的因素，将数字出版、网络游戏、音乐创意三大基地通过战略合作，依托国家数字出版基地这样的平台进行深度的资源整合，形成数字出版产业群。

图 1-21　广东国家数字出版产业基地

（4）江苏国家数字出版产业基地

江苏国家数字出版基地在全国首创“一基地（南京）、多园区（苏州、无锡、扬州和镇江）”的模式，如图 1-22 所示。苏州园区重点发展游戏、互动教育、电子图书等产业；无锡园区包括数字出版软件技术集聚区与数字出版内容创意集聚区，目标是要建成以数字出版、数字影音和网络服务为重点的网络媒体与移动媒体的集聚区；扬州园区电子纸、电子墨水、电子显示屏等系列产品的全球市场占有率达 90%以上；镇江园区聚焦于数字教育领域，通过内容建设、技术研发、生产培训电子商务和产业化等业态，力争打造完善的数字教育产业链条。

图 1-22　江苏国家数字出版产业基地

（5）华中国家数字出版产业基地

湖北华中国家数字出版产业基地重点建设七大服务平台，包括公共信息技术与服务、展示交易与对外交流平台，信息采集与数据服务平台，这些平台能有效地为入驻企业提供创新和投融资服务。基地重点发展数字在线教育、动漫游戏等产业，大力引进高回报的优质项目。“华中智谷”已经形成了以数字出版产业生态聚集为特色的产业集群。

（6）天津空港国家数字出版产业基地

天津国家数字出版产业基地是依托京津两地文化和出版产业基础，聚焦自主创新，重点发展网络交易、网络出版、服务外包、研发制造，形成新兴数字文化和出版产业，带动产业发展，如图 1-23 所示。

图 1-23　天津国家数字出版基地

（7）中南国家数字出版产业基地

中南国家数字出版基地产业涵盖数字产品创意、制作、出版及销售、数字平台运营、技术开发和海量数字信息处理等方面，将通过培育在国内外有影响的大型数字出版企业，打造我国数字出版企业和数字内容运营企业集聚中心、数字版权认证维护中心、无线终端阅读内容制作中心、数字出版投融资中心和数字出版技术研发中心，全面建成拥有完整数字出版传输产业链，代表国家水平的数字出版基地，如图 1-24 所示。

图 1-24　中南国家数字出版产业基地

（8）浙江杭州国家数字出版产业基地

杭州国家数字出版基地由八个园区组成，围绕服务企业，借力政府资源，基地已经形成了成熟的服务项目和服务机制。基地实施重点企业重点投入，包括电信天翼、淘宝数字出版平台等。基地在发展自身的同时，不断搭建对外沟通与宣传平台，参加文博会、交流会，扩大基地的品牌效应。

（9）西安国家数字出版产业基地

西安国家数字出版基地将大力发展以“高新技术为支撑，数字化内容为核心，版权交易为手段”的数字出版产业，建成集内容原创、技术研发、数字加工、版权运营、终端服务等为主的产业集群，建成集孵化培育、人才培训、平台运营等为一体的服务体系，通过辐射带动作用，引领陕西乃至西部地区数字出版产业的发展，如图 1-25 所示。

图 1-25　西安国家数字出版产业基地

（10）安徽国家数字出版基地

安徽国家数字出版基地包括两个园区。第一个是合肥园区，因为合肥出版单位聚集较多，有着丰富的科教资源优势。第二个是芜湖园区，重点发展动漫、数字化多媒体产业等，成为科技与文化示范基地。

（11）北京国家数字出版基地

北京国家数字出版基地基于移动互联网发展趋势，以教育出版、移动出版、互联网出版为核心，按照“差异发展、特色发展、错位发展”的理念，建设成为国际化、国家级的数字出版产业核心区。基地创新开发建设模式，以生态创意空间奠定区域发展的基础，围绕核心产业定位和区域城市发展规划。同时，园区将加快生活配套、城市配套等功能区产业的发展，启动配套产业建设，为入驻企业提供更加完善的服务和配套，拓展产业发展空间，如图 1-26 所示。

图 1-26　北京国家数字出版产业基地

（12）青岛国家数字出版基地

青岛国家数字出版基地全方位确定终端研发生产、传统出版数字化、网络教育培训、动漫游戏产业等重点产业发展方向，同时实施大项目带动战略，大力推动人机交互智能电视应用平台项目、数字城市社区项目、云课堂暨电子书包项目、青岛数媒中心项目等 17 个重点项目，促进数字技术与文化资源的有机融合，为传统文化产业注入新活力，为山东文化产业实现跨越式发展带来历史机遇。

（13）江西国家数字出版基地

江西国家数字出版基地形成了包括数字传媒、手机出版、多媒体产业在内的数字出版产业集群。基地着力打造传统出版行业数字化，努力打造一批数字出版知名品牌和数字出版精品，致力于成为我国中部一流的数字出版产业发展新高地，特色鲜明，合理布局，如

图 1-27 所示。

（14）福建海峡国家数字出版基地

海峡国家数字出版基地以福州软件园和厦门软件园现有园区为重点，已经形成了成熟的产业运作模式。基地重点发展数字出版相关业态，形成了包括数据库出版、数字印刷、动漫、游戏等七个板块，对促进福州乃至整个福建数字出版产业的增长，有着重要的意义。

图 1-27　江西国家数字出版基地

六、国内数字出版产业分析

在国家政策的有力引导扶持下，数字出版行业整体呈现出健康向上良好的新气象。随着产业发展的渐趋成熟，产业发展核心重新回到内容价值本身；数据和技术对产业的支撑作用将进一步加大，为提供优质、个性化的内容而服务；内容生产创作专业化程度进一步加深，优质内容持续供给能力加强；知识付费浪潮仍未过去，将涌现更多的知识变现方式，为数字出版带来新模式；资本对于数字内容的驱动力量将进一步加强，激发 IP 潜能的充分释放；各地的文化特色小镇建设将为数字内容产业创造新的发展空间。数字出版产业呈现以下发展趋势。

1. 内容深耕时代来临

数字内容产业的行业自律意识不断提升，行业发展的核心逐渐回归到内容本身，把重心更多地放在深耕内容方面，对内容进行精致打磨，自发地进行有深度、有思想、有价值的内容创作与传播，加强对平台内容的把关与审核，互联网内容良性生态渐趋形成。与此同时，数字内容分级制度将逐步形成，特别是在引导未成年人方面，各家媒体平台将予以加强。

2. 数据和技术将推动产业升级

在数据和技术驱动下，产业发展路径得以重塑与优化，品牌价值将以更加科学的方式被认知与衡量，促进数字出版产品调整生产、运营思维，不仅让用户接触到而是感知到并予以认同和接纳，让产品与用户之间产生关联性，更精准有效地与用户完成个性化沟通。随着数字出版产品迈向精细化发展，数据和技术发挥的支撑作用不断加大。同时随着数字出版企业在业务上的持续推进，用户规模的不断增长，用户数据将实现更大程度的复杂性和规模积累，加强对大数据的投入与应用，将有效提高出版企业的生产效率和服务质量，促进产品创新与设计优化，从而进一步打造产品优势竞争力，提升产品的品牌价值。

3. 内容生产创作渐趋专业化

随着互联网内容创业者的生存压力日益加大，行业竞争日益加剧，很多内容创业者都面临着流量红利消耗殆尽、品牌价值提升和变现困难等发展瓶颈，MCN 模式应运而生。MCN 模式是一种任何实体/组织与内容提供者之间合作生产内容，或者由实体/组织单独创作各种垂直内容并在多种频道上发布的商业化运营模式，最先由 YouTube 于 2009 年提出。它是一种管理新媒体现象的机制和策略，其服务范围包括：版权管理、培养目标用户、品牌推广、商业化运营等。

例如，以微信、微博为代表的社交媒体平台，以腾讯、优酷、爱奇艺等为代表的视频平台，以抖音、快手等为代表的短视频平台，以腾讯新闻、今日头条等为代表的新闻资讯平台，与斗鱼、虎牙等为代表的直播平台在构建内容生态的过程中，都从直接对内容创作者的聚集，逐渐转变为对 MCN 机构的聚集。随着 MCN 模式在我国发展渐趋成熟，互联网内容创业者的创新能力和商业能力将得到更加充分的激发，互联网内容产业仍将保持快速发展势头。

4. 知识变现方式将更加多元

随着知识付费行业竞争日益加剧，用户对知识付费产品的选择更加理性，促使知识付费产品的内容和服务加速升级，知识付费的行业门槛不断提高，产品的评价体系逐步建立。同时，知识内容的层次和领域细分化成为趋势，面向用户的不同需求，可划分为学习类知识、常识类知识和专业类知识。从整体上来看，细分领域的专业类知识更能激发用户的付费意愿，将成为知识付费今后的发展重点。此外，伴随在线课程成为知识付费的新模式，在线教育与知识付费之间或将找到更多的结合点，实现融合发展。

5. 资本驱动 IP 价值潜能充分释放

随着 IP 浪潮的持续发展，有力提升了产业价值，版权资产成为文化产业的核心资产，文化产权交易平台和文化产权交易机构纷纷涌现，提供文化产权交易、项目推介、投资引导、项目融资、权益评估等服务，对资产与资本的有效对接起到重要作用。与此同时，近年来版权资产管理与评估相关政策体系逐步完善，文化产业与资本融合的环境得以持续优化。建立完整的 IP 评估指标体系和评估方法体系，既是文化企业实现社会效益与经济效益相统一的必然要求，也是壮大版权产业、推进文化产业持续发展的迫切需求。

6. 新型园区建设赋能数字内容产业

特色小镇的建设为文化产业，特别是数字文化创意产业提供了新动能。特色小镇充分挖掘地方文化内涵，围绕网络文学、网络游戏、网络动漫等新兴文化业态，基于文化 IP，运用现代科技，深度挖掘文化元素，并与地方旅游业、商业、服务业等领域深度融合，将充分激发文化产业内在潜能，构建文化产业生态系统，让其焕发更大生命力。与此同时，在文化及相关产业带动下，特色小镇建设将通过实现产业集聚，科技集聚与人才集聚，有效促进经济结构调整，打造新的经济增长极，推动地方经济腾飞发展。

第三节　数字出版解决方案

数字出版已成为出版业的发展趋势，从电子图书、互联网期刊、网络游戏、在线音乐，到手机出版、按需出版、在线数据库、在线教育等多样化的初步形态，给出版企业的传统业务带来冲击，也提供了基于内容资源的多元化的应用模式。很多数字出版企业进行了积极的探索和实践，建立数字出版平台，整合内容资源，实现跨介质发布及资源服务。

一、方正智慧教育数字出版整体解决方案

方正数字出版解决方案以出版资源管理为核心、内容应用为目标，对出版社各种出版资源进行加工存储，实现一次加工、多渠道应用发布。方案既涵盖传统业务，又对传统流程进行再造，满足数字出版时代，出版社为读者大规模提供个性化数字产品服务的要求。

数字出版解决方案结构如图 1-28 所示。

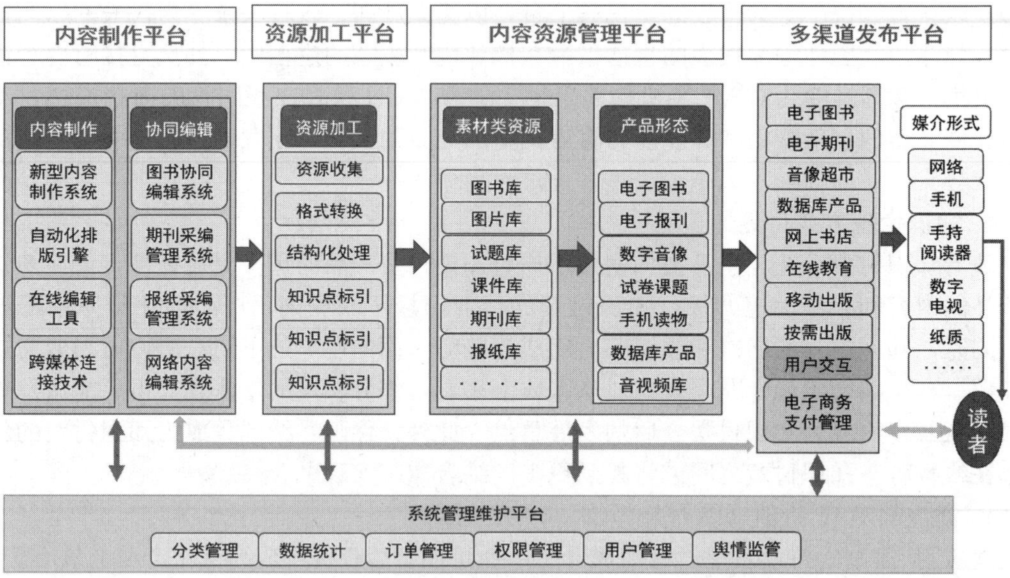

图 1-28　方正智慧教育数字出版整体解决方案结构图

二、基于 XML 的全流程数字出版解决方案

基于 XML 的一体化数字出版系统主要包括三个功能模块和一个统一数据库，如图 1-29 所示。其中，功能模块分别是采编系统、XML 结构化校排系统和信息服务系统，三个模块无缝连接，交互完成出版流程；数据库则对各个系统、各个阶段的数据进行分类存储和管理。各部分的详细功能描述如图 1-29 所示。

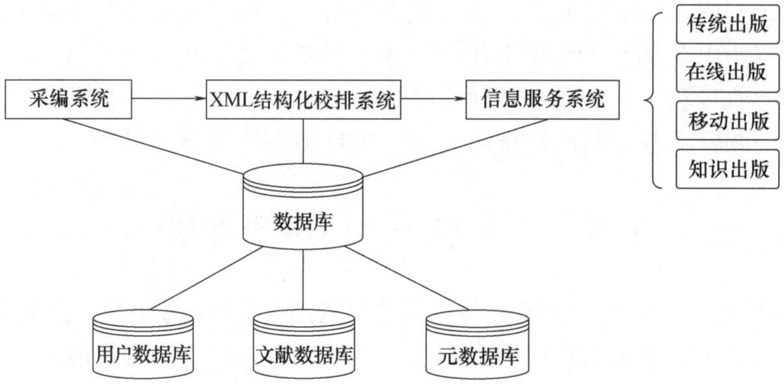

图 1-29　基于 XML 的全流程数字出版解决方案框架图

三、全流程互联网期刊数字出版解决方案

该解决方案基于内容信息流进行设计，在期刊数字化出版流程中实现期刊论文的结构化加工，完成对单篇论文的标引标注工作，动态完成学术评价指标的计算和学术成果的实时排名，并对论文相关全媒体资源进行管理，从而在学术期刊出版领域实现真正的“一次加工多元发布”的数字化出版。

四、睿泰数字出版解决方案

睿泰立足于新闻出版及文化行业，自主研发了知识搜索引擎、分布式服务总线、大数据分析以及知识地图等数字技术，构建了全媒体融合数字出版服务系统，向出版企业、文化企业、出版相关的科研院所以及政府部门提供全生命周期的智慧数字出版解决方案，如图 1-30 所示。

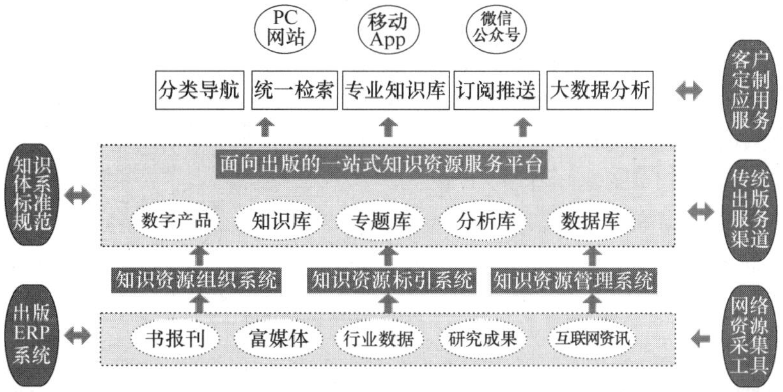

图 1-30 睿泰数字出版解决方案

五、梦想人数字出版解决方案

“梦想人科技”基于在 AR 领域十多年的积淀顺应时代要求，将 AR 技术应用于出版领域，推出了 4D 书城 App、梦想编器、4D 梦想课堂等 AR 出版产品。“梦想人科技”已经从做单品扩展到做平台，其规模化发展的思路也已初见端倪。“梦想人科技”依托其强大的技术背景，为涉足 AR 出版的出版企业提供集策划、制作、出版、销售、运营于一体的数字出版解决方案，如图 1-31 所示，从而推动 AR 出版产业化进程。

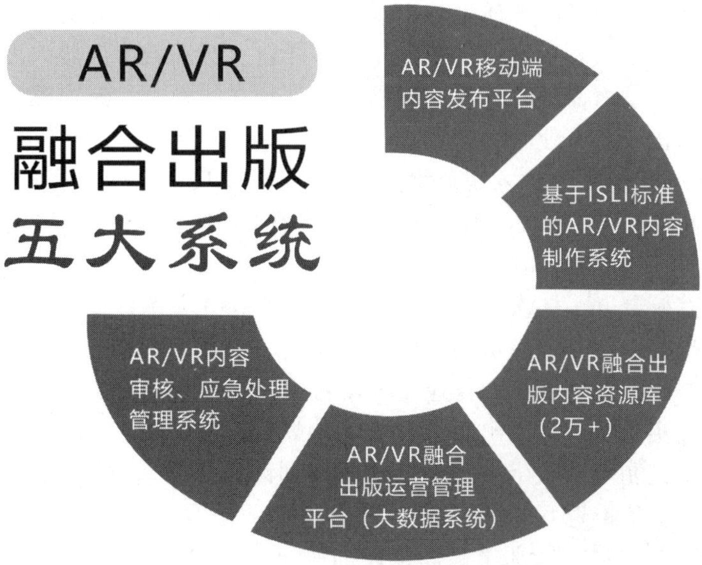

图 1-31 梦想人数字出版解决方案

六、圣才教育数字出版解决方案

圣才数字出版解决方案是专门面向出版社、报社、杂志社、图书公司、图书馆、电教馆、大中专院校、大型公司等相关单位的数字出版整体解决方案，从图书资源的数字转化、排版校对、制作电子书到数字产品的管理和销售，以及内容资源的动态重组和发布运营，提供了全套的平台及应用，是国内首家植入高清视频、交友互动、可直播答疑的 3D 电子书的出版与管理方案，方案架构如图 1-32 所示。

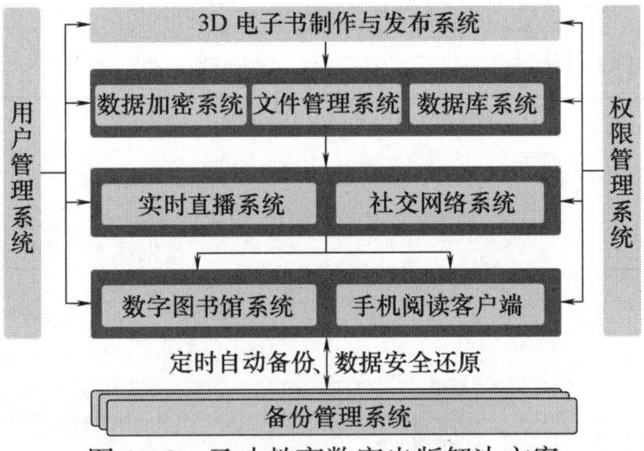

图 1-32　圣才教育数字出版解决方案

第四节　数字出版教育

2018 年，国家的一系列政策推动了中国数字教育出版业的发展。4 月，教育部印发《教育信息化 2.0 行动计划》，提出实施数字资源服务普及、网络学习空间覆盖等行动，推动了在线教育发展；8 月，司法部就《中华人民共和国民办教育促进法实施条例（修正草案）（送审稿）》公开征求意见，提出利用互联网技术在线实施学历教育的民办学校需取得办学许可和互联网经营许可；8 月，教育部等八部门联合印发《综合防控儿童青少年近视实施方案》，对科学合理使用电子教育产品作出了严格规定，在线教育产品进课堂遭遇政策壁垒。

一、数字出版教育的发展

数字出版各新兴板块产品的研发与市场化应用层出不穷，业界对人才的数量需求进一步扩大，对从业者的素质要求也更加细分化、多样化。当前数字出版人才不仅包含传统新闻出版单位数字化转型所需人才，还包括网络文学、在线教育、有声读物、知识服务、网络游戏等各个新兴板块的从业者。数字出版逐步呈现技术密集、重视服务等特点。政府、企业和高校积极展开合作，从人才规范化管理、行业需求反馈、高等教育课程设置、专业实践等多个方面积极改进培育模式，不断完善数字出版人才培养体系，努力输送复合型人才。

1. “数字出版千人培养计划”全面实施

各类型高等院校开办了层次各异的数字出版专业，并在课程设置上与时俱进，增设特色学科；各数字出版单位与研究机构、高等院校进一步开展校企合作式人才培养战略，将应用型人才培养路径与数字产业的行业需求紧密关联；数字编辑职称制度成功推出。在人才培养方面，全面实施了“数字出版千人培养计划”，完成试点班企业实训、国外研究两个阶段的任务。研究制定《数字出版千人培养计划课程体系》，建立集政、产、学、研于一体的师资队伍，征集遴选互联网实训企业。

2. 重视培育高端人才，出版业智库建设加速

2017 年 11 月，国内 18 家主流新闻出版和互联网企业于北京联合发起了自律协作型

产业创新智库群——新闻出版产业新型智库联盟，这是国内首个以新闻出版产业研究为主攻方向的新型智库联盟。新闻出版业高端人才智库的建设充分推动了高等院校、科研单位、技术企业之间的跨界合作、协同创新。不仅有助于破解互联网条件下新闻出版行业数字化转型的瓶颈问题，还可以帮助数字出版行业吸引、留住高端人才，推动行业整体发展。

3. 高校办学与时俱进，增设特色学科

当前数字教育产品、有声读物、网络游戏等不同形式的数字出版产品层出不穷，新型数字出版人才的培养需求日益增加，部分高校在课程设置上与行业接轨，突出“数字出版”，或增设特色学科，反映了数字文化产业的变化方向与趋势，如北京国家数字出版基地联合北京印刷学院开设了“数字出版与网络文学”高级研修班。该专业面向网络文学及相关产业管理者、编辑、商务、作家等资深从业人员，目的在于提高其从业水平，共同推动网络文学的发展。

4. 政产学研密切配合，全系统共同推进人才培养

我国数字出版人才在数量和质量上不能满足数字出版行业快速发展的需求，因此加强出版人才培养，进一步扩大人才队伍成为出版业全系统实现技术变革、产业升级与创新的重难点。政府、企业与高校之间积极展开合作，通过“政产学研”的结合来提升数字出版人才教育质量。

江苏国家数字出版基地镇江园区与全国高校数字出版联盟，在学生实践、教师培训、联合实验室建立等方面展开全方位合作，致力于培养理论和实践相结合的创新型、复合型、应用型的高素质数字出版人才。通过政校联合的协同发展，将共同建立新式的人才培养架构，创新出版发展方向，推动出版产业的大发展。

5. 主管部门积极展开培训，加强从业者管理

人才是数字出版产业的核心竞争力和决定性要素。政府主管部门积极开展资深从业者培训活动，是目前提升新闻出版从业人员综合素质的有力举措。2017 年 10 月，原国家新闻出版广电总局于武汉和北京两地举办了“数字出版千人培养计划”试点培训班，划分为高校脱产学习、企业实训和境外学习交流三个阶段。

二、数字出版典型范例

近几年随着互联网技术的快速发展，有声读物、知识服务、网络游戏等丰富了数字出版的产业形式。众多高校根据社会热点和发展需要调整学科设置，数字出版教育的范围不断扩大，人才培养的方向更加宽泛。

1. 立足行业定位，加强数字出版实验室建设

2017 年，原国家新闻出版广电总局依托大型传媒集团，携手地方高校在科技与标准领域、出版融合发展领域共建了多家新闻出版重点实验室。这些实验室在推动相关领域科技进步、产业融合升级的同时，形成了“政产学研用”为一体的运营机制，推动了高校数字出版领域的人才培养。

2. 根据社会需求，针对性培养人才

近几年，网络文学、网络游戏、知识服务等新兴产业开始在互联网经济中崭露头角，由网络文学转化而成的图书，改编的影视作品、游戏、动漫、有声读物及周边产品，成

为文娱产业的重要组成部分。网络游戏行业的迅猛发展，带动行业的人才需求日益提升。电子竞技从业者作为一种新兴职业逐渐被人们所接受。部分高校相继宣布开设电竞专业。

3. 顺应融媒体趋势，培养应用型复合人才

随着媒介技术发展和新媒体崛起，新闻业、传播业、广告业和出版业的行业边界日渐模糊，媒体融合生态环境已经形成，对出版人才进行跨专业和跨学科的培养，才能适应行业和社会发展的需求。

4. 优化教师资源，提高学术研究水平与实践水平

一流人才是一流大学和一流学科建设的核心基础。随着行业对专业实践教学和产学融合的重视程度逐渐加深，更多高校聘请从业者和行业带头人参与教学活动，增加行业经验的传授。

三、数字出版教育问题与对策

我国高校数字出版学科人才教育培养和高校学科建设依赖国外高校和出版市场的先进经验，面临着互联网和数字技术的高速发展给出版业带来的冲击。内容生产、市场形态和管理模式的革新，要求当前的数字出版教育要培养适应互联网和新技术的应用型和复合型人才。我国高校出版教育学科经过多年的学科发展和理论体系建设，在成果卓著的同时仍存在以下问题。

1. 市场变化亟待重视

现代用户对于出版物的形式和内容的需求正飞速变化，用户对于阅读的时间成本和交易成本越来越看重，信息的获取渠道也呈现多样化趋势，从单一的纸媒和出版物发展为主要利用手机、移动电脑等智能终端、各大新闻资讯平台及App进行碎片化阅读，用户更加依赖各出版物与知识服务平台，这种市场变化趋势也要求出版教育进行转型，加快培养新型数字出版人才以适应出版市场。

2. 学科设置缺乏规范

编辑出版学科在各高校中学科归属模糊，导致各高校的人才培养不能协调发展，同时也阻碍了高校之间的人才交流。高校对出版的课程设置存在重理论、轻实务的问题，核心课程覆盖面不够广泛，主次搭配不够合理，导致学生无法满足岗位需要。

3. 教育资源分配不均

当前高校出版学科的师资力量薄弱，不能同时具备市场需求的编辑出版知识和数字化技能。同时出版专业的业界精英少，而且地理分布不均衡，主要集中在出版业发达地区。

解决现有数字出版行业的教育问题，可考虑从以下方面着手。

1. 培养从业者互联网思维

教育出版行业人员要掌握互联思维的内涵和外延，在互联网环境下设计教育出版产品要考虑互动性、参与性、快捷性、移动性、新颖性、用户体验和用户至上的基本要素。

2. 优化学科体系，动态调整课程设置

一是明确专业发展目标以及学科定位，将教学内容与数字出版工作技能有效衔接，在教学内容方面，本科生应重于专业技能、策划能力和技术应用能力的培养，研究生侧重于数据分析行业研究和产业观察等视野格局的培养；二是要充分体现数字出版产业的融媒体

特点，立足于传统出版，积极构建文理工法商交叉式的培养结构。关键是各高校必须因地制宜，结合自己已有的优势学科，办出特色；三是建立完善的实践体系，着重培养学生的实操能力，增强教学内容与数字出版市场之间的联系性，提升数字出版人才在就业中的综合竞争力。

3. 对接市场需求，完善继续培养机制

一要通过“企企”联合的方式，让传统出版企业与互联网企业积极展开内部合作；二要通过“校企”联合的方式，让高校的专家和教授深入一线，作为智囊团协助研究数字出版的相关问题；三要加强企业培训，可邀请学者进行理论前沿介绍和趋势分析，校企合作同时也促进人才的交流和选拔。

4. 立足国际视野，汲取先进经验

一方面，要鼓励国内数字出版从业人员“走出去”，配合“数字出版千人计划”展开境外学习交流，进一步强化素质，拓展视野。到欧美先进数字出版企业中考察交流，在借鉴中加强自身的业务能力，学到先进经验。

另一方面，要加强国际合作，可以将国外数字出版业富有经验的工作者“引进来”，为各方面的人才提供更好的交流沟通平台，探讨共同发展之道。

参考文献

［1］ 中华人民共和国商务部. 中国电子商务报告（2019）［EB/OL］.（2020-07-02）［2020-07-09］. http：//dzsws. mofcom. gov. cn/article/ztxx/ndbg/202007/20200702979478. shtml.

［2］ 许玲. 数字出版对教辅图书的影响及其发展策略［J］. 新媒体研究，2019（03）：94-95.

［3］ 张晓薇. 我国数字出版商业模式探讨［J］. 鄂州大学学报，2018，25（02）：51-55.

［4］ 张立. 2017—2018 中国数字出版产业年度报告［M］. 北京：中国书籍出版社，2018.

［5］ 吴尚之. 传统出版与新兴媒体融合发展之路［R］. 出版商务周报，2014.

［6］ 孙玲. 我国国家数字出版基地管理运行模式浅析——以上海张江和江苏基地为例［J］. 传媒，2015（22）：72-74.

［7］ 中华人民共和国新闻出版总署. 我国数字出版格局综述［EB/OL］. 中国新闻出版报，2011.

［8］ 百度百科：每日优鲜. https：//baike. baidu. com/item/每日优鲜/18075558？fr=aladdin.

［9］ 百度文库：北京国家数字出版基地资料. https：//wenku. baidu. com/view/1acdb9c1a8114431b80dd899. html.

［10］ 中国新闻网：聚焦海峡论坛：海峡国家数字出版产业基地获批. http：//www. chinanews. com/tw/2013/06-16/4931988. shtml.

［11］ 站酷：福建海峡数字出版中心的站点. https：//www. zcool. com. cn/work/ZOTMwOTU2. html.

［12］ 叶骏强，贺涵甫. 我国国家数字出版基地发展瓶颈与破解途径——以“张江经验”为例［J］. 中国报业，2017（22）：21-22.

［13］ 李宁宁. 新媒体时代杭州数字出版产业的发展思考［J］. 西部广播电视，2018（03）：58-59.

［14］ 侯增辉. 我国国家数字出版基地发展现状及策略分析［D］. 南京大学，2016.

［15］ 张立. 2018—2019 中国数字出版产业年度报告［M］. 北京：中国书籍出版社，2019.

第二章　电 子 图 书

第一节　概　　述

电子图书的概念最早出现于1940年左右出版的一部科幻小说中，书中幻想未来可以在某种特制的电子设备上阅读图书。到了1971年，迈克尔·哈特（Michael Hart）的“古腾堡工程”使纸质书规模化地转化为电子图书。直到进入20世纪90年代，随着电子、计算机及网络技术的迅猛发展，相关的阅读终端、阅读软件以及提供电子图书下载的网站纷纷涌现，标志着电子图书阅读时代的到来。

一、电子图书定义

据维基百科，电子图书一般是指以数字方式储存成电子档的书籍，某些情况下也特指专门用来阅读电子图书的电子图书阅读器。中国新闻出版总署的定义是：电子图书是指将文字、图片、声音、影像等讯息内容数字化的出版物以及植入或下载数字化文字、图片、声音、影像等信息内容的集存储介质和显示终端于一体的手持阅读器。

二、电子图书构成分类

1. 电子图书构成

电子图书的出现打破了传统以纸质书为代表的知识凝聚和传播方式，电子图书包括：

① E-book的内容，它主要是以特殊的格式制作而成，可在网络上传播的图书，一般由专门的网站组织而成。

② 电子图书的阅读器，它包括个人电脑、手持数字设备（PDA）、专门的电子设备如Kindle阅读器。

③ 电子图书的阅读软件，如微软公司的MicrosoftReader、Adobe公司的Acrobat Reader、Glassbook公司的Glassbook、超星公司的SSReader等。

2. 分类

电子图书的基本类型分为电子图书1.0、电子图书2.0和电子图书3.0。

① 电子图书1.0（E-book 1.0）。是指与纸质版对应的电子图书。它和纸质书的内容版式完全对应，常见阅读器中的电子图书多属于E-book1.0。例如Kindle、苹果系统的图书App等国外主要电子图书平台。E-book 1.0产业链基本沿用纸质出版业路径，产品定价、版权、版税等也遵循传统出版商的基本规律。

② 电子图书2.0（E-book 2.0）。是指原生电子图书。顾名思义，网络原生书是指仅以网络为载体，数字资源为唯一形式产生、发布、传播交流并保存的电子图书。它具有网络原创性和数字唯一性的特征。目前网络文学网站中的原创内容等多属于E-book2.0，例如KDP Select（Kindle Direct Publishing直接出版平台）。

③ 电子图书3.0（E-book 3.0）。是指增强型电子版，即多媒体电子图书。它除了传

统静态阅读要素以外，融入了声音、视频等动态多媒体要素，例如 vook（vidio＋book 的合称）产品、苹果 iOS 系统中各种类型的电子图书应用等。

三、电子图书特点

1. 微型化和无纸化

电子图书用磁性储存介质或闪存类的电子储存介质，不再依赖于纸张，一张 700MB 的光碟可以代替传统的三亿文字的纸质图书，这就大大减少了木材的消耗和存储空间。

2. 多媒体

电子图书一般不仅仅是纯文字内容，还可集成图像、声音、影像等多媒体元素，在一定程度上丰富了知识的载体。

3. 丰富性

由于互联网快速发展，传统书籍几乎都搬上了互联网。而且由于创作的多元化，电子图书内容呈现爆炸式增长，读者有近乎无限的知识来源。

4. 屏幕适应性

指用户可以在手机、Pad、电脑等不同大小尺寸的屏幕上进行阅读，阅读进度、阅读注记跟笔记也能同步在不同屏幕上呈现。

5. 社区阅读

由于社区平台的高使用度，阅读内容也可以经由分享到社区平台，来带动或是经营实体与虚拟的社区讨论，实体活动如读书会形式，虚拟如线上讨论书籍的平台。

四、电子图书格式

电子图书常见的文件格式有 TXT、HTML、PDF、DOC、CHM、EXE、EPub、CAJ 等。

1. TXT 格式

TXT 文件是微软操作系统上最常见的一种文本文件格式，用操作系统自带的记事本等程序就可以打开、编辑它。TXT 格式的电子图书容量大，所占空间小，得到不同平台手机和电子图书阅读器的普遍支持。

2. HTML 格式

HTML 语言是目前网络上应用最为广泛的语言，也是构成网页文档的主要语言。HTML 被用来结构化信息——例如标题、段落和列表等，也可用来在一定程度上描述文档的外观和语义。

3. PDF 格式

PDF（Portable Document Format，便携文件格式）是 Adobe 公司为了支持跨平台多媒体集成信息的出版和发布，尤其是提供对网络信息的发布而设计的文件格式。该格式与系统平台无关，也就是说，PDF 文件不管是在 Windows、Unix 还是在 Mac 操作系统中都是通用的，PDF 文件格式已经成为国际标准。

4. DOC 格式

微软的 .doc 格式是一种自己的专属格式，其文件可容纳更多文字格式、脚本语言及撤消等信息，比其他的文件格式，如 RTF、HTML 等要多，现在市面上的电子图书阅读器和智能手机基本都能支持DOC格式。DOC格式很少用于发布的电子图书格式，一般作为原始素材在编辑过程中使用。

5. CHM格式

CHM（Compiled Help Manual，已编译的帮助文件）格式是微软1998年推出的基于HTML文件特性的帮助文件系统。被IE浏览器支持的JavaScript、VBScript、ActiveX、Java Applet、Flash、常见图形文件（GIF、JPEG、PNG）、音频视频文件（MIDI、WAV、AVI）等，CHM同样支持，并可通过URL与Internet联系在一起。CHM文件因为使用方便、形式多样也被采用作为电子图书的格式。

6. EXE格式

这是一种目前很流行的电子图书格式。一般有两种方法制作，其中一种就是使用特殊软件，如WebCompiler、Wenpacker等，将HTML文件打包生成的EXE文件；还有一种是使用专业的软件（如Director等）制作的多媒体作品，后者更侧重音视频，接近影视作品。

7. EPub格式

EPub于2007年9月成为国际数字出版论坛（IDPF）的正式标准。EPub是一个完全开放和免费的电子图书标准，其后缀名为 . epub。该格式电子图书内容可以"自动重新编排"，以最适于阅读的方式显示。EPub文件其实是zip压缩文档，包含了一本书的所有内容：元数据、文字、图片、各种媒体素材等，EPub格式支持DRM（Digital Rights Management，数字版权管理）。EPub格式的图书已经越来越普遍，目前除亚马逊Kindle不支持EPub格式外，所有电子图书阅读器都支持EPub格式。

8. UMD格式

UMD（Universal Mobile Document，通用移动文档）格式压缩比例高、支持图文混排、支持检索及DRM，很多电子图书被做成UMD格式。UMD格式是智能手机流行之前被用户普遍接受并喜爱的手机电子图书格式，一些掌上游戏机（如PSP）也支持UMD。相对TXT格式，UMD在发行漫画或图文并茂的电子图书方面具有优势。为满足用户对手机电子图书的需求，很多网站和论坛都自发制作UMD格式电子图书给用户分享。

9. PDG格式

PDG是北京世纪超星信息技术发展有限责任公司开发的数字图书格式，需要使用超星公司专门开发的阅读器——超星阅读器（SSReader）阅读。超星公司是国内最早从事纸质资料的数字化及制作电子出版物的公司之一，拥有世界最大的中文数字图书馆，馆藏图书量达到240万种。PDG在国内的用户非常普遍。

10. CEBX格式

CEBX（Common e-Document of Blending XML，基于混合XML的公共电子文档）是北大方正电子有限公司推出的文档格式。CEBX的前身是CEB，CEBX是一种独立于软件、硬件、操作系统、呈现/打印设备的文档格式规范，具有原版原式的呈现特点，还可实现图文及多媒体信息的动态和实时混排。CEBX支持数字签名和分段授权，并可以实现本地安全、DRM等多重安全特性。

11. CAJ格式

CAJ（China Academic Journals）是中国学术期刊全文数据库中文件的一种格式，需要使用同方知网（北京）技术有限公司开发的 CAJViewer 阅读。CAJViewer 又称为 CAJ 浏览器或是叫 CAJ 阅读器，是中国期刊网的专用全文格式阅读器，支持中国期刊网的 CAJ、NH、KDH 和 PDF 格式文件。CAJ 阅读器可以在线阅读中国期刊网的原文，也可以阅读下载到本地硬盘的中国期刊网全文，并且其打印效果可以达到与原版显示一致的程度。

五、电子图书盈利模式

根据电子图书市场营收情况的研究，电子图书的盈利模式，概括为以下几种：全产业链的盈利模式、电子图书付费的盈利模式、电子图书的广告盈利模式、“免费+付费”的盈利模式、非货币的盈利模式等。

1. 全产业链的盈利模式

这种盈利模式主要是“内容+平台+终端”的全产业链模式，其关键点在于：一是产业链各方的内容、平台、终端实现一体化。内容资源在产业链中起基础性作用，并且在投入方面也是巨大的。如果作为产业链基础的内容资源没有建设好，那么这个产业链就是失败的，是无法贯通的。二是实现企业的全面发展和多方获益。凭借平台和终端来获取内容资源并使之实现多方面的开发利用是赢利的重点。例如咪咕与亚马逊 kindle 合作推出 Kindle X 咪咕，海尔与当当联合推出海尔 Topsir，以及当当与国文集团推出国文当当电子图书阅读器，如图 2-1 所示。

Kindle X 咪咕　　海尔 Topsir　　国文当当

图 2-1　平台和终端合作开发的阅读器

2. 电子图书内容付费的盈利模式

付费阅读正在成为国内电子图书市场营收的重要手段。付费阅读一般采用“先免费后付费”模式，商家用免费吸引大量用户前期流量，形成较为固定的用户群体后，再采用收费模式实现变现，一旦付费，用户对平台黏度会大大增加，形成良性循环。此类付费方式多体现在网络文学领域，除了读者通过购买网络付费内容进行的在线阅读活动外，还包括按章节支付、包月套餐及其他捆绑套餐等多种形式。

此外，打赏也是内容提供商和作者重要的收入来源。打赏是对作者或读者评论进行奖励的一种形式，粉丝通过各种形式打赏作者，变相实现内容付费。平台会收取一定比例的打赏费作为平台费，成为网站的另一部分收入来源。阅文集团旗下的起点中文网就采用了这种模式，如图 2-2 所示。

图 2-2　起点中文网的盈利模式

3. 电子图书的广告盈利模式

广告盈利模式是通过在电子图书内嵌入或者阅读平台上投放广告盈利的。电子图书广告表现形式一般为图片或视频，图片广告有静态和动态两种形式，多以“BANNER”的方式出现，而视频形式广告分为弹出和内嵌两种方式，视频广告多为自动弹出播放。

广告投放模式一般有两种逻辑：第一，根据电子图书的种类，选择与广告投放方产业相关领域的电子图书，通过电子图书与行业间的高关联性，做到对消费群体的精准推送；第二，将相同广告重复投放在电子图书中，且是多个有关联性的电子图书，此模式可以很好地节约广告制作成本，还能使读者被动加深对广告内容的印象。在这方面，谷歌是典型的案例。谷歌不但拥有大量的图书资源，而且在图书搜索结果的旁边投放了大量的广告，这是谷歌主要的盈利方式之一，如图 2-3 所示。

4. “免费＋付费”的盈利模式

这种盈利模式是将免费和付费很好地结合起来形成的，如表 2-1 所示。

表 2-1　电子图书“免费＋付费”盈利模式

版本	媒介	广告	价格
基础版	在线	有	免费
升级版	在线	无	低价
高级版	下载	无	中等
最终版	纸质书	无	高价

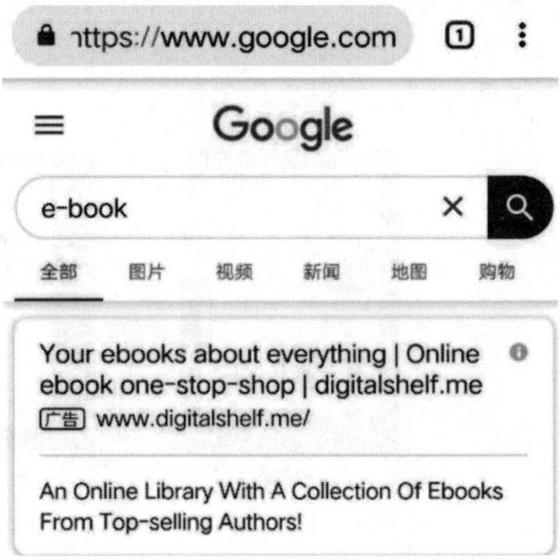

图 2-3　谷歌的广告投放模式

该表中基础版的电子图书主要是指电子图书平台提供一些免费的电子图书，平台为了保证其内容的完整性，这些电子图书中可能有一些相关广告的植入。而升级版、高级版和最终版的电子图书中没有相关广告的植入，表现形式也呈现多样化和读者的个性需求化，并且提供一定的服务。这些版本及其提供的升级服务与拓展业务等是针对一部分特定的用户进行收费的。用户支付的费用越多，得到的服务质量就越好，用户体验就会越丰富，享有的权利也就越多。这种模式的核心就是追求差异化，把“免费＋付费”的盈利模式发挥到最好，实现盈利的最大化。例如亚马逊，现阶段已经推出了含广告和没有广告两种不同版本的阅读器。

5. 非货币的盈利模式

非货币盈利模式的流程主要是电子图书平台提供免费或者低价的电子图书给用户，如果用户想要获得一本电子图书，那么可以在平台上上传其他的资料，上传后就能获得一定的阅读或下载权限，而上传的资料经过平台的加工和整理之后可以以同样的方式供其他用户使用或销售给其他有需要的主体等。这种方式的好处就是可以将资源无限扩大化。另外，平台也可以通过设置各种调查来收集信息，比如用户想使用或下载电子图书可以填写问卷调查，接受手机通话调查等，这些方式保证信息的来源，之后读者就可以免费获得想要的电子图书，而平台是通过向调查企业收取信息的费用来盈利的。百度文库目前就是采取这种方式来获利的，如图 2-4 所示。

图 2-4　百度文库的非货币盈利模式

第二节　电子图书阅读终端

一、电子图书阅读器

电子图书阅读器（e-book device，e-book reader）是一种浏览电子图书的工具。电子图书阅读器是一种以电子纸为显示屏的新式数字阅读器，可以阅读绝大部分格式的电子图书，比如 PDF、CHM、TXT 等。电子图书阅读器能给用户提供类似纸张的阅读感受。

电子图书阅读器的发展大致可以分为三个阶段：第一阶段可以称为探索阶段，一般以 2000 年为界，在此之前，众多厂家投入到电子图书阅读器的研发中去，由于没有统一的标准，故此阶段产品比较混乱，但是产品极其丰富和多样化；第二阶段是 2001—2006 年，这是一个低谷期，经历了全球互联网泡沫和经济低潮的打击，众多电子图书阅读器的先驱厂家破产倒闭；第三阶段是 2007 年至今，这是一个繁荣期，伴随着全球经济好转，黑白电子纸技术的成熟，以亚马逊 Kindle 为代表的电子图书阅读器的热销，引爆了电子图书阅读器市场，同时引起国内外出版业的强烈关注。

1. 电子图书阅读器的发展历程

（1）国外发展

表 2-2 列出国外主要电子图书阅读器厂家及其产品的发展历程。

表 2-2　　国外电子图书阅读器的发展历程

年代	公司及产品	特　　点
1992 年	索尼公司 Bookman	屏幕过小、电池支持时间短、无版权保护措施
1998 年	SoftBook Press 公司 SoftBook	重 1300g；9.5in LCD 触摸屏；2MB 闪存，可扩展至 64MB；采用可充电锂电池，续航能力约 5h；内置 Modem，可直接连上 Internet 到其公司的书店 SoftBookstore 购买和下载各种内容
	NuvoMedia 公司 Rocket eBook	重 627g；5.4in 的单色显示屏；4MB 闪存，可扩展至 32MB；内置镍氢充电电池，续航能力达 40h；通过串口或红外线与 PC 连接，支持 HTML、Word 和 ASCII 码格式的文件；版权保护方面很有力，许多出版商为其提供内容
1999 年	富兰克林电子出版商 eBookMan	重 185g；使用 16 级灰度、分辨率为 200×240 的 LCD 显示屏；具有手写识别功能；具备 8MB 或 16MB 的内存，并可扩展；使用 USB 与 PC 通讯；具有录音功能；提供全面的 PDA 功能

续表

年代	公司及产品	特　　点
1999年	Everybook Inc. 公司 Everybook	重1.65g；号称是真正的电子图书，采用了两页式的设计——像一本真正的书打开后的样子；体积为12in×9in×1.9in，采用两个10.4in 16位彩色触摸屏，硬件分辨率124dpi；支持PDF格式；版权保护则采用了加密的形式；存储卡容量可达256MB；可以通过USB接到PC上进行打印；可以通过电话线连接Internet访问该公司的网站并下载内容
2000年	汤姆逊多媒体公司 RCA eBook	重1.0kg，8.2in彩色LCD触摸屏，8MB闪存，扩展到128MB，续航能力5～10h，直接与Internet连接，支持LAN、电缆modem和xDSL上网，无需PC，内置Random House的Webster词典，具有便捷的搜索和查找功能，并可方便的进行书签添加、笔记记录等
2007年	Amazon公司 Kindle	采用了新型6in的E-Ink电子墨水显示屏，具有接近书本的完美阅读体验，显示时不耗电，只有翻页时才耗电，具有很长的续航时间；支持Wi-Fi和3G无线网络，用户可以在线购买图书、订阅报刊等
	富士通公司 FLEPia	重480g，8in 260K色显示屏；续航能力40h；支持蓝牙和WiFi功能，是世界上首款具备有色电子纸功能的移动信息终端设备
2013年	索尼公司 DPTS1	重358g，13.3in的E-Ink电子墨水显示屏，是市面上屏幕最大的一款电子阅读器；4G内存，可扩展到32G；内置型锂离子充电电池，续航能力2～3周；支持PDF格式；可以通过手写笔进行批注

2007年亚马逊推出电子图书阅读器Kindle后，掀起了全球电子图书阅读热潮。随后电子图书阅读器在欧美等国家大行其道，多个出版商纷纷推出自有电子图书阅读器。

据2016年电子阅读器行业市场研究报告显示：电子图书阅读器市场份额被北美以68.48%，欧洲以13.86%和中国以7.82%三分天下。电子阅读器的大型生产企业三大巨头分别是亚马逊、Kobo和PocketBook，共同占据目前75%的市场份额。目前，全球范围内拥有710万台电子阅读器，销售势头十分迅猛。美国电子图书阅读器市场掀起降价风潮；日本电子图书阅读器产业步入快速发展轨道；英国电子图书阅读器市场销售形势趋好；德国电子图书阅读器市场发展潜力巨大。

（2）国内发展

在SoftBook Press公司和NuvoMedia公司的影响下，国内一些厂家几乎都在同年就有了类似的产品，这些厂家有辽宁秦通（产品是掌上书房）、广州金蟾（产品是易博士电子图书）、广州博朗（产品是金博览掌上读）、天津津科（产品是翰林电子图书）等，它们是国内涉足电子图书阅读器最早的一批厂家，基本在2000年就生产过采用普通液晶屏的电子图书阅读器。

同样受到全球互联网泡沫破灭的影响，国内电子图书阅读器行业也遭受重创，一些厂家消失不见，如辽宁秦通。一直到2007年，亚马逊（Amazon）重新定义了电子图书阅读器的标准，并带来整个行业的繁荣，电子图书阅读器重新获得新生，国内外众多厂家纷纷跟进，国内除上述几家传统电子图书阅读器厂家推出各自采用E-Ink显示屏技术的产品之外，还有许多其他行业的厂家也涉及这个行业，如纽曼、广州商科、汉王科技等。

2009年，电子图书阅读器突然爆发成为热门消费电子产品，更多的企业投入其中，如易狄欧、华硕、华为、微星、方正等。

2010年，盛大依托其庞大的在线资源发布了首款电子图书阅读器Bambook，同时它接入了新华文轩（四川新华书店）旗下的九月网、古腾堡计划、Feedbooks 等众多优秀数字内容平台，扩大了用户阅读的内容资源。

2013 年，电子阅读器行业发展受挫，市场规模跌至低谷。

2016 年，腾讯旗下阅文集团启动电纸书计划，阅文集团凭借互联网原创内容资源的绝对优势，其电纸书战略对业内产生了深远影响。

2017 年咪咕电子图书阅读器与亚马逊合作，推出 Kindle X 咪咕电子图书阅读器，为网络文学爱好者带来了更丰富的电子图书内容。

目前，国内除 Kindle 仍占据一定的市场份额外，使用率第二位的是掌阅阅读器，加上当当阅读器、QQ 阅读器、京东 Jdreader 等，共同占据了剩余移动阅读终端市场的主要份额。虽然这些国产的硬件渗透率不到 1%，但已趋于成熟。在内容端和用户体验方面，QQ 阅读器、掌阅等公司立足于自身资源优势，牢牢把握内容端领头羊角色；当当、京东等传统图书电商则侧重于通过合作推出电子图书阅读器，确立阅读终端优势。在此形势下，国内电子图书终端行业格局逐渐形成。

2. 电子图书阅读器的主要商业模式

Kindle 是目前国内市场占有率排名第一的电子阅读器产品，其依托于“终端＋应用”亚马逊模式。亚马逊的成功不仅在于终端服务，更在于内容服务，依托其丰富的电子图书资源，使电子图书产业有了新的商业模式。Kindle 在推出两年后销量已达 300 万台，占美国电子图书阅读器市场 60%的份额，此后电子图书的销量更是一直攀升。此外亚马逊极有远见，对 Kindle 书店的建设采用了开放的跨平台思路，用户可以通过 iPhone、iPad、Android 手机等不同设备访问，这种策略有利于其电子图书的销售。亚马逊模式如图 2-5 所示。

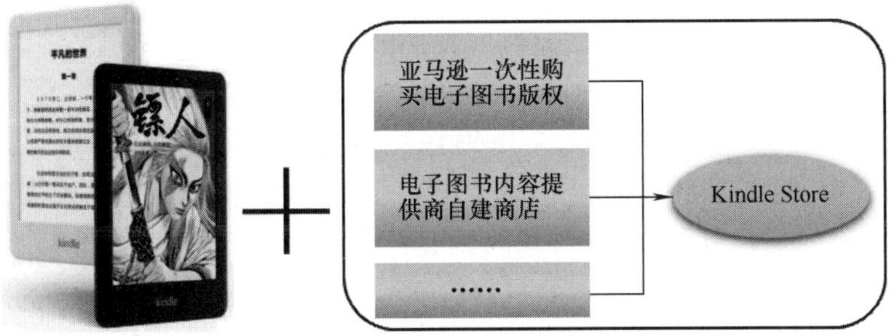

图 2-5　亚马逊模式——终端＋应用

3. 版权相关问题

由于互联网具有开放性和复制性等特点，电子图书在版权保护方面的问题一直没有得到有效解决。如果没有内容保护措施，产业链上各个环节的参与者的利益都将无法得到有效的保护。

因此，对于版权保护，应从国家、企业、公众等层面加强社会各界的版权意识。比如民众在社交平台上写的文章，随手发的照片，都有可能成为侵权的对象，所以应该提高版权意识，加强版权保护。最关键的是在法律方面，提高数字版权侵权违法成本，真正的做到有法可依、执法必严。而在版权保护技术方面，通过建立完善的版权管理平台，形成统一的管理标准，集中对内容运营商、平台运营商等环节进行管理。另外，将区块链技术应用在版权保护上，可以很好地弥补目前国内数字版权保护技术方面的短缺。

二、电子墨水屏

电子墨水显示屏又称为电子纸，又称 E-Ink 显示屏，是电子图书阅读器的关键技术，具有显示不耗电，只有翻页才耗电的特性。与传统液晶显示技术相比，在续航时间有很大的优势，而且其阅读体验很接近纸质书，因此它一问世就引起人们的很大关注。

（1）电子纸的原理

电子纸是一种新的显示技术，其核心是电子墨水，电子墨水主要由大量细小微胶囊（microcapsules）组成，这些微胶囊约为人类头发直径大小。每个微胶囊中包含悬浮于澄清液体之中的带负电荷的白色粒子和带正电荷的黑色粒子。设置电场为正时，白色粒子向微胶囊顶部移动，因而呈现白色。同时，黑色粒子被拉到微胶囊底部，从而隐藏。如施加相反的电场，黑色粒子在胶囊顶部出现，因而呈现黑色。这就是电子墨水工作的基本原理。微胶囊技术如图 2-6 所示。

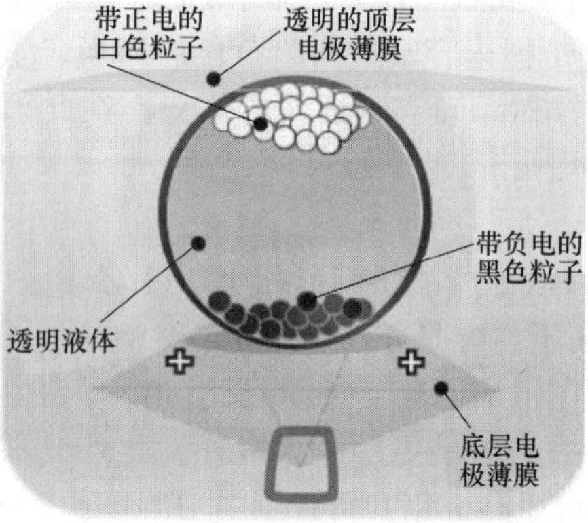

图 2-6　微胶囊技术

E-Ink 的电子纸由电子墨水及两片基板组成：第一部分是电子墨水，即前基板；第二部分是使电子墨水生成文本和图像所需要的电子设备组合，包括控制部分和显示部分，即背基板。背基板上面涂有由无数微小的透明颗粒组成的电子墨水。当这种电子墨水被涂到纸、布或其他平面物体上后，人们只要适当地对它予以电击，就能使数以亿计的颗粒变换颜色，从而根据人们的设定不断地改变所显现的图案和文字。

（2）电子纸的优点

电子纸有许多优点，包括易读性、柔软性和低功耗。

① 易读性。电子纸的反射率和对比度较佳，看起来就像纸上的墨，阅读体验很舒服。在亮光包括直射阳光下，其他显示材料都有些淡而难以阅读，只有基于电子纸的显示屏能正常阅读。

② 柔软性。电子纸是柔软的，它可以产生与柔性书和报纸一样的显示效果，它也可以做成各种非平面的显示屏。

③ 低功耗。这是电子纸的一个很大的优点。用电子纸产生的一个显示，可保持图像达几周，只有在改变显示内容时才消耗少量电量。

（3）电子纸的缺点

① 由于技术本身限制，电子纸通过电流推动“微胶囊”里颗粒在屏幕上进行“流动”，故其刷新速度慢，导致翻页时的延迟非常明显，这会在一定程度上影响阅读体验。

② 电子纸供应商单一，采购成本高，导致电子图书阅读器整体价格较高，相对降低了竞争力。

③ 电子纸还有一个缺点是易碎，这也是由其显示技术决定的，使用时要特别当心。据悉，目前电子图书阅读器的返修 80%以上与屏幕被压坏有关。

（4）彩色电子墨水屏

电子墨水屏给人的印象基本都是黑白屏的，但事实上墨水可不是只有黑白的，所以电子墨水屏也不会让自己仅限于黑白两色。

比如 E-ink 电子墨水屏厂商元太科技推出的四款彩色电子墨水屏，分别是 E-ink Spectra、E-ink Prism、E-ink Triton 和 E-ink Advanced Color ePaper。其中 E-ink Spectra 是一种三色电子墨水屏，支持黑白黄和黑白红显示，主要用于货架电子标签；E-ink Prism 可以在两种颜色之间逐渐变化，主要用于环境装饰；而 E-ink Advanced Color ePaper 通过混合扩展出 8 种颜色，主要用于电子广告板，如图 2-7 所示。

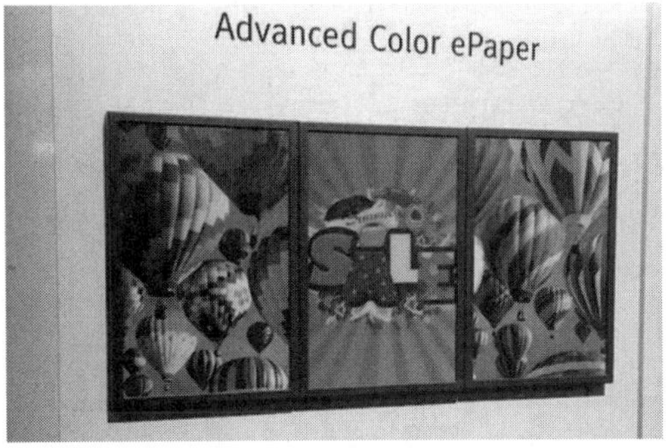

图 2-7　E-ink Advanced Color ePaper

不过目前彩色电子墨水屏的造价较高，用户的购买驱动力不强，但这是一种趋势。考虑到现代图书在装帧印刷等方面的进步，电子图书同样需要获得色彩丰富的阅读体验。

三、手 机 阅 读

1. 手机阅读的发展

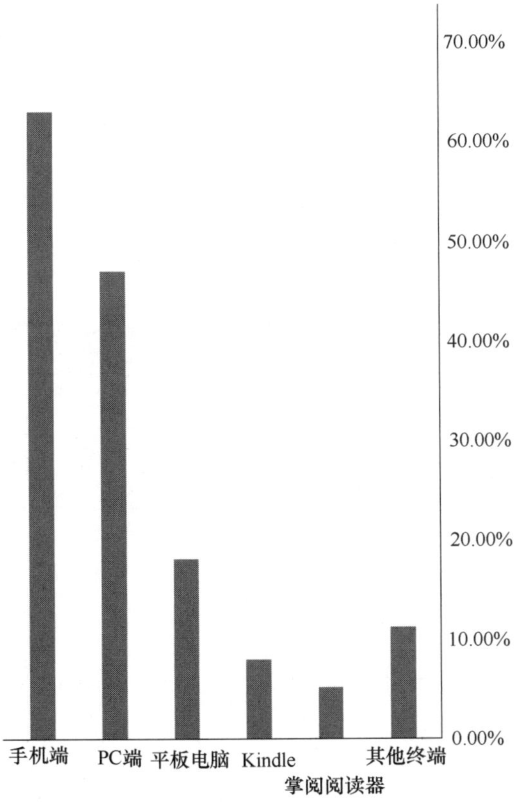

图 2-8　电子图书终端选择使用排行

2010 年 5 月，中国移动推出手机阅读业务，以移动终端为主要阅读载体，在线平台为用户提供各类电子图书内容，手机阅读才形成一定的产业规模。

早期手机电子图书来源于互联网，几乎都是通俗读物、网络文学小说等，且内容都以纯文本为主，格式以 JAVA（包括 JAR、JAD）、UMD 和 TXT 为主。随着智能移动通信设备的成熟完善，手机看小说逐渐成为一种趋势和潮流。

目前，使用移动端阅读电子图书仍是多数人的选择，手机阅读是主力军。根据《中国网民数字阅读状况调查报告》显示：PC 电脑端使用意愿明显降低，仅 29.9% 的电子图书阅读用户选择 PC 电脑端方式进行阅读，而手机端阅读用户已经超过 63%，如图 2-8 所示。

手机端阅读对用户来说，整合了通讯和阅读两种必备功能，既能解决随身携带两部终端的不便利性，又能减少非高收入群体的部分资金负担。相对于 PC 端的用户群体的趋于稳定，手机终端阅读的使用率仍会进一步升高，势必拥有更广阔的市场前景。

使用移动端进行电子图书阅读，迎合了当代数字阅读主力群体青年人的碎片化阅读习惯。据掌阅科技发布的《2018 掌阅数字阅读报告》数据显示，“90 后”用户在掌阅平台占比 41%，成为掌阅数字阅读的最大用户群。值得注意的是“00 后”用户在掌阅平台占比已达 28%，正式超过“80 后”成为第二大阅读群体。“00 后”加“90 后”用户合计占比 69%，接近掌阅总用户的七成。如此看来，“90 后”和“00 后”已经成为当下数字阅读的主力军。

在版权问题上，由于中国移动采用的是手机在线阅读并整合发行平台，故盗版受到很大限制，对出版商很有吸引力。

如图 2-9 所示是几个常见品牌的手机。

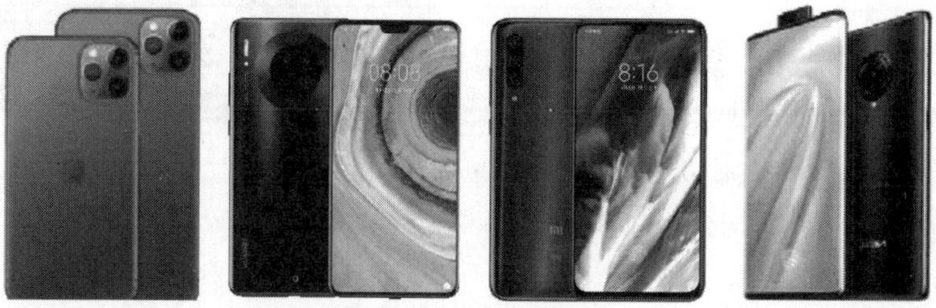

图 2-9　常见手机品牌

2. 手机阅读的商业模式

中国移动在 2010 年提出了运营商主导的电子图书商业模式，将传统出版行业产业链中的编、印、发环节变为内容提供商、平台提供商、运营推广商，而以中国移动为代表的运营商占据了产业链的主导地位。同时，中国电信、中国联通也开始运营手机阅读业务。通过手机来传播和阅读的电子图书将率先成为收入增长最快、传播范围最广的电子图书新业务。目前用户主要通过手机阅读软件和微信公众号进行阅读，如图 2-10 所示为几个常用的阅读软件。

图 2-10　常用的阅读软件

第三节　电子图书制作

一、制 作 流 程

这里称为电子图书的制作而不是创作，就意味着制作电子图书的前提是要有足够的内容资源。简单的电子图书制作流程如图 2-11 所示。

1. 内容的获取

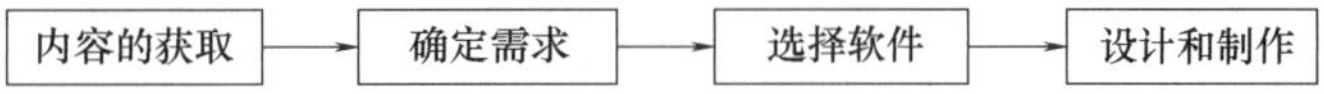

图 2-11　电子图书的制作流程

在电子图书行业内，一直奉行内容至上的原则，所以内容的获取至关重要。数字内容的获取比较简单，直接拷贝或下载就可以；而传统报纸、期刊等平面媒体上的内容则需要通过一定的手段才能得到，一般可以通过先扫描然后 OCR 识别，这样才能将传统内容数字化。注意，内容的获取一定要合法。

2. 确定需求

不管是为自己还是给别人设计电子图书，首先一定要明确应用需求，如电子图书是为哪些用户设计的、计划通过何种阅读平台发布等，这些都会关系到将要发行电子图书的格式、版面大小、设计风格等。如图 2-12 所示是某网站电子图书下载的链接，提供了两种平台（手机与电脑）以供读者选择。

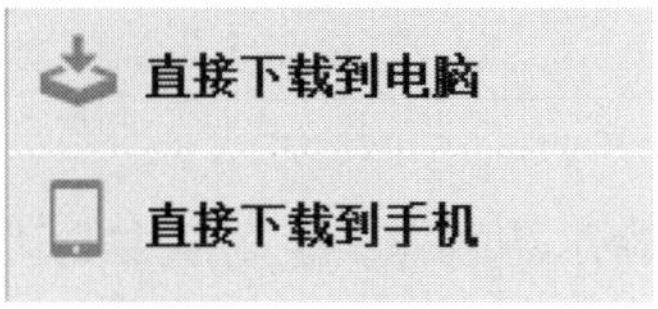

图 2-12　某网站电子图书下载的链接

3. 选择软件

根据需求选择最合适的制作软件。在选择软件时需注意，最新的不一定是最好的，合适的才是最好的。特别是微软近几年新系统发布频繁，版本众多，要考虑到软件的兼容性。

4. 设计和制作

这一阶段其实就是要进行内容的整合、设计和输出，完成后即可推广、销售。此阶段需要注意的地方也较多：设计时要注意质量控制，切莫简单粗糙地内容堆砌，但也不能过度设计；不能因为是电子图书就忽略传统编辑的作用，一定要仔细勘误；设计中加入的动画和特效不宜过多，不能为了炫耀技术而加入新特效，还要考虑到对方的阅读平台的硬件性能等。

二、制 作 工 具

在前面简单提到过，制作电子图书需要明确客户需求，而一旦明确客户需求后，需要制作的电子图书文件格式也就确定了，然后依此就可以选择相应的制作工具。如表 2-3 所示列出常见的几种电子图书制作的需求分析及相应的格式和制作工具。

表 2-3　电子图书制作工具的选择

应用需求	确定格式	制作工具
跨平台发行电子图书	一般用 PDF	Adobe Acrobat Professional
软件的帮助文档	一般用 CHM	HTML Help Workshop、Visual CHM、Quick CHM、Easy CHM 等
将现有纸质书数字化，在移动终端上发行，注重版权保护	PDF 或 EPub	Adobe Acrobat Professional、Adobe InDesign CC EpubSTAR、EPubBuilder、EPubMaker
纯文字的电子图书，没有版面设计和版权问题	TXT	系统自带文本编辑工具或者任何字处理或办公软件
多平台互动电子图书、电子杂志等	苹果 ipad+安卓 apk+PC exe	Appbook 应用制作精灵
图文并茂、包含丰富的多媒体元素的电子图书	EXE	iebook 超级精灵、Director、Zmaker、Zinemaker、WebCompiler 等

二、制 作 实 例

在这里主要介绍设计制作具有交互功能的电子图书。对于这种情况，一般是手头只有一些原始的素材（文字、图片、甚至音视频），有时甚至素材也没有，只知道主题大纲等信息，这时需要制作者按主题收集素材、设计内容、整合有效的资源，合理创作出作品。

1. 前期准备工作

考虑到电子图书的发行平台，把收集到的相关资料，按照兼容大多数的原则，对资料进行整理。比如版面设计，纸张不能太大，否则可能在电子图书阅读器或手机上的字显示很小，即使放大后也很难正常阅读。虽然有的手持设备支持 PDF 重排，但是这样也费时间和硬件资源。

2. 设计电子图书

（1）封面制作

封面是电子图书的首要内容，可以让受众更加直观地了解作品内容。电子图书封面的制作可以用 Photoshop 软件进行设计，分为封面基本装饰设计制作、封面文字的添加、封面图片的添加和封面的输出保存等制作工序，效果图如 2-13 所示。

（2）内容排版

电子图书内容的排版主要应关注主页的修饰、文字的排版加工、部分页面插图添加的问题。其中文字的排版加工要对段落的字符、格式等进行定义，应用效果如图 2-14 所示。

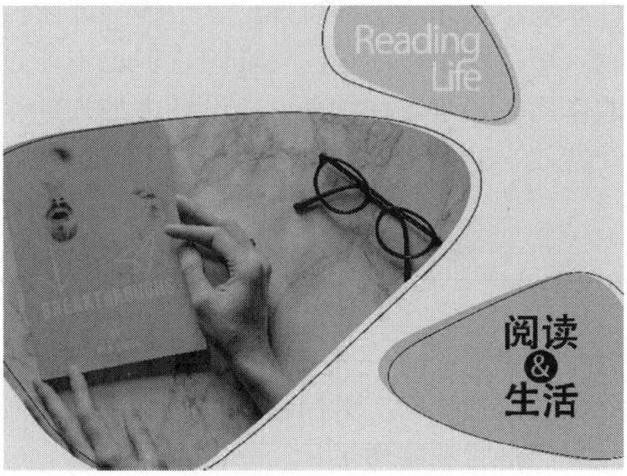

图 2-13　封面设计效果图

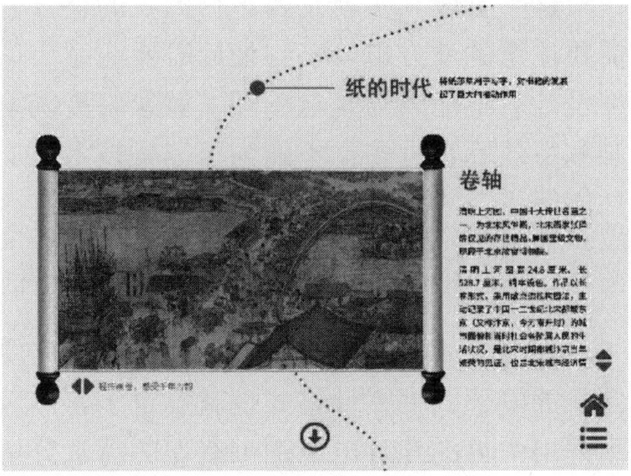

图 2-14　内容排版效果图

（3）交互设计

交互性是电子图书有别于传统书籍的最大特色之一。下面以三种交互功能说明电子图书交互设计。

① 点击浮层式交互设计。在第一页中，导入“埃及纸草书”对应的图片和文字素材以及关闭按钮，并进行合理排布后编组。选中编组后的对象，在“对象状态”浮动面板中创建新的对象状态，再对状态内的内容元素进行编辑，如图 2-15 所示的“简策”和“帛书”。

如图 2-16 所示，在“按钮和表单”浮动面板中，为三个按钮分别添加“转至状态”动作，完成此部分的交互设计。

图 2-15 对象状态

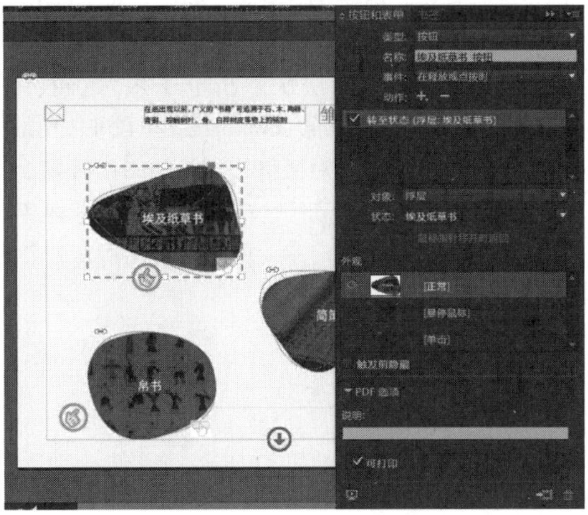

图 2-16 按钮和表单

② 可滚动框架的交互设计。“可滚动框架”可以解决内容较多而页面空间有限的问题。在排布好文字内容后，使用“矩形框架”工具绘制合适大小的框架，并将需要滚动的内容剪切后贴入框架的内部，如图 2-17 所示，在“Folio Overlays”浮动面板中使用“可滚动框架”完成滚动框架的交互设计。

③ 总体导航超链接的设计。在文件中插入相应的图标，将其调整成章节主题红色，在超链接面板中设置超链接，如图 2-18 所示。

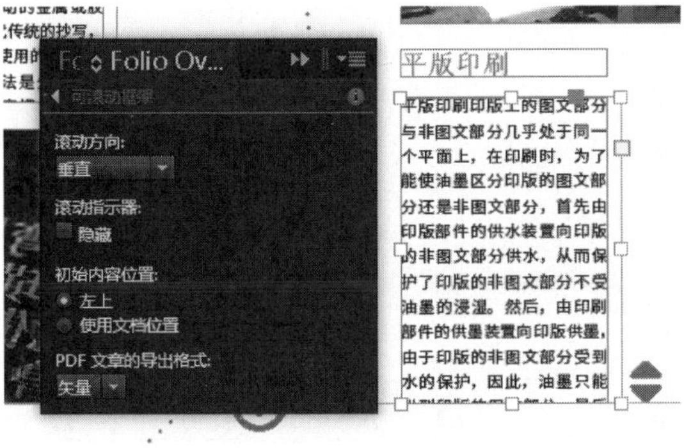

图 2-17 可滚动框架

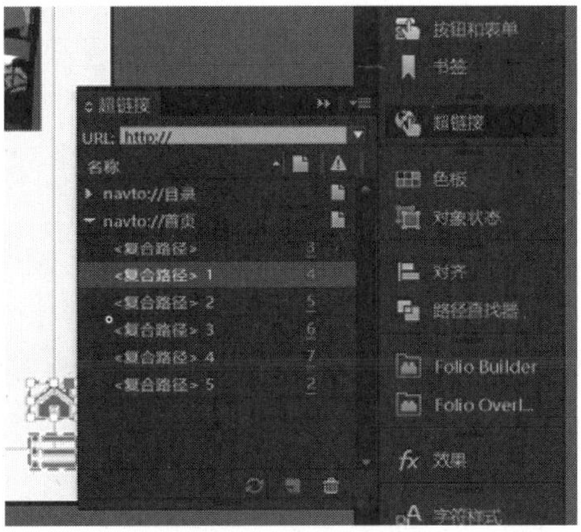

图 2-18 超链接设置

3. 电子图书输出

电子图书内容排版以及交互设计完成后，将做好的电子图书以 PDF（交互）格式输出，这样 PDF 格式电子图书的制作流程全面完成。

参 考 文 献

[1] 百度百科：电子图书 https：//baike. baidu. com/item/电子图书/1239490.

[2] 维基百科：电子书 https：//zh. m. wikipedia. org/wiki/电子书.
[3] 范伟. 电子书的发展对纸质图书市场的影响［J］. 新媒体研究，2017，3（05）：82-83.
[4] 传感器技术. 深层次解析电子墨水屏技术（电子墨水屏的工作原理与 LCD 液晶屏的区别）. http：//m. elecfans. com/article/642059. html.
[5] 洪英. 论大学生对微信公众号的阅读偏好［J］. 传媒论坛，2019，2（10）：15-17+20.
[6] 张立，王飚，李广宇. 中国数字出版产业年度报告［M］. 北京：中国书籍出版社，2018.
[7] 张立，王飚，李广宇. 中国数字出版产业年度报告［M］. 北京：中国书籍出版社，2019.

第三章　数字报刊

第一节　概　　述

一、数字报刊定义

数字报刊，又称数字报，是报刊的采、编、发一体化的解决方案在相关平台软件上的呈现形式。数字报刊不仅在页面设置上有了突破，更在概念上比传统电子版报刊有了全新的突破。如果说以前只是将当天报刊上的内容提供给用户，而今提供的是整个报刊的全貌，除了不能有纸张的触摸感，阅读的过程体验和传统报刊高度契合，提供原汁原味的报刊阅读效果。数字报刊管理后台系统包括针对已经发布的数字报刊的管理、统计以及调查等功能模块，方便用户对已经上线的数字报刊修改、监控、制作。如图 3-1、图 3-2 所示为《人民日报》数字报刊和《新华日报》数字报刊。

图 3-1　《人民日报》数字报刊

图 3-2　《新华日报》数字报刊

二、数字报刊特点

① 信息传播更快捷。在每期报刊排版完成的同时即可发布网络版，省去了传统报刊所需的印刷，使报刊的时效性更强。

② 发行的覆盖面更广泛。通过网络报刊平台的发布，任何人只要能上网，就能阅读到报刊上的信息，报刊不再是某区域内发行，而是做到了全球发行。

③ 可回溯性增强。网络报刊的回顾功能可以让用户轻松地找到特定期次的报刊内容，也方便了编者对报刊内容的管理。

④ 全文检索更实用。用户可以运用关键字搜索的方式，查询到相关度最高的文章，从而迅速找到相关文章。

⑤ 内容的互动性增强。通过在线评论、邮件等方式让信息不再是单向传播，而是可以实现读者和编辑的互动。

⑥ 操作方便。可以为各个报社量身制作外观页面。

⑦ 更符合报刊行业的发展趋势。因为数字报刊是将来报刊网络版的发展方向，相信将来会不断涌现。有些资金雄厚的报社杂志制作的数字报刊都会在各大传媒上大肆宣传。

三、数字报刊展示形式

数字报刊的兴起可以追溯到 20 世纪 90 年代末，自兴起以来，数字报刊技术主要有以下几种。

1. 采用电子出版物技术的数字报刊

用于展现数字报刊的版式文件主要包括版面图和 PDF 的版面文件等版式浏览技术。这类技术的共同特点是基于标准的数据格式，使用系统标准浏览器或者专用阅读软件进行浏览，便于应用与传播。

2. 采用 HTML 技术的数字报刊

2005 年以来，以版面图导航、版面和稿件分栏显示的 HTML 数字报刊技术迅速在全国报社广泛应用。这类技术以通用的 HTML 格式展现数字报刊，并提供“原版原式”的版面图为基础的图片热区链接技术，点击文章区域即可阅读相应图文内容；也可以加入相应的视音频和 Flash 内容。如图 3-3 所示为《光明日报》数字报刊。

图 3-3 《光明日报》数字报刊

3. 采用 Flash 技术的数字报刊

这种数字报刊主要继承和应用了电子杂志技术，可利用 Flash 等多媒体制作技术加工报刊内容，展现形式绚丽多彩，按报刊期刊打包所有版面，提供以离线阅读为主的多媒体数字报刊，也可以提供阅读控件实现在线翻阅。

四、运营模式分析

在新媒体和新技术的影响下，数字报刊运营模式方面从内容、设备到收入结构各方面实现了突破。

1. 内容提供：多元化＋可视化＋亲民化的中央厨房融合体系

（1）创意十足的精品内容策划

当今全媒体时代，读者阅读节奏不断加快，阅读时间不断在碎片化，读者对于优质内容的诉求也越来越高。在此情况下，要求数字报媒更具活力的创意、更加精致的内容。共青团十八大召开前夕，《中国青年》报推出一款《梁家河全景带你走进青年习近平》H5 作品，如图 3-4 所示，不仅可以通过 VR 全景真实、生动地还原了习近平总书记当时的生活工作状态，可以让用户进行深度交互了解生活详情，还能挑选一段总书记的寄语打印生成定制的明

图 3-4 《梁家河全景带你走进青年习近平》

信片分享给朋友。作品发布后迅速在朋友圈刷屏，点击量达到1300多万。

（2）UGC模式下多元化的内容生产主体

在传统报业时代，由专业人士直接提供内容，并对内容进行把关的（PGC：专业生产内容）模式是内容生产主流。随着新媒体的发展，大批非专业新闻从业者产生，UGC（User Generated Content，用户生成内容）模式发展日趋白热化。

优质UGC内容可以成为报业企业在竞争中无法比拟的优势资源。如今日头条推出的“千人百万粉计划”、一点资讯“百校万人计划”等圈地了一批UGC。而依托于传统报业的“澎湃新闻”“封面号”“九派号”等都是采用了UGC＋PGC的模式，在保证高质量的专业新闻内容的基础上，引入用户对内容的反馈作为补充。

（3）新技术下新闻内容可视化呈现方式

VR/AR等更多新媒体技术应用于数字报刊，打破了传统的图片＋文字的报道方式，将视频、声音、动画等元素融入新闻叙事之中，优化视觉呈现效果。

微视频和直播是当前新闻报道中运用最为广泛的传播载体之一。如图3-5所示，新华社在“一带一路”国家合作高峰论坛系列报道中推出的动画《Let′s go Belt and Road一带一路世界合奏》、新华网在建军90周年发布的《大国强军梦》等视频，封面新闻直播《俯瞰“川藏第一桥”》等直播，以优质的内容及创新的形式吸引了大量用户。

《Let′s go Belt and Road一带一路世界合奏》

《大国强军梦》

图3-5　新技术下新闻内容可视化呈现方式

另外，无人机、VR/AR等技术在新闻报道中的运用也在逐渐增多。比如，《南方日报》利用VR技术进行“不能忘却的纪念——汶川大地震九周年”报道，使用户身临其境，增强新闻报道的渲染效果。另外，跟随无人机技术热潮，新闻报道利用其进行航拍，极大丰富了图片、视频素材库。

（4）新媒体下亲民的宣传方式

为了适应新媒体语境，各报业机构开办的官方微博、微信增强了亲近性表达方式。例如，《人民日报》海外版微信公众号“侠客岛”，《北京青年报》的“团结湖参考”等，如图3-6所示，“侠客岛”将“岛叔”形象贯穿文本，通过将官媒人格化的方式拉近与用户之间的距离。从报业机构自身来看，其改变了以往高高在上的刻板印象，以更具人性化的形象扩大自身的影响力。而从用户角度来看，增强了其与媒体及其他用户的互动交流，也主动掌握了在新闻事件中的话语权。除了日常运营外，各官媒会以新闻报道为基础推出一系列活动，增强宣传效果。

（5）中央厨房的媒体融合体系

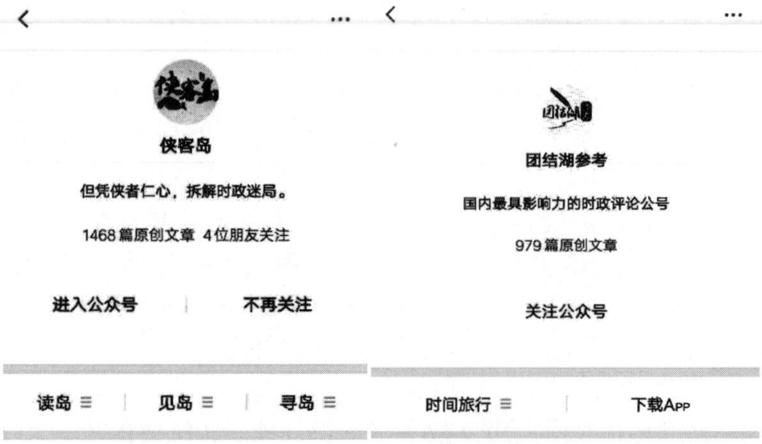

“侠客岛”微信公从号　　“团结湖参考”微信公众号

图 3-6　新媒体下亲民的宣传方式

媒体“中央厨房”指的是在媒体融合发展过程中，为了整合传统媒体、新媒体和媒体技术等各方资源，形成统一采编、制作与分发的运营管理机制，大型报业机构需要搭建的全媒体中枢平台。“中央厨房”不只是一套媒体资源整合的软硬件系统，更是一套报业机构全媒体传播的解决方案。

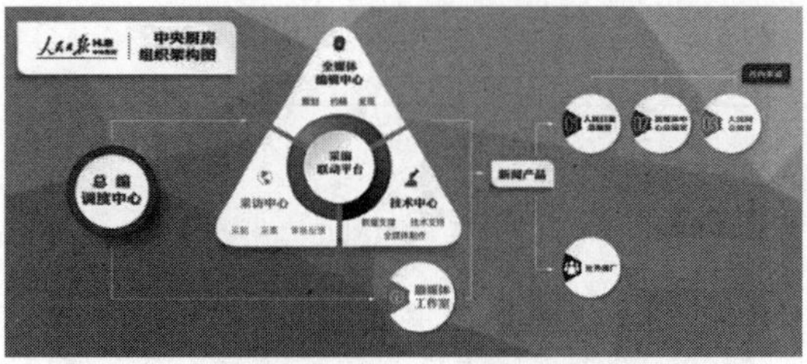

图 3-7　《人民日报》“中央厨房”

“中央厨房”包括聚合型和内控型两种。人民日报社的“中央厨房”是典型的聚合型“中央厨房”，如图 3-7 所示。大众报业集团、河南日报报业集团、湖南日报社等地方媒体也建立了此类“中央厨房”。而一些媒体则搭建了内控型“中央厨房”，《经济日报》的“中央厨房”就是此类典型，如图 3-8 所示。

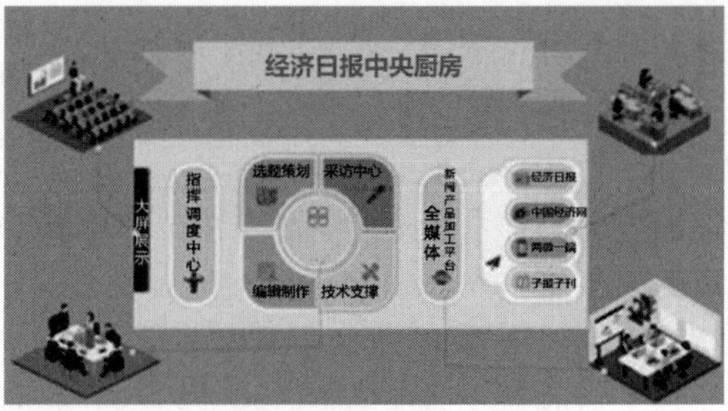

图 3-8　《经济日报》“中央厨房”

2. 终端设备：“微博＋微信＋客户端”的构架日趋稳健

目前，报业机构逐渐重视微博、微信的运营，报业机构纷纷开设了官方微博和微信，部分实力雄厚的报业机构推出了 App，“微博＋微信＋客户端”的构架日趋稳健。除了新华社、《人民日报》《澎湃新闻》《上海观察》等，温州日报报业集团、长江日报报业集团、大众报业集团等纷纷推出或者更新了 App，从频道内容到运营方式进行了不断的完善。

除了开设官方微博、微信，各报业机构报刊还入驻了搜狐新闻、今日头条等聚合类新闻客户端。

3. 盈利模式：广告收入下滑，付费模式尚不成熟

近几年，报业广告经营大幅下滑，新媒体盈利模式不成熟，付费模式举步维艰，为了

破除转型痛点，数字报业不断改变自己的盈利模式。

（1）广告收入“断崖式”下降

2017 年，中国广告市场整体增长 4.3%，而其中报刊广告刊例花费下降了 32.5%，广告面积下降 27.3%，传统报业广告收入面临严峻挑战。在数字报刊广告方面，一些报业企业开始谋求从形式、内容到传播的创新，但是大部分报业企业依然采取的是照搬传统报刊广告方式。同时，部分报业企业逐渐拥抱新媒体，力图探索出适合的转型路径。

（2）付费模式境遇尴尬

早期，温州报业集团、《经济观察报》《环球时报》《南方都市报》等多家报业机构都曾采用过数字报付费阅读，但结果不如人意。而于 2010 年正式推出电子版收费阅读服务的《人民日报》，也从 2017 年 1 月 1 日起停止收费。随着内容付费时代的到来，用户的付费意识不断提升，付费模式依然是一个值得尝试的选择。2017 年 11 月 6 日，财新网正式启动财经新闻全面收费，聚焦精准用户，转变商业模式，谋求企业长远发展。

第二节　数字报刊系统

所谓“数字报刊系统”，其核心就是“跨媒体出版暨数字报刊自动生成系统”。在此系统构架中，把传统报刊生产、数字资产管理、电子报生成、光盘出版、全文数据库形成和网络发布等作业融为一体，实现跨媒体的多元化出版。通过一系列的技术集成，把文章、版式、图片、广告、报花、字体、字号等报刊涵盖的所有信息完整地结合在一起，再现版面语言的整体魅力。

一、数字报刊系统原理

1. 处理、提取版面信息

制作数字报刊，可以运用排版软件进行文字及图像的组版。针对排版软件产生的结果进行处理提取版面信息，包括版面图、文字分区信息、图像分区信息等，输出到统一的 XML 文件中去。目前的插件包括针对 PS 文件的解析，S2 文件的解析，PDF 文件的解析和 InDesign 文件的解析等。可以取得完整的版面信息，包含了文章位置、占用区域等信息，采用 XML 格式，可提供给后期大多数系统直接使用，不再依赖于排版系统的软件厂商和版本。

2. 利用标引等手段合并归整版面信息

版面信息处理好后，再利用标引等系列手段对提取的 XML 文件中的版面信息进行合并、归整等操作，把稿件建立标题、文字、图片、表格等对应关系，自动提取日期、标题、文字、作者等，自动和手工对标题、文字稿件、图像稿件、图像说明、表格、EPS、S2 等进行关联，设置稿件之间的顺序。设置版面信息、文章信息、图片信息、规范化文字的格式。特定部分转换为图片（为了保持在版面上的排版风格），合并转版文章。形成完全可再利用的 XML 资料，而且要求标引要直观、速度快。

3. 发布数字报刊

系统把 XML 文件经过反解入库等处理，直接发布成电子报刊的形式，自动化程度高，无须人工干预。可以通过模板等方式插入自己独特的内容。可以发布为 HTML 格式

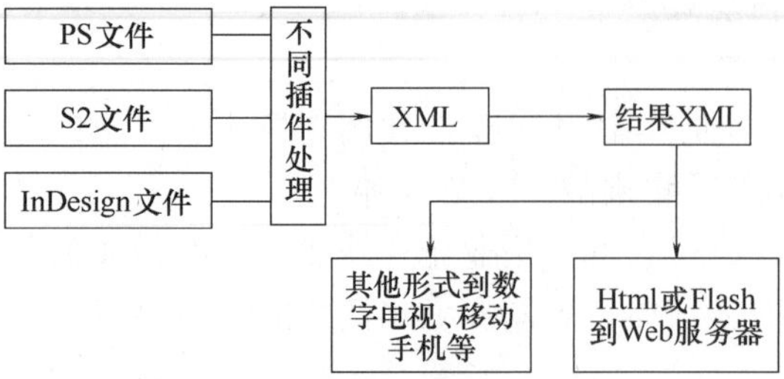

图 3-9　数字报刊系统工作流程图

和 Flash 等多媒体电子杂志形式。数字报刊系统工作流程图如图 3-9 所示。

二、数字报刊系统特点与功能

数字报刊系统是用于报刊杂志数字版发布、更新的软件，只需将包含文章内容的纯文本进行简单标识，就可由系统根据模板快速生成整个网站的内容，更新效率大大提高，而且避免了手工更新容易出现错误的问题。

1. 数字报刊系统特点

① 可以多个模板使用；多模板使用时候，可以分布不同的期刊使用不同的模板。

② 多种浏览方式，AJAX（创建交互式网页应用的网页开发技术）静态页面，企业内部整合，按需定制。

③ 更方便的按需定制，程序架构更灵活，可以按照需要定制独特的程序。

④ Flash 拖拽等高级效果，可达到图、文、音、像、静动态效果。

⑤ 版面简单易操作，节省成本。软件按照合理工作流程实现，同时对操作人员只要求具有基本的计算机知识，节省人力、物力、时间方面的成本。

根据当前互联网上新闻媒体的应用，天津各大传媒机构也设计了自己的数字报刊系统，使得“数字报刊”不仅在页面设置上，更在概念上比传统电子版报刊有全新的突破。该系统不仅提供的是整个报刊的全貌，还使得阅读的过程体验和传统报刊高度契合，对于数字报刊，提供原汁原味的报刊阅读效果，如图 3-10 所示为《今晚报》《天津日报》数字报刊。

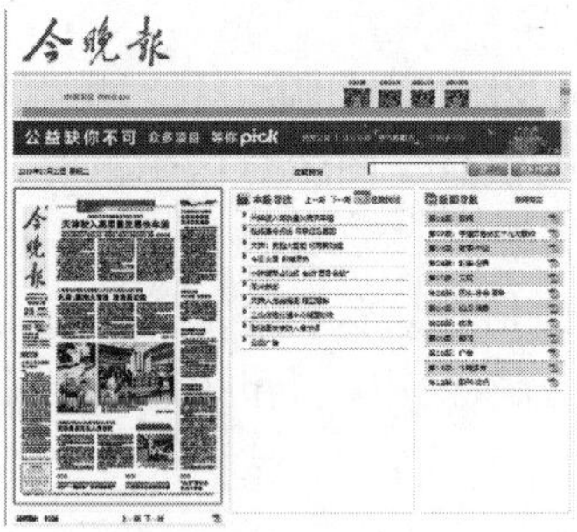

《今晚报》数字报刊

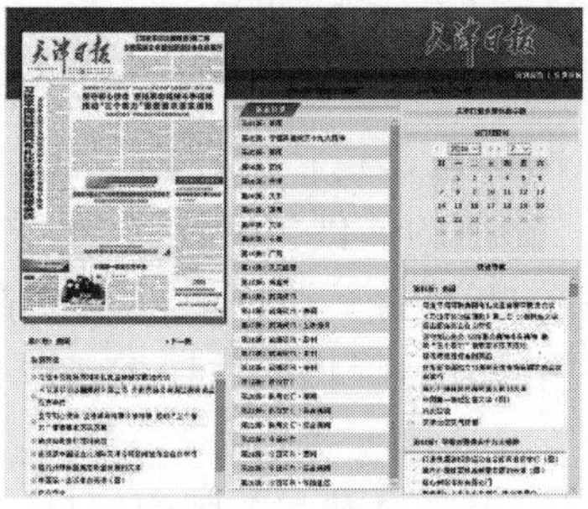

《天津日报》数字报刊

图 3-10　数字报刊

2. 数字报刊系统功能

① 版面阅读。采用带有区域定位的版面图在网页中直接展示，不需要安装第三方插件或阅读器，点击版面中的任何区域，即可跳转打开对应的文章内容，包括内容中的图形，甚至动画，都将以最直观的方式展现给读者。

② 版面导航。如图 3-11 所示，点击“版面导航”，可以通览当天所设版面。任意点击一个版面序列，页面左边即出现相应版面，右边出现主要新闻的标题。

③ 标题导航。点击“标题导航”，可以通览当天报刊的全部文章标题。点击标题，可

进入相应文章或图片页面。

④ 日历导航。点击版面上方的“往期阅读”，可以直接进入指定日期的报刊页面；在版面上方还有“前一期”“后一期”选项，可通过点击它们不间断地浏览该报刊，如图 3-12 所示。

图 3-11　版面导航

图 3-12　往期阅读

⑤ 全文检索更实用。用户可以运用关键字搜索的方式，查询到相关度最高的文章，从而迅速找到相关文章中。

⑥ 导航指针。采用指针方式实现“上一版”“下一版”“上一篇”“下一篇”的不间断阅读转移。

⑦ 其他功能。点击版面右下角 PDF 图标，可以阅读或下载版面 PDF 文件；阅读文章时字体的“放大”“缩小”和“默认”字体大小任意转换并智能记忆。

三、数字报刊系统解决方案

1. X-Paper 全媒体数字报刊系统

X-Paper 全媒体数字报刊系统将现行互联网络应用功能与传统报刊及数据库系统完美结合，利用结构化、功能模块化及静态发布等理念，X-Paper 数字报刊可全方位、多角度、多功能的提供传统报刊基于网络、媒体及数据中心模式的各项应用及数字信息增值服务，其解决方案如图 3-13 所示。

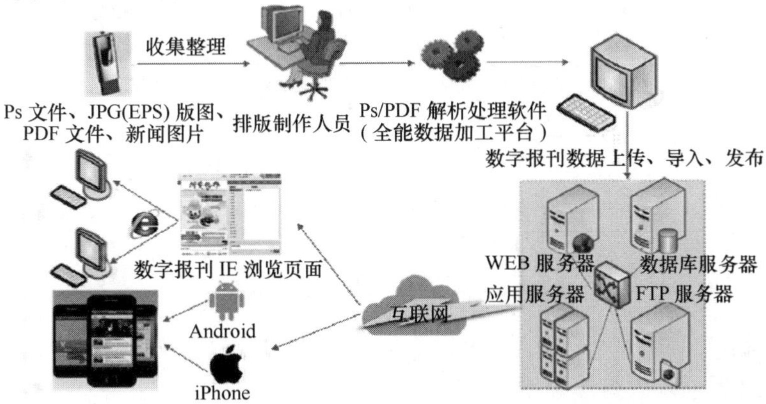

图 3-13　X-Paper 数字报刊系统解决方案

2. 方正多媒体数字报刊系统

方正多媒体数字报刊系统是一套面向报刊媒体的跨媒体出版系统，该系统通过整合的版面结构化描述技术、电子版面的生成技术、电子报刊的自动合成发布技术以及版面内容快速智能反解标技术。同时版面内容快速智能反解标引技术，实现了报刊电子版面的快速、简洁，但功能强大的网络化流水线式的跨媒体生成和发布。该系统解决方案如图 3-14 所示。

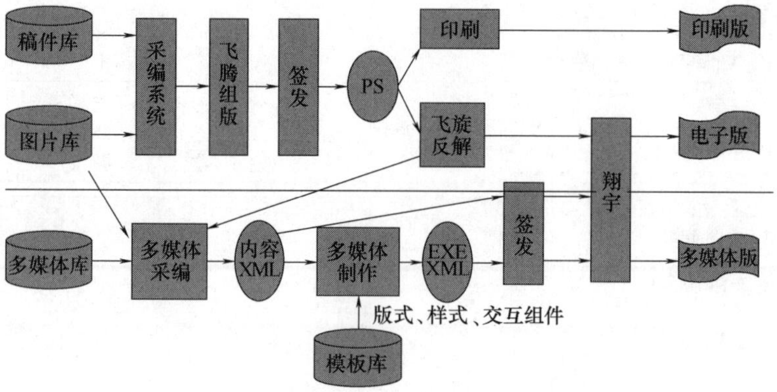

图 3-14　方正多媒体数字报刊系统解决方案

3. EPMAKER 数字报刊系统

EPMAKER 数字报刊系统由 EPMAKER 反解软件和数字报刊后台管理系统两部分组成。利用反解软件将报刊 PDF 素材反解生成 XML 数据库文件，之后上传到服务器端管理程序，由数字报刊后台管理系统对数字报刊内容进行管理。该系统解决方案如图 3-15 所示。

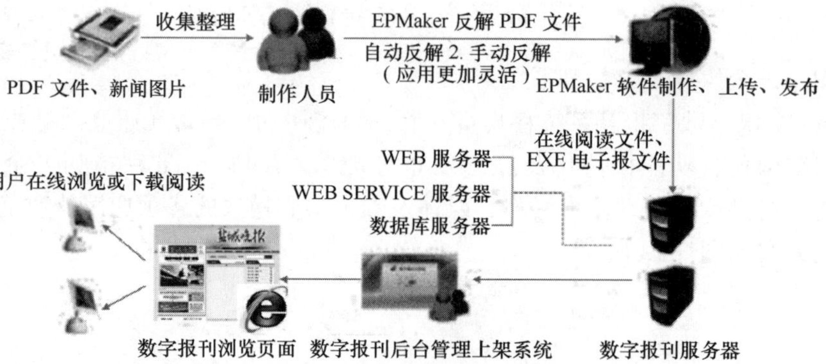

图 3-15　EPMAKER 数字报刊系统解决方案

第三节　数字报刊发展

一、数字报刊发展现状

1. 市场现状

（1）报纸出版总印数持续下滑

随着互联网媒体的发展，传统报刊的销量持续下滑。2018 年中国报刊发行同比于

2017年缩减6.21%。从2014—2018年的数据看，我国报刊总印数平均每年缩减幅度超过6%，下滑趋势明显。

（2）网络新闻市场渗透率持续上升

传统报刊的印发量持续下滑，网络新闻媒体的数量持续上升。如图3-16所示，过去两年移动网络新闻资讯行业渗透率持续上升。截至2018年12月，行业渗透率已达57.7%。网络新闻媒体已经占领了新闻资讯行业半壁江山，而且还将进一步扩展。

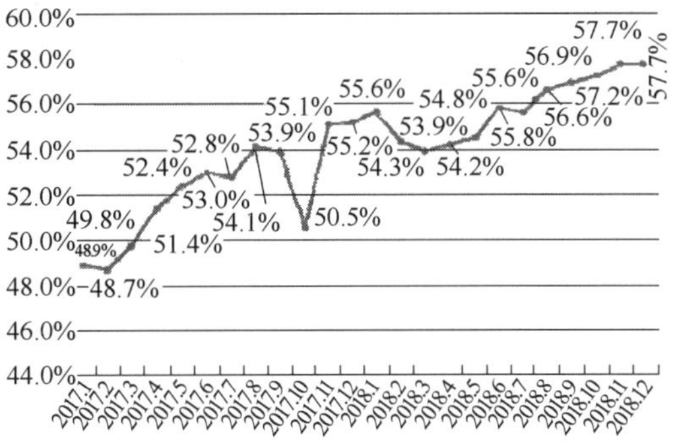

图3-16 2017—2018年中国移动互联网新闻资讯行业渗透率

（3）数字报刊市场规模及变化趋势

数字报刊曾是报刊数字化转型的重要产品，但近年来随着网络新媒体的快速崛起，报社纷纷开始转战新媒体平台，而数字报刊则无可避免地出现持续下滑的状况。如图3-17所示，2018年中国数字报刊市场规模为8.3亿元，相比于2017年下滑3.48%。2012—2018年，数字报刊市场规模持续下滑，但下滑的趋势却在持续减缓。

2. 用户现状

（1）用户规模

用户是互联网产品的基石，新闻资讯产品的用户规模奠定了其市场规模。用户增长及网民的使用率，决定了行业的发展潜力。如图3-18所示，2018年中国网络新闻用户数量达6.75亿，网民使用率达81.4%，相比于2017年，使用率稍有下降。2014—2018年，中国网络新闻用户数持续增长，但增长速度不断减缓。

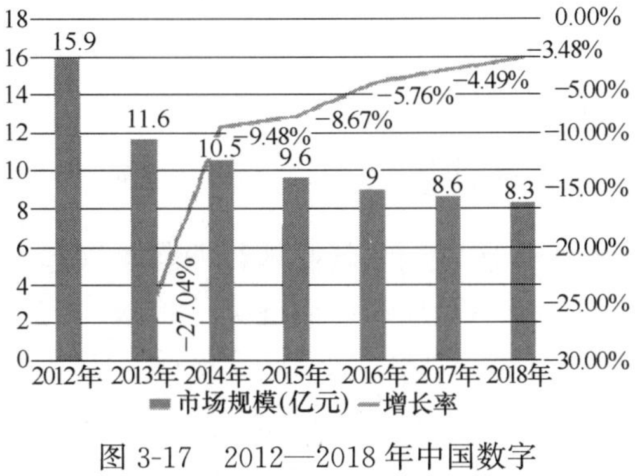

图3-17 2012—2018年中国数字报刊市场规模及变化趋势

图3-18 2014—2018年中国网络新闻用户数量及网民使用率

（2）用户画像

用户画像即是用户自身的属性，用户画像的分析有助于准确掌握用户心理、生活、喜好等特征，从而进一步挖掘用户价值。

如图3-19所示为新闻资讯用户人群学历分布比例，使用新闻资讯产品的中产阶级中，本科是最普遍的学历人群，其次是硕士（MBA/双学位）和大专，而博士和高中人群则相对较少。

如图3-20所示为新闻资讯用户人群职业分布比例，使用新闻资讯产品的中产阶级中，

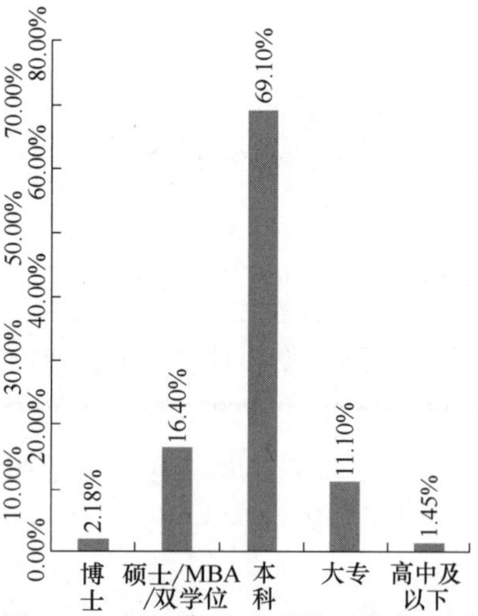

图 3-19　新闻资讯人群学历分布比例

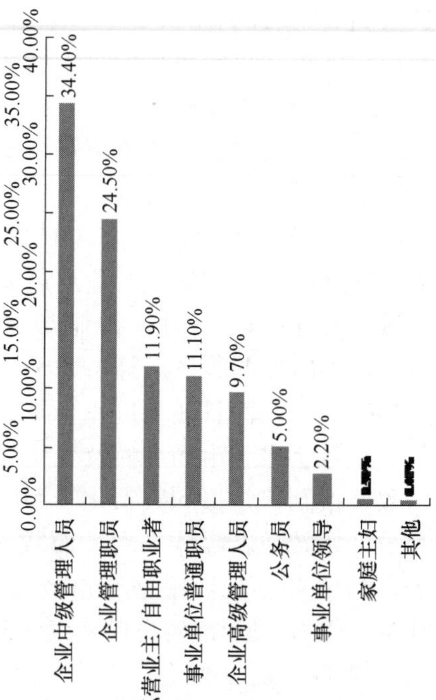

图 3-20　新闻资讯人群职业分布比例

60%的用户为职业白领，其次是私营业主/自由职业者和事业单位人员，而其他领域则相对较少。

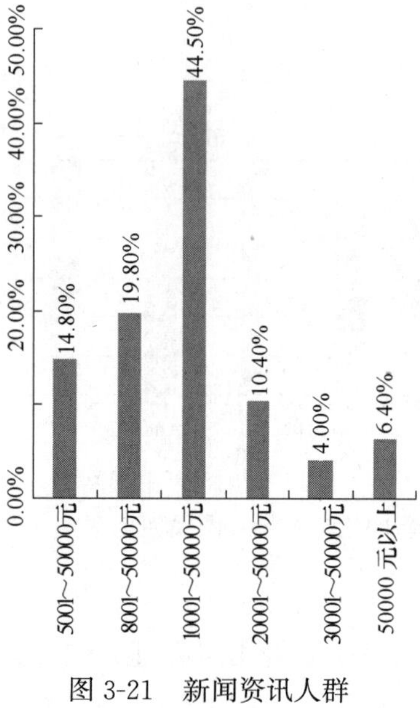

图 3-21　新闻资讯人群个人月收入分布比例

如图 3-21 所示为新闻资讯用户人群收入分布比例，使用新闻资讯产品的中产阶级中，接近半数人的月薪在 10000～20000 元，其次是 5000～10000 元。而 20000 元以上的用户人群则相对较少。

二、党报融媒体传播（两微一网一端）

随着互联网技术飞速发展，新媒体行业随之兴起并繁荣，媒介融合的趋势不断加强。而各类传统报刊（党报、专业报、综合商业报）继续探索转型之路，在“互联网＋”的影响下，基本形成了“两微一网一端”的数字化布局，并不断与新媒体融合。

根据《2017 全国党报融合传播指数报告》显示，PC 网站和移动新媒体已成为党报融合传播矩阵的重要组成部分。各级党报在探索媒体融合方面，收到一定成效，367 家党报新媒体渠道的占有情况如图 3-22 所示。

目前，党报媒体融合传播呈现出以下几个特点：

（1）党报刊媒内容网络传播力强

从报刊的发行量来看，超过百万份的仅有《人民日报》《广州日报》《人民日报》海外版，10 万份已成为绝大多数地市级党报发行的“天花板”。网络为党报内容传播与影响力扩散提供了有效途径，但地市级党报内容在平台上的传播量还是不高，传播力有待进一步提升。各级党报内容在网络平台上的月均传播情况如图 3-23 所示。

（2）党报网站有效提升党报传播力

从新闻报道量和被转载量两个指标综合衡量，党报网站的发文量与被转载数量明显高于母媒。因此，党报网站有效提升了党报的传播力。从传播的量级来看，中央级网站＞直辖市级网站＞其他省级网站＞地市级网站，由此可见，一些省级党报网站、地市级党报网站影响力仍然很弱，需要尽快提升传播力。各级百强党报网站每家月均被载量如图 3-24 所示。

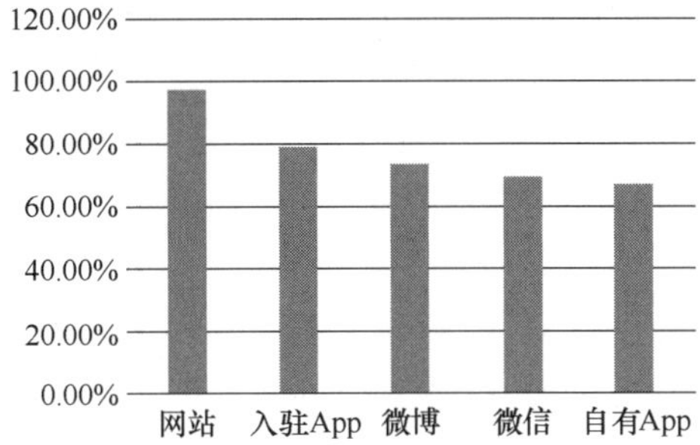

图 3-22　367 家党报新媒体渠道占有情况

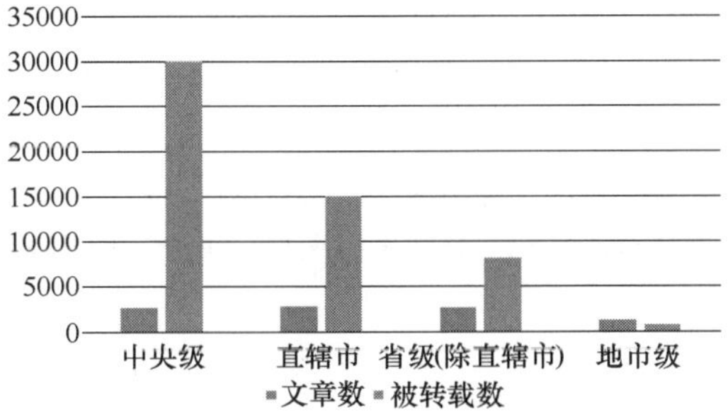

图 3-23　各级党报内容在网络平台上的月均传播情况（篇次）

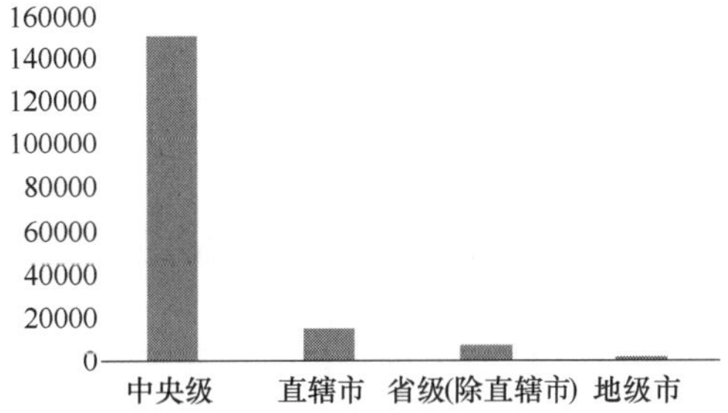

图 3-24　各级百强党报网站每家月均被载量（篇次）

（3）党报官方微博“二八现象”明显

目前党报的微博开通率达 68.7%，《人民日报》《广州日报》《南方日报》《光明日报》《新华日报》官方微博比较活跃，粉丝基数庞大，影响力也大。

（4）微信公众号成为党报重要传播渠道

据人民网发布的《2018 全国党报融合传播指数报告》显示，在微信平台，76.4%的党报开通了微信公众号，《人民日报》微信公众号影响力位列第一，《广州日报》《杭州日报》《经济日报》《河北日报》等紧随其后。

（5）借助聚合新闻客户端进行二次传播还有较大空间

党报入驻聚合新闻客户端在不同的平台集中度是不同的，账号也不同，有些账号重复设置，信息也比较混乱，容易对网民产生误导。目前，党报新闻客户端主要集中于搜狐新闻和今日头条，在网易和腾讯平台上入驻不多。客户端的阅读量较少，互动也不多，还需要进一步提升传播能力。367 家党报在五个聚合新闻客户端上开通账号的数量如图 3-25 所示。

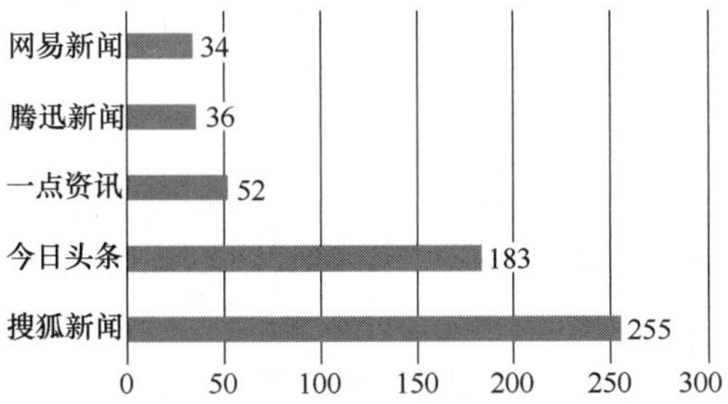

图 3-25　367 家党报在五个聚合新闻客户端上开通账号的数量

（6）党报自有 App 建设加快，影响力待提升据统计，74%的党报建设了自有客户端（App），《人民日报》客户端下载量高达1.8亿，下载量上千万级的有《南方日报》《光明日报》《湖南日报》3家党报，百万级的有《浙江日报》《广州日报》等11家党报。绝大多数党报客户端存在感较低，需要进行改进。

三、中央厨房

当前，我国的媒体融合发展已经进入深水区，“中央厨房”作为传媒领域时下最热的关键词，成为媒体融合的“标配”与“龙头工程”，各大媒体纷纷发力建设。虽然各地的“中央厨房”实践不尽相同，但“新旧融合、一次采集、多种生成、多元发布、全天滚动、多元覆盖”是基本共识。

1. “中央厨房”发展历程

2007年，《广州日报》成立了“滚动新闻部”，相当于“中央厨房”的雏形，而烟台日报传媒集团的“全媒体”模式基本形成了现在“中央厨房”的理念与架构模板。

2014年，成都传媒集团数字采编中心运营，广州日报报业集团在原来“滚动新闻部”基础上创新成立了“中央编辑部”。

2015年，人民日报社、南方日报传媒集团先后启动了“中央厨房”来报道两会专题，特别是人民日报社的“中央厨房”还积极向其他媒体供稿，新华社的“中央厨房”也揭幕运行。

2017年，“中央厨房”机制全面运行，设立总编调度中心，建立采编联动平台，统筹各方采访、编辑和技术力量，“报、网、端、微”一体联动，建立移动优先、PC做全、纸媒做深、多次生成、多元传播的策采编发新流程。

2. 中央厨房类型与现状

随着“中央厨房”模式的发展与逐渐成熟，在其“一次采集、多种生成、多元传播”的核心理念下，“中央厨房”逐渐发展出不同的形态，满足不同的诉求、适用不同的范围、采用不同的生产方式。从目标诉求来看，“中央厨房”可以分为聚合型“中央厨房”和内控型“中央厨房”。

(1) 聚合型中央厨房

聚合型“中央厨房”是指以打造聚合平台为目的指向，通过聚合其他媒体、单位的内容生产资源，搭建平台，再将内容分发给其他媒体、单位的生产模式。具有代表性的是人民日报社的“中央厨房”，首先为人民日报社内部的各子媒体服务，又通过版权合作、技术合作等方式为其他媒体和单位分享产品、提供服务和资源。因此，内容聚合平台中央厨房的核心要义是通过内容共享、技术共享、渠道共享，把媒体行业变成一个大的协作体。

同时，人民日报社中央厨房（融媒体中心）对融媒体项目进行了有益的探索，打造出了侠客岛、智勇新闻+、麻辣财经、学习大国、新地平线、半亩方塘、2050、一秒世界、冷观察、一本政经、智理行间、碰碰词儿、文艺九局、国策说等40多个融媒体项目，其运行机制被总结为“四跨五支持”。如图3-26为《人民日报》“中央厨房”部分融媒体项目。

地方媒体中，也有一些媒体建立的“中央厨房”以为区域内其他媒体、单位提供内容聚合服务为己任。

2016年，江西日报报业集团的融媒体中央厨房“赣鄱云”上线，以云端“中央厨房”

统一供给，以江西手机报客户端分端或独端为展现，致力于实现省、市、县三级在内容、用户、技术、终端纵向共享。

图 3-26 《人民日报》“中央厨房”部分融媒体项目

2017 年，大众报业集团的融媒体中心，“中央厨房”暨山东党端服务平台建成使用，就定位于面向省内宣传服务的公共平台，呼吁各地市党报、学校、医院、企事业单位等直接使用。陕西广播电视台“丝路云”融媒体平台启动，目标不仅指向省市县广电、报刊、网络等媒体资源，还致力于政府部门和社会其他机构的信息资源，最终目标是形成一个覆盖陕西全省的融合型媒体网络。

大部分名称中有“云”的“中央厨房”都有平台化的建构理念与实践，此外，还有湖南日报社的“新湖南云”、湖北广播电视台的“长江云”、广西日报社的“广西云”、山西省的“黄河云”等众多以聚合内容为指向的“中央厨房”。

（2）内控型中央厨房

内控型中央厨房一般采取的路径是把媒体集团内部各个子报、部门以及新媒体部门的记者、编辑、视觉、技术人员集中起来，成立全媒体新闻中心，进行统一管理、指挥、调度。比如 2017 年正式运行的经济日报的“中央厨房”，是一个集一次采集、多元生成、多渠道传播于一体的全媒体中心。

此类“中央厨房”中，偶发性中央厨房也较为常见，如 2017 年全国两会，四川广播电视台在北京搭建了近 $300m^2$ 的“中央厨房”，跨平台整合了全台采访、编辑、技术力量，组建近百人的报道团队，统筹安排“大屏”电视栏目和全媒体产品矩阵的报道内容。黑龙江广播电视台在全国两会上建立了“中央厨房”，技术团队与编辑团队合作拆除“围墙”，尝试生产可视化程度高的新媒体产品，在形式、内容、品质、数量等方面实现了两会报道的多重突破。

第四节 数字报刊设计与制作

一、数字报刊的版式设计

1. 版式设计原则

（1）人性化与个性化相结合

数字报刊的版面设计除了要方便阅读，而且还要具备独特风格，吸引眼球，以此来更好的向读者传递信息，给读者带来人性化的阅读体验。同时数字报刊还需要对版面开展个性化研究，使其能够促进以及补充版面设计上的人性化考虑，让版面的可阅读性能够大大提升，让版面空间的美化程度也能大大提高，最终使得其版面能够脱颖而出。

（2）平面化与立体化相结合

平面化与立体化的完美结合可以使数字报刊的版面设计更具空间感，遵循平面化与立体化相结合原则，需要版面设计者基于版面平面化的品牌识别进行考虑，进行多维立体版面的设计，在满足阅读者对信息获取需要的基础上，丰富读者的阅读体验。

（3）艺术性与技术性相结合

艺术性和技术性相结合也是数字报刊版面设计的一项基本原则。实现艺术和技术的有效融合，目的就是确保数字报刊版面设计既要有技术功能性，还要有一定的艺术感，并且使得两者能够实现互相融合、互相促进、互相影响。

2. 版式设计特点

（1）交互性与持续性

信息的即时交互性和动态的更新是数字报刊和传统报刊的区别之处。交互式设计广泛地应用于我们的生活、学习、娱乐中。这种不间断的交互要求电子报刊版式设计人员一定要按照不同时期的新闻，联系媒体不同阶段的经营战略和用户反馈的信息，不断地调整和修改版式设计。

（2）动感互动性

数字报刊在传播的过程中，接收信息的群众可以通过传播媒介进行互动，例如我们拿手机看视频、读新闻、刷微博，直接进社区去讨论新闻，这都是数字报刊的动感互动性。有业内人士指出“谁有互动行销的门类，谁就可以得到更多的欢迎。”由此看出，动感互动性是现在和未来数字报刊不可缺少的一部分。

（3）技术与艺术结合

数字报刊版式设计者需要积极主动地把握已经存在的各种形式的网络技术规律，把艺术和技术紧密地结合起来，使数字报刊浏览者对信息的高质量的要求得到满足。

二、数字报刊的制作软件

1. 汉王 OCR 文字识别软件

所谓 OCR（Optical Character Recognition 光学字符识别）技术，是指电子设备（例如扫描仪或数码相机）检查纸上打印的字符，通过检测暗、亮的模式确定其形状，然后用字符识别方法将形状翻译成计算机文字的过程。即对文本资料进行扫描，然后对图像文件进行分析处理，获取文字及版面信息的过程。汉王 OCR 软件界面如图 3-27 所示。

2. 方正飞腾排版软件

方正飞腾 5.0（FIT4.1）是由北大方正自主开发生产的排版软件，它继承了方正维思（WITS）的优点，在中文文字处理上具备其他软件无法比拟的优势，同时具备处理图形、图像的强大能力，如图 3-28 所示。

3. NpMaker 数字报刊制作软件

NpMaker 是一款实现传统报刊到数字报刊转化的实用工具，产品整体包括转化工具软件、一套数字报刊发布系统以及一套报刊管理后台系统。转换工具软件可针对主流排版格式，例如方正的照排文件进行反解操作，转化生成为 flash、HTML 等格式的文件包，以满足用户不同格式数字报刊的需求；配合发布系统可实现数字报刊的在线阅读以及离线阅读方式。数字报刊管理后台系统包括针对已经发布的数字报刊的管理、统计以及调查等功能模块，方便用户对已经上线的数字报刊修改、监控。NpMaker 快捷方式及截面图如图 3-29 所示。

图 3-27　汉王 OCR

图 3-28　飞腾 5.0

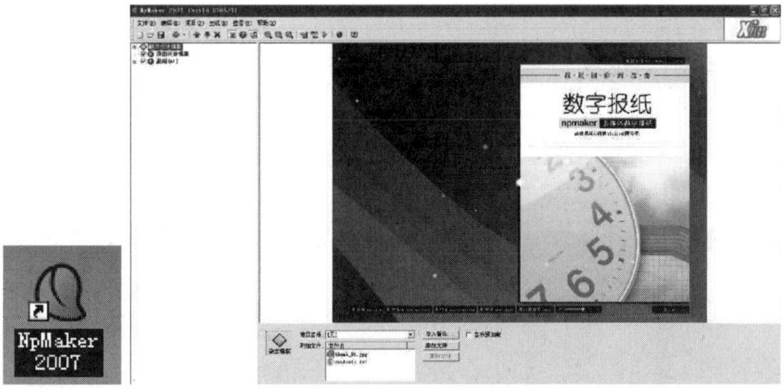

图 3-29　NpMaker 界面

4. 数字报刊发布及管理平台

数字报刊发布及管理系统以数字报刊内容的组织管理为主，实现版面上接下转内容的处理、发布的管理和控制，多个版面同时呈现的导航管理及版面的导航管理和数字报刊的采编管理，提供了一个包括信息采集、加工、制作发布的整个数字报刊制作发布过程的工作平台，并实现了整个流程的管理。系统提供了一个简洁集成的操作界面，操作人员能够灵活地制作模板，方便地组织数字报刊内容，完成报刊组织、传送、签发等一系列数字报刊的制作流程，并可以提供相应的权限管理，保证数字报刊第一时间在网站上发布。如图 3-30 所示为数字报刊后台管理系统登录页面，图 3-31 所示为 NpMaker 的后台管理系统。

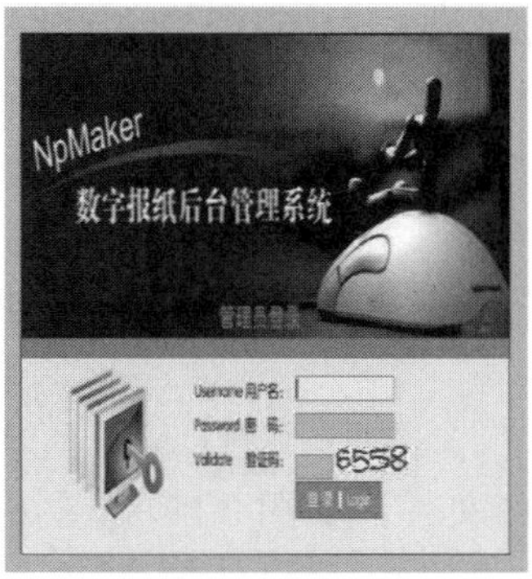

图 3-30　登录页面

图 3-31　NpMaker 的后台管理系统

构建好报刊的数字化平台，可以实现新闻资讯的即时化，传授双方的互动化，内容实现的多媒体化，传播手段的多终端化。传统报刊不但通过互联网等新媒体实现多终端报刊显示，而且纸质报刊借助互联网、移动手机、户外显示器等新媒体技术，使报刊的内容增值，形态提升，内涵扩大。

三、数字报刊的制作流程

制作数字报刊需要报刊排版软件发排和部分发排得到的 EPS 和 PS 格式的文件，而报刊素材各种各样，一种为传统报刊，只有纸质版，还有一种为做好的电子版报刊。

由于素材分纸质版和电子版，而电子版的格式又各种各样，但是要制作成电子报刊，在第一步的处理时有区别的，具体步骤如下，但后期制作步骤相同，都需要处理成经过排版软件处理，得到相应的 EPS 文件和 PS 文件。

1. 扫描、文字识别及抠图过程

（1）纸质版素材处理

纸质版的而且又没有电子稿件的报刊需要用扫描仪扫描，如图 3-32 所示，扫描之后，用 OCR 文字识别软件识别出文字稿件，如图 3-33 所示，把里边文字复制到写字板中，保存为 TXT 格式后用 Photoshop 把图片抠出来，并保存成 JPG 格式，如图 3-34 所示。

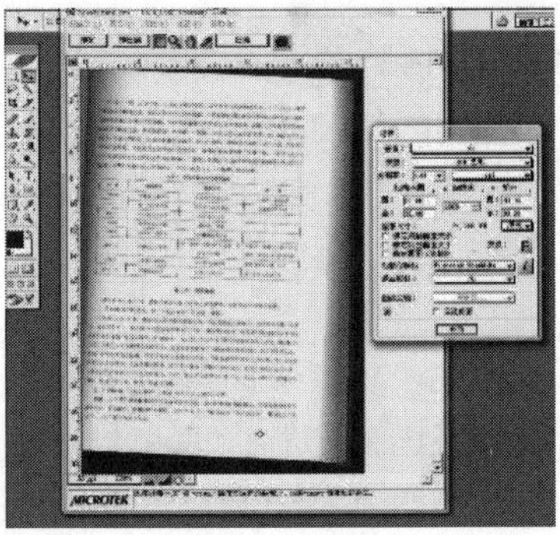

图 3-32　扫描

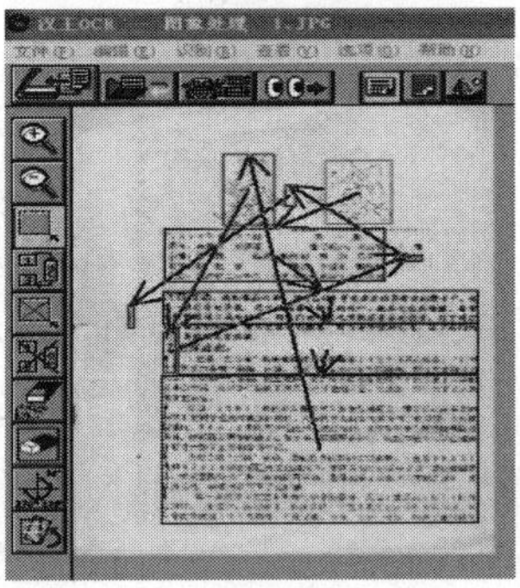

图 3-33　OCR 文字识别

（2）电子版素材处理

Word 格式文件，把里边文字复制到写字板中，保存为 TXT 格式。图片可以用截屏然后在 Photoshop 中把插图抠出来，也可以复制到 Windows 画图工具里然后保存成 JPG 格式，画图工具可以根据粘贴的图片大小调整舞台大小，这里需要注意的是，如果图片太小，画图工具保存的 JPG 图片有留白，要再用 Photoshop 把白边裁剪掉，如图 3-35 所示。

2. 排版过程

（1）方正飞腾文字图片导入

将文字和图片保存之后，首先要打开方正飞腾软件，首先排入文字，然后排入图片，对照原版原式进行排版，排版效果如图 3-36 所示。

（2）发排和部分发排

排版好的文件进行发排和部分发排，得到 EPS 文件和 PS 文件，如图 3-37 和图 3-38 所示。在发排设置时一定要去掉拼版输出一项和局部发排一项的勾，否则在 NpMaker 中进行反解时将出现错误，部分发排时文件名最好保存为与 PS 文件的名称相同的名称，选

图 3-34 在 Photoshop 中裁切

图 3-35 windows 画图工具图片处理

图 3-36 按照原版式排版

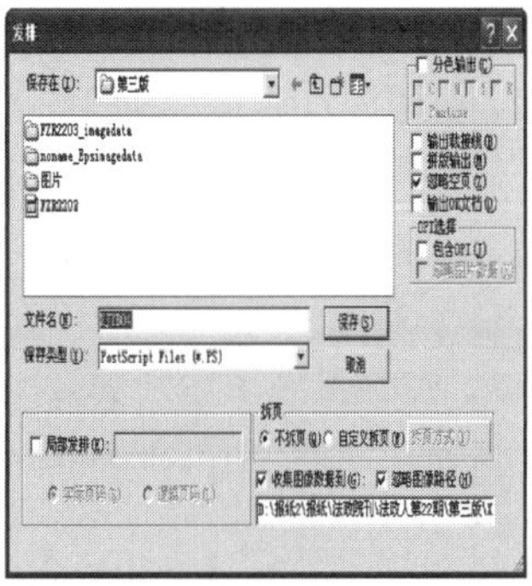

图 3-37 发排得到 PS 文件

项设置时，选中当前页选项，并勾选“生成 Tiff 预显图”，图像格式为 24 位，这样可以在 ACDSee 查图工具中进行预览，发现错误可以及时纠正。

（3）格式转换

启动，用 ACDSee 把 EPS 文件转为 JPG 文件，并且与 PS 文件保存在同一文件夹下，名称要一致，如图 3-39 和图 3-40 所示。

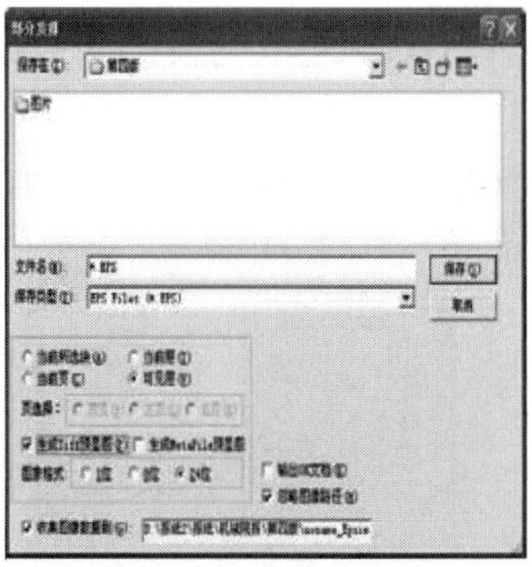

图 3-38 发排得到 EPS 文件

图 3-39 ACDSee 开始界面

3. 制作数字报刊

（1）打开 NpMaker 软件，新建报刊，对相关项目进行设置，如报刊制作时间、报刊名称、保存路径等，如图 3-41 所示。

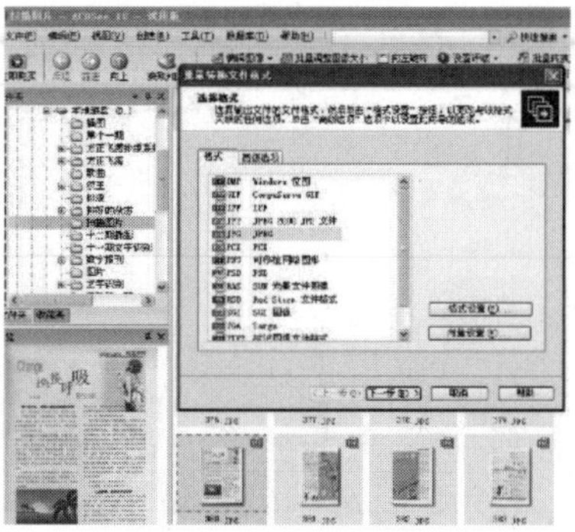

图 3-40　图片格式转换

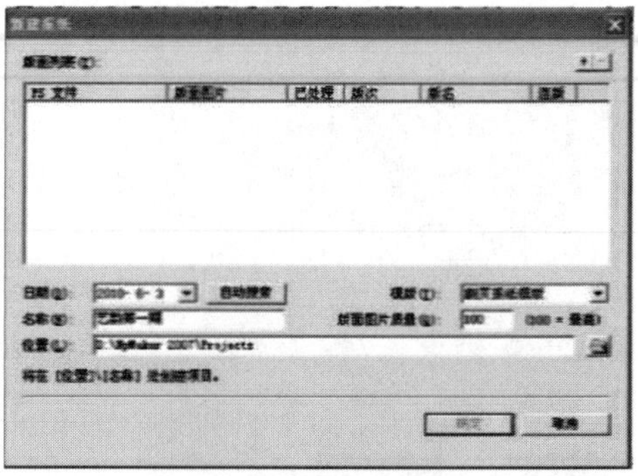

图 3-41　新建报刊

（2）添加 PS 文件　点击“新建报刊”页面右上角的“+”添加文件，也可以选择添加目录，所以最好之前将每一期杂志单独存放在一个文件夹中，如图 3-42 所示，这样就可以使用添加目录选项，一次性将整期杂志添加，成批处理，提高工作效率。

（3）对已添加的 PS 文件逐个进行反解和标引。标引时候一定要注意设置好版次，其他设置都可以修改，只有版次不能修改，如果版次设置错误，只能从新创建报刊修改，如图 3-43 所示。

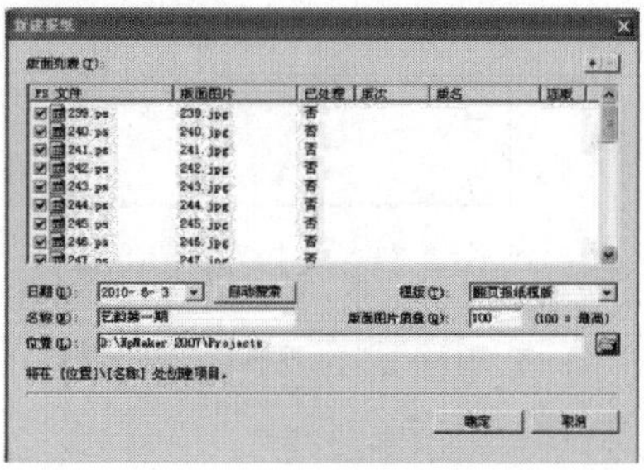

图 3-42　添加文件

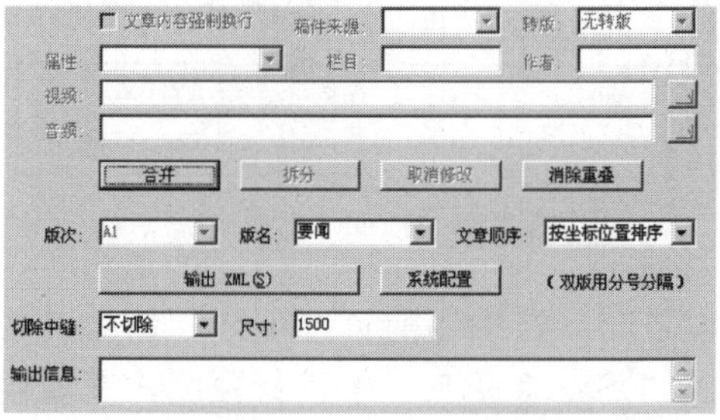

图 3-43　版次选项

添加完 PS 文件并确定后，NpMaker 将自动进入反解状态，未进行标引前，图片由黄色方框定位，文字块儿由蓝色方框定位，如图 3-44 所示。

标引完毕后，NpMaker 将自动列出杂志各页面的版面缩略图和 XML 文件等，如图 3-45 所示。

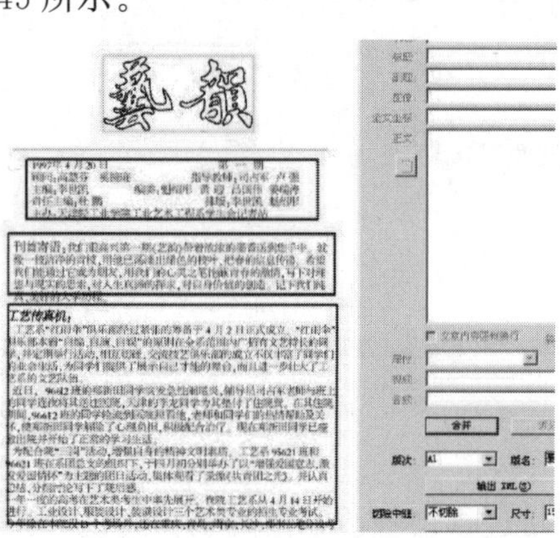

图 3-44　NpMaker 自动反解

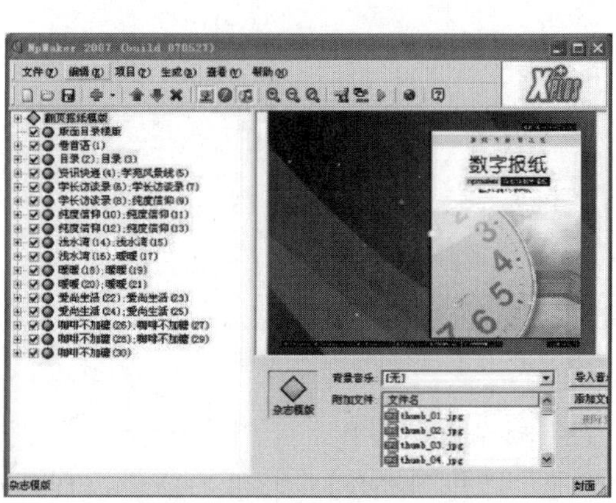

图 3-45　标引完毕

（4）杂志预览

反解标引完毕后，就可以对杂志进行预览了，预览可以在生成杂志和发布杂志之前对合并或标引错误的页面进行更改，预览过程中，如发现错误，可以找到相应的 XML 文件，打开进行更改。确认无误后就可以生成杂志了。《艺韵》杂志预览如图 3-46 所示。

4. 数字报刊发布

（1）FTP 服务器建立

控制面板中选 Internet 信息服务，右键点击 FTP 站点文件夹，查看 FTP 站点属性，勾选写入功能。然后右键点击默认 FTP 站点，填写本机 IP 地址，端口号 21，然后在主目录选项卡中设置好要上传的路径，如图 3-47 所示。

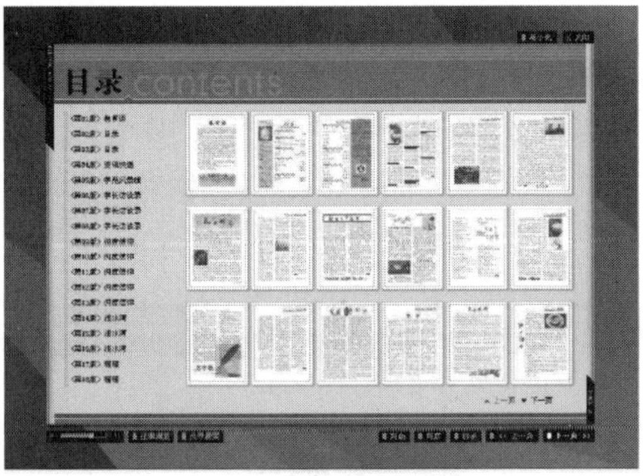

图 3-46　艺韵杂志预览

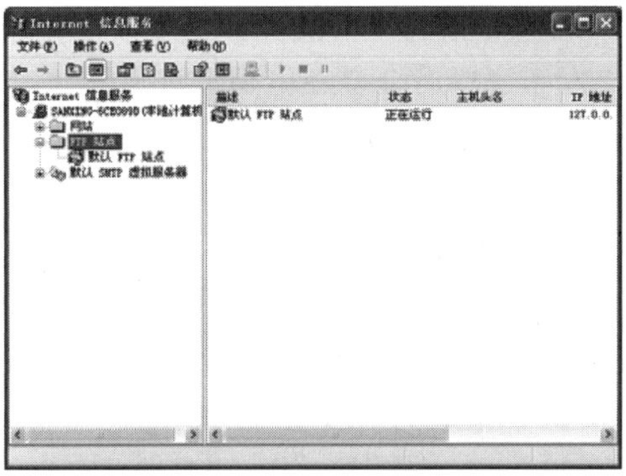

图 3-47　设置上传路径

（2）Npmaker 配置软件生成配置文件

点击添加按钮，设置好本地发布到的 FTP 服务器地址、用户等信息。之后生成配置文件，把配置文件复制到 Npmaker 安装目录下，覆盖原来的同名文件，如图 3-48 所示。

（3）发布

配置文件修改完之后就可以开始发布了，可以设置好发布后生成的文件夹名称。文件设置及上传如图 3-49 及图 3-50 所示。

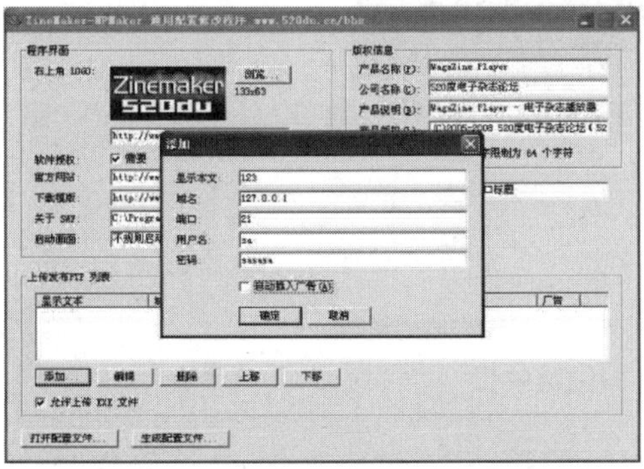

图 3-48　Npmaker 配置软件生成配置文件

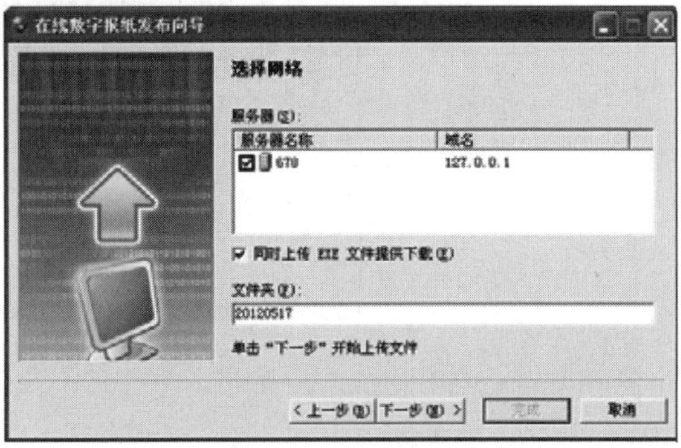

图 3-49　文件设置

（4）入库

上传到本地服务器之后，在管理后台的报纸管理里边在新增的报纸后边点击生成 HTML，生成在线阅读的网页版报纸，如图 3-51 所示。

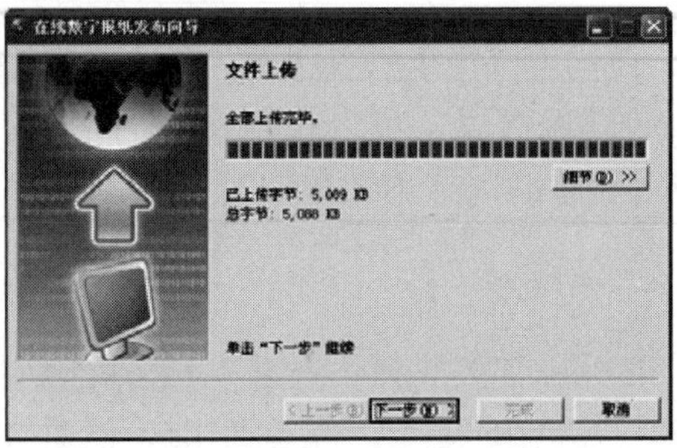

图 3-50　文件上传

图 3-51　生成在线阅读的网页版报纸

5. 数字报刊平台的测试

发布完毕后，要在电脑上进行测试，检查是否有运行错误。打开 IE 浏览器，在地址栏中输入本地 IP 地址，进行测试，以下各图均为测试的效果，如图 3-52、图 3-53 和图 3-54 所示。

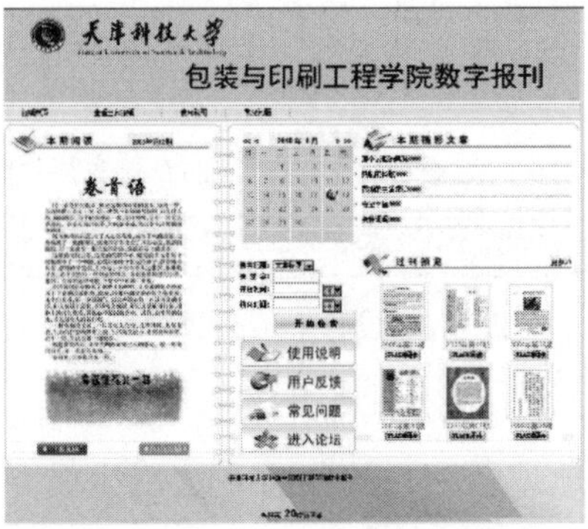

图 3-52　客户端浏览效果

图 3-53　服务器端浏览效果

图 3-54　服务器端管理界面浏览效果

参 考 文 献

[1]　张立，王飚，李广宇．中国数字出版产业年度报告［M］．北京：中国书籍出版社，2019．

［2］ 张立，王飚，李广宇．中国数字出版产业年度报告［M］．北京：中国书籍出版社，2018.
［3］ 万智，艾顺刚，孙晓翠，等．2017—2018 中国数字报出版产业年度报告［J］．中国传媒科技，2018（11）：7-13.
［4］ 网络传播杂志．人民日报“中央厨房”何以爆款频出？来听幕后“大厨”怎么说．http://www.sohu.com/a/237680582_181884.
［5］ 陈国权．中国媒体“中央厨房”发展报告［J］．新闻记者，2018（01）：50-62.
［6］ Xpaper 数字报刊：Xpaper 数字报刊系统 https://www.xpaper.net/service/.
［7］ 原创力文档：通用数字报刊制作系统的方案
https://max.book118.com/html/2018/0804/7031062020001142.shtm.
［8］ 锦华科技：EPMAKER 数字报刊系统 http://www.joyhua.com/html/epmakerszb/.
［9］ 王欢．传统报纸版式与数字报刊版式设计比较研究［D］．湖北工业大学，2015.

第四章　互联网期刊

第一节　概　　述

一、互联网期刊定义

互联网期刊是以互联网为唯一发行传播路径，并定期或不定期出版的电子期刊。互联网期刊的投稿、审稿、修改、编辑出版、阅读等环节都是在互联网环境中进行的。

二、互联网期刊特点

（1）采取信息化流程

从作者投稿到网络审稿，从编辑初审到主编终审，从编辑加工到排版发行，都是基于信息化的流程。

（2）采用互联网期刊形态

互联网期刊形态易于保存和进行传播，便于读者搜索和查阅。

（3）采取信息化管理

期刊管理是期刊出版传播的重要基础。管理者通过信息化渠道，对期刊的数字化出版和发行等进行管理。

（4）采取以作者付费为主的模式

数字化出版的互联网学术期刊更多的是向作者收取出版费用，而读者则是免费获得信息资源。

（5）提供海量内容与定制化服务

互联网期刊出版可以发挥平台集成性优势向读者提供海量内容与定制化服务。

三、互联网期刊分类

互联网期刊出版主要分为两大类，一类是传统期刊的数字化并在互联网上出版；另一类是期刊在线数据库出版。

传统期刊互联网出版主要是指整合传统的纸质期刊，以数字化的方式实现传统期刊的互联网出版，同时对以期刊为主要内容的行业的知识文献资源进行分类整理和加工，在互联网上出版。传统期刊互联网出版商的出版行为已经不再简单停留在期刊的数字化本身，而是将文献、信息等资源进行分析、加工和整合，形成有大量信息的数据库。

第二节　互联网期刊发展

一、知 识 服 务

1. 知识服务的定义

知识服务是指出版单位围绕目标用户的知识需求，在各种显性和隐性知识资源中有针对性地提炼知识，通过提供信息、知识产品和解决方案，来解决用户问题的高级阶段的信息服务过程，其原理如图4-1所示。

图4-1　知识服务原理图

2. 知识服务的特点

（1）知识服务是文献服务和信息服务的深化，是信息管理、知识管理与组织学习综合集成的一种服务。

（2）知识服务是以用户需求为导向、注重与用户交互的服务，具有服务内容定制化、个性化的特征。

（3）知识服务是充分利用各种资源，采用一定技术工具提取与挖掘知识的知识开发过程。

（4）知识服务是面向不同知识层次的服务，在服务过程中强调知识分享和知识创新，体现在用户对知识的不同解释和合作使用的过程中。

3. 知识服务模式

从知识资源的主要类型、主要来源、组织形式、展示平台、获取方式以及主要用户类型、主要盈利方式等方面的差异分析，知识服务有5种主要模式：知识资源数据库模式、知识获取终端设备模式、社交媒体知识分享模式、开放式知识众编模式、知识付费订阅模式。

（1）知识资源数据库模式

知识资源数据库模式一般由专业的出版企业来运营，知识资源组织形式为OGC（Occupationally—generated Content，职业生产内容），通过将自有出版资源数字化或购买数字出版版权，以数据库作为主要展示平台，提供全文或摘要、参考文献索引等知识资源检索和下载。重点面向科研型用户、机构用户，以数据库整体销售、文献收费下载为主要盈利方式。目前的知识资源数据库模式主要服务于研究领域，其知识资源以数字化期刊论文为主，也涉及电子图书和会议论文等，具有较高的学术价值和参考价值，已经成为很多专业领域不可或缺的科研支撑基础。如图4-2所示的Elsevier的Science Direct全文数据库就是典型的知识资源数据库模式。

（2）知识获取终端设备模式

知识获取终端设备模式是指用户使用电子阅读器获取知识的数字出版模式。知识获取终端设备模式主要由科技企业来管理运作，知识资源组织形式和知识资源数据库模式一样也是OGC（职业生产内容），通过购买网络出版商和个人作者的电子书版权，以电子阅读器为销售平台，提供电子书籍查找上传、阅读购买等知识资源获取渠道，为喜爱读书的个人用户提供良好的阅读体验并进行精准推送。以电子阅读器销售、文献收费下载为主要盈利模式的知识获取终端设备模式，为传统出版商在数字时代的完美转型提供了机会。以电子图书为主要知识资源类型的阅读器，不仅方便携带，还促进了传统纸质图书电子化，为用户提供更多阅读空间和选择，如图4-3所示为亚马逊电子图书的购买界面。

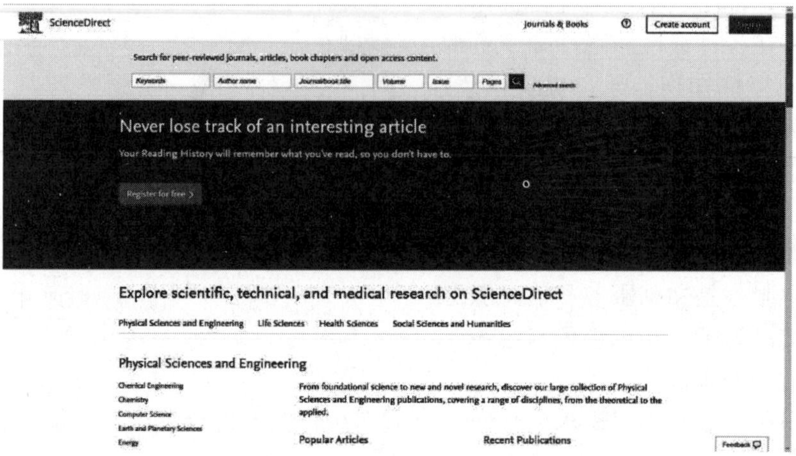

图 4-2　Elsevier 的 Science Direct 全文数据库

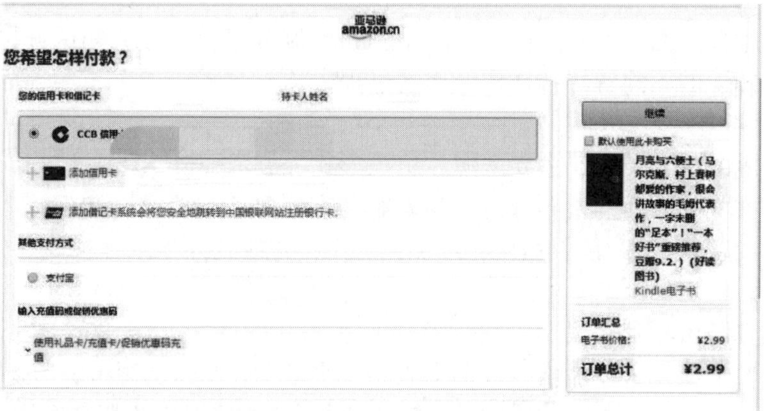

图 4-3　亚马逊电子图书购买界面

（3）社交媒体知识分享模式

社交媒体知识分享模式是指在社交媒体平台上用户之间彼此分享知识资源的一种新兴数字出版模式。社交媒体知识分享模式一般由社交媒体企业来运营，以社交媒体网络平台为依托，对网友创作的信息进行展示、集合和交互。重点面向智能手机的适用人群，多为个人用户，以广告收入、赞赏收入为主要的盈利方式。目前的社交媒体知识分享模式主要服务于休闲娱乐领域，其知识资源以网络文章为主，也涉及视频、音乐、图片等，其传播效率极高，已经成为我们生活中便利快捷的一种知识分享方式。如图 4-4 所示，微信通过公众号里的推文和朋友圈中的文章转发等功能，实现知识分享。

（4）开放式知识众编模式

开放式知识众编模式是指由大众在网络上对知识资源共同进行编辑加工的组织模式，是大数据时代数字出版产业积极转型的新探索。开放式知识众编模式主要由互联网企业运营，是一种开放的由大众对内容进行编辑加工的知识组织模式，提供的知识资源大多是在问答平台上由网友创作的数字资源。该模式以广告收入、付费问答为主要的盈利方式，通过提出问题、组织用户回答问题等方法挖掘出用户头脑中的“隐性知识”，经专业人士不断丰富完善零散的知识，重新组织后还可以实现真正意义上的编辑出版，如图 4-5 所示为知乎的问答界面。

（5）知识付费订阅模式

知识付费订阅模式是将知识变成产品或服务，以课程、专栏等形式提供给用户付费订阅，以实现知识的商业价值。知识付费订阅有利于人们高效筛选信息，也有利于激励优质知识产品的生产。知识付费订阅模式一般由教育类企业运营，知识资源的获得以 PGC 为主，UGC 为辅，大多为专家录制的音频、视频信息，用户通过“听取”的方式来获取知识，通过用耳朵代替眼睛，达到“随时随地，听我想听”的效果，服务于用户的终生学习。知识付费订阅模式主要通过用户付费来获得盈利，也会有一定的广告收入。如图 4-6 所示为喜马拉雅的内容付费界面。

4. 人工智能在出版业知识服务的应用

当前人工智能技术在出版业知识服务的应用已涉及到内容的选择、创作、营销等各个环节，提高了出版业知识服务的效率。

图 4-4　微信公众号推文

图 4-5　知乎问答界面

（1）人工智能驱动个性化服务

运用人工智能技术可以实现出版内容与用户间的智能连接，为不同的用户提供定制化的阅读内容，建立以用户需求为导向的知识服务模式。通过对用户数据的挖掘分析，生成个性化的知识图谱，有利于构建精准的用户画像，做到知己知彼，实现个性化服务的精准推送。在国内，以“今日头条”为代表的资讯类平台通过智能化系统为用户实时推荐其感兴趣的新闻报道，如图 4-7 所示为“今日头条”首页。与传统模式相比，智能化融媒体时代的知识服务主要具有以下几个特点：服务需求用户化；服务内容个性化；互动形式多样化。

图 4-6　喜马拉雅的内容付费界面

图 4-7　“今日头条”首页

（2）人工智能驱动智能化生产

在不同的场景中应用不同的算法，智能机器人能够从结构化的数据中快速、准确地生成新闻报道。2014 年 3 月 17 日，美国洛杉矶遭遇地震，《洛杉矶时报》的“地震机器人”（Quakebot）在地震发生 3 分钟后就完成新闻的撰写和发布，成为机器人新闻史上的一个里程碑。此外，人工智能技术还可以深度挖掘数据，弥补人类报道中容易遗漏的信息。《洛杉矶时报》自 2007 年开始就采用“犯罪机器人”协助开展“凶杀报告（The Homicide Report）”项目。智能机器人不仅在新闻报道上可以与人类记者相媲美，在文学写作方面也有强大的创造力。2017 年 7 月，湛庐文化和微软合作推出人工智能作家“小冰”创作的诗集《阳光失了玻璃窗》（北京联合出版公司）出版，封面如图 4-8 所示。综上分析，与传统生产模式相比，智能化内容生产具有以下几个特性：敏锐即时的数据发现能力；快速的内容编辑和撰写能力；准确及时的报道能力。

图 4-8 《阳光失了玻璃窗》封面

（3）人工智能驱动精准化营销

在人工智能时代，出版企业可以通过人工智能技术来分析读者感兴趣的内容，确定合适的受众目标，为用户提供精准化、个性化的知识服务。如美国智能推荐公司 Intellogo 通过智能机器人对出版内容和读者行为进行充分的挖掘分析，深入了解读者的兴趣爱好，掌握已出版图书的风格、主题等，精准地为读者推送适合的图书。智能化媒体时代的营销方式主要具有以下几点特性：以数据为导向的按需出版；满足用户需求的精准推送；以读者为目标的引导式营销。

5. 知识服务的发展历程

2006年，《国家“十一五”时期文化发展纲要》把“国家知识资源数据库工程”列为“十一五”时期国家重大文化产业推进项目。

2007年，新闻出版总署组织对四大工程（“国家知识资源数据库工程”“数字版权保护技术研发工程”“国家数字复合出版系统工程”“中华字库工程”）进行可行性论证。

2011年，《国家“十二五”时期文化改革发展规划纲要》再次把“国家知识资源数据库”列入“十二五”期间“文化数字化建设工程”重点项目。

2015年，国务院印发了《促进大数据发展行动纲要》，明确提出要建立国家知识服务平台与知识资源服务中心，为知识服务工程的启动带来契机。

互联网正在重构知识生产、传播、服务的模式，以文献为主的服务模式受到挑战，面向互联网、面向大数据的知识服务正在兴起。

二、互联网期刊业务案例

随着网络的发展，光盘、磁盘等形式出版的数字期刊已逐渐被网络出版所代替，大多数期刊在线数据已转变为期刊数字出版平台，发挥平台集成性优势向消费者提供海量内容及定制化服务，因此大多数期刊选择在互联网期刊数据库进行网络出版。据了解，目前国内传统期刊选择的互联网出版平台主要有《中国学术期刊（光盘版）》、“中国期刊网”“万方数据——数字化期刊群”《中文科技期刊数据库》等。

互联网期刊出版行业的主要出版商仍然是以同方知网（北京）技术有限公司（以下简称同方知网）、万方数据科技有限公司（以下简称万方数据）、重庆维普资讯有限公司（以下简称维普资讯）、龙源数字传媒集团（以下简称龙源数媒）四家出版企业占据市场最大份额，如图4-9～图4-12所示。互联网期刊出版主要出版商主营业务见表4-1。

表4-1　互联网期刊出版主要出版商主营业务一览表

企业名称	主营业务
同方知网	采用知识发现、知识管理、知识传播技术与标准，规范、系统、持续地集成整合近百年来国内各学科领域的研究成果与各类知识文化内容，对文献及其碎片、各类知识元进行了深度加工与挖掘，形成了当今规模最大的权威性文献检索与知识发现系统
万方数据	集信息资源产品、信息增值服务、信息处理方案和知识服务为一体的综合信息服务商。形成了“资源＋软件＋硬件＋服务”为核心的业务模式
维普资讯	主要业务是为学术资源的数字化加工、数字出版与传播、数据服务解决方案。产品及服务主要涉及教育、文化、科技等众多领域，其核心产品《中文期刊数据库》被纳入国家长期保存数字战略计划，成为中国学术文献资源保障体系的重要组成部分。企业的服务站点维普网，也已经成为国内主流的学术传播平台
龙源数媒	核心业务为数字出版，利用数字技术对优质期刊版权资源进行加工、传播，为机构用户、数字教育用户和个人用户提供知识文化阅读服务

大数据和人工智能等新技术的发展将会为互联网期刊行业的信息服务带来巨大的变革：一方面在政策和行业的风口下互联网期刊已经从单纯的资源汇集与提供向知识服务迈进一大步，而且逐渐向智慧型知识服务发展；另一方面在大数据和人工智能技术的推动下

图 4-9　同方知网

图 4-10　万方数据

图 4-11　维普资讯

图 4-12　龙源数媒

响应用户的潜在需求，能够更加精准地进行知识传播与决策服务。各行各业、各类机构目前都对大数据与知识管理有着强烈的需求，并针对本行业、本机构的大数据与机构知识基础设施建设实际，又衍生出众多个性化需求。

各大互联网期刊企业也利用大数据和人工智能技术，发展推出自有的智能知识服务平台，具体建设情况见表 4-2。

表 4-2　互联网期刊出版主要出版商知识服务平台建设及服务开展情况

企业名称	主营业务
同方知网	大规模集成整合国内外出版内容资源，在其“中国知识资源总库”基础上开发出大数据知识服务支撑平台，并已经在多家机关单位的社会管理创新工作中得到应用。该平台具有产品组织的针对性与个性化、知识管理的完整性与体系化、产品设计的权威性与专业化、内容揭示的层次性与可视化等集于体的特点。这标志着知网正在从内容提供商向服务供应商转型
万方数据	与美亚柏科签署战略合作协议并成立“万方智讯”公司，构建专业化、社会化、市场化的大数据应用服务平台，在用户行为大数据等领域迈出重要步伐
维普资讯	打造智立方·知识发现系统，支持对用户特色资源的个性化整合，云服务更新。除了为个人提供精确信息检索和延伸阅读外，智立方还可以为企业提供行业资讯，支持地方情报机构更好地为企业用户提供知识服务
龙源数媒	推出龙源网 AP，实现文章级的个性化聚合、数字内容商店、全文智能搜索三部分功能，供用户进行读文、读刊，开展个性主题内容定制

互联网期刊与传统期刊的融合发展，将会加快改变目前印刷期刊直接数字化的现状。同方知网以“中央厨房”模式来探索“刊网融合”经营机制，实现与期刊企业共赢。万方数据建设了大数据仓储平台，通过数据分析，有助于期刊社进行选题、策划、开展定制服务、提升学术质量。龙源数媒以内容聚合者的身份为期刊社服务，并为期刊社进行数据加工，架起期刊社与阅读基地、用户之间的联系纽带，满足用户阅读需求，服务期刊社的内容推广。

三、互联网期刊市场分析

1. 互联网期刊出版市场规模年度变化情况

由表 4-3～表 4-5 可知，2018 年营业收入达到 8330.78 亿元，相较于 2017 年增长了 17.8%。其中互联网期刊出版行业市场营业收入总额达到 21.38 亿元，与 2017 年的 20.1 亿元相比，增加了 6.4%。互联网期刊出版行业营业收入多年来一直呈现上升趋势。

表 4-3　2016—2018 年互联网期刊占整个数字出版行业规模比例

年　　度	2016	2017	2018
互联网期刊出版/亿元	17.50	20.10	21.38
数字出版/亿元	5720.85	7071.93	8330.78
占比/%	0.31	0.28	0.26

表 4-4　2016—2018 年互联网期刊与数字出版行业增速对比

年　　度	2016	2017	2018
互联网期刊出版/%	10.41	14.86	6.4
数字出版/%	30.02	23.62	17.80

表 4-5　2018 年不同模式下销售额度

年度	中心网站包库/亿元	镜像站点/亿元	流量计费/亿元
2018	13.38	6.98	1.02

2. 互联网期刊出版推广销售策略

国内互联网期刊出版商家的主要经营模式包括：中心网站包库、镜像站点、（上网卡）流量计费等方式。各互联网出版商也根据自身特色制定出不同的销售推广策略，具体见表 4-6。

表 4-6　互联网期刊出版主要出版商销售推广策略一览表

企业名称	销售推广策略
同方知网	推出“刊网融合”经营机制，充分利用数字化、网络化特性，助力突破传统出版向知识服务升级。探索新兴数字出版模式，为机制核心业务创新、个人创新能力的培养提供平台
万方数据	基于大数据分析，知识服务平台可以为期刊业提供论文相似性检测服务、期刊统计分析平台及个刊报告等服务，助力期刊界加快科学研究与融合创新发展
维普资讯	由“学术资源提供”向“学术数据服务”进行战略升级。从资源上，面向出版社、编辑部，重新规划上下游产业关系，由学术资源的“生产者”向“组织者”转变；从服务上，面向客户和用户对学术资源色需求场景，提供差异化的数据服务方案。当前，已经形成了从“信息检索、文献获取、自主学习、学术写作、学术工具、论文检索、论文发表、知识管理”等针对机构客户的服务集群。维普资讯面向国内市场提供的“智立方——数据(知识)服务解决方案”系列产品，已经成为帮助学术出版机构实现业务升级，帮助学术传播机构及服务中介机构提升服务能力的实现平台

续表

企业名称	销售推广策略
龙源数媒	一是加强产品研发，不断创新和迭代触控阅读终端产品和移动互联网产品，丰富的产品线得到市场的充分认可；二是加大营销体系建设和资源投入，持续巩固在公共文化、数字教育和个人阅读等传统业务领域的业务，不断拓宽新的行业应用领域

四、现状及发展趋势

1. 存在问题

（1）各大互联网期刊对优质版权资源的争夺依然激烈

对于出版企业，获得版权是整个业务逻辑的起点，没有版权不能合法出版。互联网期刊出版企业对版权更加重视，纷纷将其作为核心资源及核心竞争力进行倾力打造。优质资源是互联网期刊持续发展的关键，目前国内英文期刊加入国际各类数据库的情况时有发生，各大互联网期刊数据库对英文期刊内容的争夺亦屡见不鲜。

（2）学术期刊大数据的堆叠和处理不足

一直以来，互联网期刊出版仅仅是对各期刊社出版论文的集合，在大数据时代，掌握的数据信息数量足够庞大，但是对数据的处理分析不足。各大互联网期刊出版企业都拥有海量科技论文资料、学者资料等，但是普遍面临数据多、杂、乱、散，数据汇集易、整合难等问题。这就需要在数据的采集与管理，加工与存储，知识体系的构建与管理等各方面进行合理规划、规范实施，实施数据的深度融合与一体化应用，提升大数据的应用效能，实现科技期刊数据在研究、学习工作的智慧化功能。互联网期刊出版需要做的就是利用大数据技术改变现有的内容生产模式，将数据资源变成数据资产。

（3）产业发展需求推动人才培养力度加大

当前，信息技术的发展给传统期刊行业带来了巨大的冲击，生产流程、产品形式、传播方式、服务模式都在重构，在人才需求上既需要精通出版和学术研究的专业编辑，又需要精通新媒体技术的复合型出版人才，还需要运营、营销人才以及学术水平和专业能力都过硬的专业人才。产业发展对人才的巨大需求，也受到政府主管部门的关注与重视。

（4）盗版问题屡见不鲜，维权之路困境重重

由于盗版行为规模大且分散，对于大批量盗版行为，盗版商家借助空壳主体，逃避法律责任，使被盗方追索不到合理的赔偿。更有甚者，有的盗版方采用“游击战术”，同一盗版行为通过更换主体方式反复出现。同时，网签电子合同已初露端倪，但是合同中常没有对版权概念的界定，产生了严重的数字版权问题，这严重制约了行业的发展。

（5）免费经济对互联网期刊的销售带来很大冲击

互联网经济的兴起催生了新型经营模式——免费经济，即通过免费导入流量，再以流量为资源深入开发，创造价值。而对应这一模式，企业会本能地压低免费部分的成本，同时抬高创造价值部分的效益。这种模式给探索尝试的企业带来了极大的运营压力，同时提高了尝试者的准入门槛。从目前行业表现来看，付费模式仍是主流。

（6）互联网期刊出版领域新型媒体与传统媒体的融合发展仍待加强

与互联网期刊的全球性、高效性、时效性、互动性、海量与易储性等特点相比，传统

纸质期刊在发行和阅读的便捷性、随时性等方面仍然存在短板。同时，传统期刊企业自身亦存在着扩大市场、提升占有率的诉求。

2. 互联网期刊发展趋势

（1）互联网协同创作创新将赋予产业发展新动力

为内容创作各方提供的便利、智能协同工作平台，将成为出版融合发展的方向。这个平台将能够支持多人实时在线和离线沟通，并将支持多人协同创作创新，既为研讨创新、头脑风暴提供全方位的辅助，又为协同创作、实时沟通提供完备的支持。另外，创作作品与发行平台间的格式衔接也将逐步趋于成熟，这将会大力推动企业间协作，为整个行业带来新的发展动力。

（2）版权交易与保护更加受到重视

版权是互联网期刊行业的核心资源之一，融合先进通信、加密等技术的便捷成熟版权交易系统，必将受到各方欢迎。便捷成熟的版权交易系统，应涵盖展示定价、协商签约、交付完成等各环节。这样的系统将大幅缩减交易环节、减低交易成本、提升交易效率，并将交易物及协议标准化和规范化，同时这种新型的技术融合必能反向刺激整个行业，催生相应的产业革新。

（3）人工智能等关键技术的应用将促进知识服务的快速发展

在新闻出版领域，借助人工智能，期刊业未来可以帮助作者进行资料的搜集与整理，并帮助作者分析用户的阅读行为与阅读倾向，帮助作者明确写作方向，向用户做个性化推介，提供高效、优质的专业化服务，实现高品质阅读。同时人工智能可以融合 AR/VR 等技术，全方位提升阅读的品质与阅读体验。

（4）互联网期刊出版有望成为提升期刊影响力的有力渠道

英文科技期刊是提升我国科研成果的国际影响力、加强我国科研话语权的主要途径。但提升我国科研的国际影响力仅仅依赖于我国现有的英文科技期刊以及期刊的变更和英文版的出版是远远不够的，还需要依靠互联网期刊出版商对于其收录的科技期刊的翻译及海外传播。这就要求国内国外联动，共同推进我国期刊走出去，尽可能地发挥我国期刊的影响力。与传统期刊产业相比，互联网期刊出版产业通过搭建数字出版传播平台，研发外向型数字出版产品，更容易走出去，能够更全面高效地助推我国期刊国际影响力和传播力的提升。

参考文献

［1］ 张立，王飚，李广宇．中国数字出版产业年度报告［M］．北京：中国书籍出版社，2019.

［2］ 张立，王飚，李广宇．中国数字出版产业年度报告［M］．北京：中国书籍出版社，2018.

［3］ 李广宇，戴铁成，高默冉，王友平．2017—2018 中国互联网期刊出版产业年度报告［J］．中国传媒科技，2018（11）：14-20.

［4］ 孟耀，刘艳，于振荣．学术期刊数字化出版特点及制约因素分析［J］．中国报业，2016（02）：35-36.

［5］ 郭亚军，刚榕陨，黄圣洁．大数据环境下数字出版知识服务主要模式研究［J］．现代情报，2018，38（11）：3-8.

［6］ 王曰芬，张柏瑞，周玢宇．知识服务研究状况及在大数据环境下的研究趋向［J］．数字图书馆论坛，2018（03）：12-19．
［7］ 孙小琪．人工智能在出版业知识服务中的应用研究［J］．出版与印刷，2019（01）：12-17．
［8］ 魏玉山．在知识服务的大潮中出版业大有可为［J］．出版与印刷，2019（01）：3-4．

第五章　在 线 教 育

随着互联网以及各种电子设备的普及，人们的生活、学习方式随之发生了改变，在线教育越来越受到人们的关注，以在线学习平台为代表的在线教育服务正在重塑传统的学习习惯，使得人们能够随时随地进行碎片化、网络化学习。相对于传统教育模式，在线教育具有学习时间碎片化、学习地点无限制、内容针对性强、在线互动效率高、可重复学习等优势，对推动传统“被动式”课堂教学模式向“互动式”在线学习方式的转变发挥了重要作用。

第一节　概　　述

一、在线教育定义

在线教育即E-Learning，又称远程教育、在线学习，一般指一种基于网络的知识获取学习行为。E-Learning中的“E”是Electronic，代表电子化的学习、有效率的学习、探索的学习、经验的学习、拓展的学习、延伸的学习、易使用的学习、增强的学习。

二、在线教育特点

（1）在线教育突破了时间和空间上的限制，提升了学习效率。

（2）在线教育可以解决因地域等方面造成的教育资源不平等分配问题，促进教育公平，降低学习门槛。

（3）在线教育具有“双向性”，即老师与学生之间和学生与学生之间可以在线互动，包括答疑解惑、知识的运用和团队合作等，从而达到更好的教育效果。同时，在线教育教学和学习服务系统可根据系统记录的个人资料，针对不同学员提出个性化学习建议，实行个性化教学。

（4）在线教育是以网络为介质的教学方式，通过网络，学员与教师即使相隔万里也可以开展教学互动活动。

（5）在线学习基于建构主义的学习理论，注重学习的多重交互特性。

（6）在线教育教学灵活性强、教学成本低。

三、在线教育分类

在线教育的模式大致分为以下8种，分别是平台模式、会员模式、垂直领域、直播互动、一对一、O2O、freemium、B2B2C。

1. 平台模式

平台模式的本质是将自己的流量或者用户转卖给视频或者直播的内容提供商，未来利用出售他们内容的分成来牟利。

平台模式避开了非常沉重的内容和服务，扩张迅速，但实际这种模式也有缺陷，在线教育这两年的发展使内容迅速贬值，比较难带来更多免费用户和流量。

2. 会员模式

会员模式是自己制作大量自有版权的视频，放在自有平台上，让用户按月付费或者按年付费。这种模式简单、快速，只要专心录制大量视频即可快速发展，如图 5-1 所示为蛮牛教育的会员模式。

3. 垂直领域

垂直模式需要融合录播、直播、帮助服务等多种手段，对学生学习某一项内容负责。这种模式收费高，有较强的壁垒。这种产品一旦形成口碑，会有稳定的用户群和收入，但产品非常复杂，难度大，门槛高，即使单独一个项目都会耗费大量的人力物力，因此发展速度较慢。

4. 直播、互动类

直播、互动模式将传统课堂上的反馈、交互、答疑搬到线上。让用户容易接受，只要服务贴心，用户就愿意买单，因此有丰富现金流。但缺陷是只能通过平台吸引用户，造成了竞争门槛过低，模式雷同，对手众多，收益的永远是拥有流量或者用户的大平台，如图 5-2 所示的荔枝微课就属于此类。

图 5-1　蛮牛教育会员模式

图 5-2　荔枝微课在线教育平台

5. 1 对 1 模式

让一个讲师在一定时间内对一个学员进行辅导，学生按照时间支付费用。这种模式收费容易，现金流好，产品难度不大，市场空间大，但是人力资源的获取消耗却是巨大的，如果师资上控制不好，比如优秀的讲师留不住，或者整体成本太大，都会导致 1 对 1 模式难以发展。如图 5-3 为掌门 1 对 1 官网。

图 5-3　掌门 1 对 1

6. O2O 模式

通过免费内容或者运营，让线上平台获取用户和流量，将用户吸引到线下开课，或者让学员到加盟的线下机构上课。这种模式形式简单，收益高，只要把控用户需求，吸引到用户，收费不成问题，而且符合传统的消费习惯。

7. freemium 模式

freemium 模式是指通过免费圈进大量用户，再通过增值服务变现。但是由于存在没有很强的流量聚合效应、付费者与体验者角色分离、学习效果需要长时间周期验证等问题，这一模式仍存在探索空间。另外，即使打造出了极致的产品，拥有了大批活跃用户与产品口碑，模式由免费转向收费仍存在困难。

8. B2B2C 模式/家校互动

从教育环节来看，学生在校期间主要是 B2B2C 模式，这种模式借助地方代理商，成功进驻公立学校，是可行的商业模式，但存在的问题在于事后产品的深度运营缺乏跟进，用户反馈获取滞后。除此之外，用户被引导安装，活跃度偏低，对外宣称的庞大用户量，形式大于实质。

四、在线教育案例分析

1. MOOC

MOOC 是 Massive Open Online Course 的首字母缩写，直译就是“大规模开放网络课程”，官网如图 5-4 所示。MOOC 平台是由企业或高校等主体机构支持建立，面向社会大众免费开放的，拥有一定数量的由全球顶尖大学的教授们所录制 MOOC 课程，能支持完整的网络教与学的过程以及结课证书认证等。

图 5-4　中国大学 mooc 官网

2. 智慧树

智慧树网是全球大型的学分课程运营服务平台，致力于成为中国领先的教育信息化制造商与互联网教育运营商，独特的“平台＋内容＋服务”，三位一体的业务模式，帮助高等院校完成优质课程的引进和服务，其官网界面如图 5-5 所示。

3. 腾讯课堂

腾讯课堂是腾讯推出的专业在线教育平台，其官网如图 5-6 所示。腾讯课堂凭借 QQ 客户端的优势，实现在线即时互动教学；并利用 QQ 积累多年的音视频能力，提供流畅、高音质的课程直播效果；同时支持 PPT 演示、屏幕分享等多样化的授课模式，还为教师提供白板、提问等能力。

4. 网易公开

网易公开课是由网易推出的“全球名校视频公开课项目”，如图 5-7 所示。用户可以

图 5-5　智慧树网校

图 5-6　腾讯课堂

图 5-7　网易公开课

在线免费观看来自哈佛大学等世界级名校的公开课课程，可汗学院、TED等教育性组织的精彩视频。网易公开课力求为爱学习的网友创造一个公开的免费课程平台，秉承互联网精神：开放、平等、协作、分享，让知识无国界。

第二节　网络出版

一、网络出版概念

网络出版，又称互联网出版，是伴随着因特网技术的发展而出现的一种新型的电子出版形式。在国外，对网络出版有 Online Publishing、Web Publishing、Network Publishing、Internet Publishing 等几种称谓。在国内，许多学者对网络出版概念又提出了不同的说法。下面列举几种目前比较流行的说法。

① 从网络出版的主体出发是指互联网出版机构，也就是经新闻出版行政部门和电信管理机构批准，从事互联网出版业务的互联网信息服务提供者。

② 从版权方面出发，既包括线下有形物的出版发行，也包括线上网络出版发行。

③ 从信息传播的角度出发，网络出版是通过互联网向大众传播的过程。

④ 从强调出版的商业交易出发，网络出版是具有商业行为的传播。

综上，网络出版是指以营利为目的，将数字化作品通过互联网向公众传播的过程。

二、网络出版特点

1. 网络出版的特点

网络出版以计算机通信网络为传输渠道，以计算机、手机、平板电脑等设备为阅读终端。它具有以下基本特点：

① 时效性强，信息更新快，跨时空传播

网络出版物突出的特点就是其信息的新颖性，网络出版物的更正、修订、改版等易如反掌，而且网络的传播速度快，读者无论在世界的哪个角落，只要有一台上网设备，就能获得网络出版物。

② 信息量大，图文声像并茂。网络出版可将文本、图形、图像、音频、视频、动画等信息有机地组织在一起，给用户以视、听、读全方位的多种感官体验，用户直接从服务器接受信息，信息量远超传统出版。

③ 互动性强。在与读者的沟通互动方面，网络出版为读者提供了更多的反馈机会。通过 E-mail、QQ、微博等，传播者与读者的沟通更加充分、便捷，根据反馈意见，传播者可及时修改作品。

④ 检索快捷。读者可通过对关键词或检索词的查询，进行目录和全文检索，迅速找到所需内容，使得阅读过程更加快捷方便。

⑤ 复制与发行同时进行。用户通过网络使用网络出版物时，同时完成对该作品的复制和发行。

⑥ 成本低。与纸质出版相比，网络出版不需要进行制版、印刷、运输、仓储，且库存永远充足等，成本大大降低。此外，网络出版直接面向读者，这就减少了批发商、零售商等中间环节的费用。

⑦ 节约资源。网络出版不需要纸张、油墨，是绿色、环保的生产方式。而纸质出版物以纸为载体，离不开油墨和其他化学药品，消耗了大量的森林资源，造成了严重的环境污染。

⑧ 传播便捷。在网络新媒体环境下，通过各种自媒体平台，每一个用户都可以成为内容的制作者。自 2005 年博客出现以后，我国其实就已经进入了自媒体时期，到了 2009 年微博的诞生则加速了自媒体时代的到来，再到如今的微信公众平台、百家号、头条号、大鱼号等自媒体平台的出现，自媒体的发展开始进入了新时期，这为网络出版的出版主体和传播渠道提供了更加便捷的方式。

⑨ 表现形式多样。当前，多媒体技术被广泛应用于互联网出版物中，文字、图片、音频、视频等呈现方式都有可能同时出现在同一部互联网出版物中，而同一部互联网出版物也可能有多种不同的表现形式，如一部网络小说也可能被制作成有声读物、漫画、广播剧等多种版本，这也是互联网出版物表现形式多样性的体现。

2. 目前存在的问题

① 安全性问题突出。虽然网络出版的信息由传播者集中管理，无需担心出版物的损坏与丢失。但是，由于网络出版物是全数字形式的，极易被复制，所以版权很容易受到侵犯，另外，网络服务器也易受到不法黑客或病毒的攻击。

② 传播不可控。在互联网环境中，网络出版物的传播不是单向的线性传播，而是发散性的“病毒式”传播，这种传播方式必然会导致一些违法违规内容通过网络扩散，而这种扩散在传播范围和传播速度上都是不可控的。同时，由于网络出版内容本身具有互动性特征，这种互动性既可能围绕网络出版内容本身展开，也可能是天马行空式的，这也容易导致出版内容传播的不可控性。

③ 内容审核机制不完善。在网络新媒体环境下，通过各种平台发布的信息是海量的，面对这样的海量信息，各个平台大多采取系统审核和人工审核相结合的方式，其中以系统审核为主。尽管系统审核能够提升内容的审核效率，但这种审核方式具有程式化、机械性的特征，也难以做到系统性审核，因而难以对网络新媒体发布的内容质量进行有效保证。

三、网络出版流程

从出版业的角度而言，完整的互联网出版流程包括六个阶段：选题策划、网上组稿、网上审稿、网络编辑加工、制作数字内容、网络发行。

1. 选题策划

网络出版选题策划应根据网络出版的特点进行，一般遵循以下几个原则：多平台综合考虑原则、信息有效管理和及时更新原则、资源整合原则。

2. 网上组稿

网上的稿件主要有两种来源，第一种是作者自投稿；另一种是编辑有目的地对某一课题或专家进行组稿，一般通过稿件管理系统或 E-mail 等实施网上组稿。

3. 网上审稿

对于每天收到的稿件，编辑需要对其进行初步筛选，包括内容的广度和深度，学术价值如何，政治上、学术上或艺术上有无问题，结构是否合理，相关信息是否全面、可靠等，然后再对稿件进行审核。

4. 网络编辑加工

编辑可与作者通过网络联系密切，双方可就稿件的修改、定稿、校对等事宜通过 E-mail、网络聊天工具等方式交流，可节省大量时间。网络编辑加工，对编辑的计算机应用水平要求较高，编辑可借助专业软件、搜索引擎、数据库等，对书稿的内文、图表、新名词术语、外文、参考文献等做出修改，加快编辑工作效率、提高文稿加工质量。

5. 制作数字内容

在网络出版的整个过程中，信息以数字化形式保存和传播。网络出版的数字化内容不仅包含文本、图形图像，还包含音频、视频等，需将这些素材按出版物的结构框架进行总体集成。应根据不同类型的网络出版物选择相应的制作软件。

6. 网络发行

对于数字化内容而言，网上发行是最合理、最经济方便的发行方式。通过网络发行，数字化产品的流通不需要物流配送系统，而且无库存，交易流程大大简化，从而提高了出版物的时效性。

四、网站设计与制作

1. 网页制作常用软件

要开发网站，需要有一定的工具作支撑。目前开发网页程序的工具有很多，开发工具的选择，取决于开发者的背景、喜好、开发平台、开发的网站、开发工具各自特点等因素。下面介绍几类网站开发工具。

（1）文本编辑器

和 HTML 文件一样，ASP、ASP. NET、PHP 和 JSP 技术生成的文件也是纯文本文件，可直接用 Windows 的记事本制作，也可使用 UltraEdit、EditPlus 等文本编辑器制作。它们轻便小巧，界面友好，具有显示行号、内建程序语法高亮显示等功能，阅读源代码时会清晰很多，但不够高效，对开发者的要求很高，调试也不方便。

（2）集成开发环境的开发工具

集成开发环境的开发工具是专门针对某种技术的开发工具，如 Visual InterDev（简称 VI）是 ASP 的集成开发环境；Visual Studio. NET 是 ASP. NET 的集成开发环境；Zend Studio 是 PHP 语言集成开发环境；Jbuilder 是 JSP 的集成开发工具。这些工具功能强大、灵活高效、使用方便。但它们也有些不足，如对静态页面的设计排版功能不强，在设计页面效果方面不能得心应手，安装使用较复杂，占用空间大，对计算机要求比较高，对开发者的要求高等。

（3）通用网页开发工具

① Dreamweaver。Dreamweaver 是一款通用的网页开发工具，用于网页设计和网站管理，它包括可视化编辑、HTML 代码编辑的软件包，并支持 ActiveX、JavaScript、Java、Flash、ShockWave 等特性，而且它还能通过拖拽从头到尾制作动态的 HTML 动画，支持动态 HTML（Dynamic HTML）的设计，利用它可以轻而易举地制作出跨平台和跨浏览器的网页。使用 Dreamweaver 开发效率较高，对开发者要求较低，不易出错，灵活性好。但它也有一些缺点，如不能真正做到所见即所得，Dreamweaver 自动生成的代码比较复杂，安全性也一般。

② Fireworks。Fireworks 是专为网络图像设计而开发，内建丰富的支持网络出版功能，比如 Fireworks 能够自动切图、生成鼠标动态感应的 javascript。而且 Fireworks 具有十分强大的动画功能和一个几乎完美的网络图像生成器（Export 功能）。它增强了与 Dreamweaver 的联系，可以直接生成 Dreamweaver 的 Library 甚至能够导出为配合 CSS 式样的网页及图片。

③ HomeSite。Allaire 的 HomeSite 是一个小巧而全能的 HTML 代码编辑器，有丰富的帮助功能，支持 CGI 和 CSS 等，并且可以直接编辑 perl 程序。HomeSite 工作界面繁简由人，根据习惯，可以将其设置成像 Notepad 那样简单的编辑窗口，也可以在复杂的界面下工作。

④ HotMetal Pro。HotMetal 既提供"所见即所得"的图形制作方式，又提供代码编辑方式，是个令各层次设计者都不会失望的软件。但是初学者需要熟知 HTML，才能得心应手地使用这个软件。HotMetal 具有强大的数据嵌入能力，利用它的数据插入向导，可以把外部的 Access、Word、Excel 以及其他 ODBC 数据提出来，放入页面中。而且 HotMetal 能够把它们自动转换为 HTML 格式，此外它还能转换很多老格式的文档（如 WordStar 等），并在转换过程中把这些文档里的图片自动转换为 GIF 格式。

2. 网站制作案例

下面将通过基于 Dreamweaver 开发的新生入馆教育平台的案例说明网站制作过程。

（1）开发工具

首先，考虑到入馆教育学习平台最基本的功能，即向读者展示馆内信息，静态页面已经可以满足要求，所以在开发工具的选择上，采用了最常见的网页开发工具 Dreamweaver。

平台素材搜集上，主要以馆内外照片为主，并使用图像处理工具对其进行编辑和美化，使得新生入馆教育学习平台整体风格简洁又不失生动。

（2）开发过程

入馆教育学习平台的开发过程大体分为设计、素材收集与美化、创建站点、制作网页、配置服务器与测试六个部分。网页结构图的设计是搭建平台框架的第一步，也为后面插入页面布局表格提供了重要的参考。为了新生能够直观有效地学习图书馆的设施和服务，平台体系需要条理清晰，简洁易懂，结构图如图 5-8 所示。

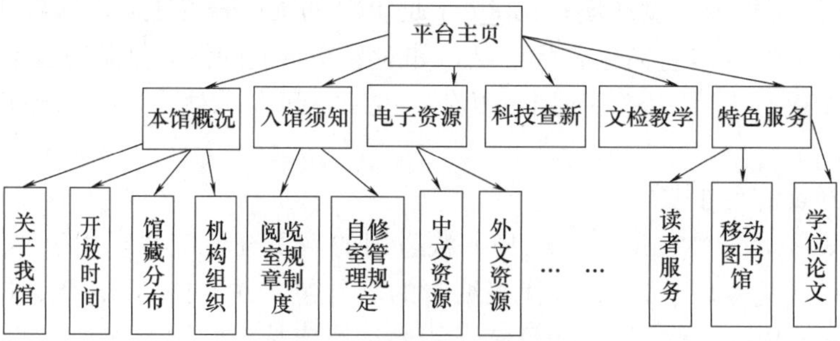

图 5-8　平台体系结构图

规划完学习平台的体系，将收集到的素材打包存储至指定的路径下，之后建立站点。站点，是通过各种链接建立逻辑关联的文档的组合，主要分为 Web 站点、远程站点、本地站点、DW CS5 站点等。建立入馆教育平台的站点时，先建立本地站点，在本地磁盘上编辑文件，完成页面制作后，再上传到远程站点服务器上。配置如图 5-9 所示。

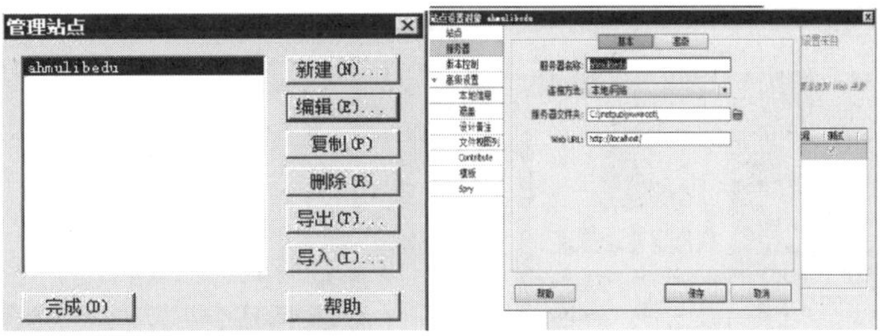

图 5-9　站点配置图

通过 HTML 语言制作网页，首先在站点文件夹目录下，创建 html 文件，部分文件目录如图 5-10 所示。

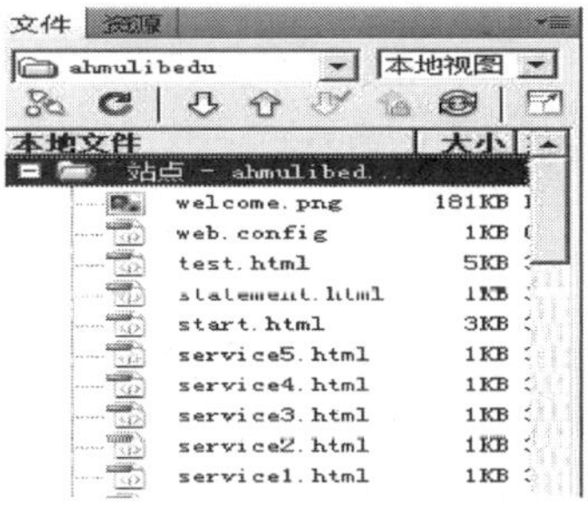

图 5-10　部分文件目录图

关于网页框架的创建，参考之前设计的模块内容和整体布局，插入嵌套表格，再对表格属性进行更改，之后添加相应的构成元素，如文字、图片等，再通过“链接”和“热点链接”的插入完成二级页面的跳转。编辑完页面之后，通过运行即可上传至站点。

（3）服务器的配置

新生入馆教育平台开发环境为 Windows Server 2008 R2，通过安装 IIS 7 来对制作好的网页进行发布。IIS 是一种 Web 服务组件，包括 Web 服务器、FTP 服务器等，用于网页浏览、文件传输，支持 Dreamweaver 的网页发布。

一般情况下，Windows 系统里没有 IIS 7，需要安装与配置。具体安装步骤为：打开服务器管理器，进入页面中的角色页面添加角色，选择 Web 服务器（IIS）并且选择安装 IIS6 管理兼容性的相关组件。安装完毕后，在 Internet 信息服务（IIS）管理器中，对“Default Web Site”进行修改，将行为选项组里的“启用父路径”的参数设置为 True。

在开放端口方面，为了避免系统程序占用 80 号端口，采用 8081 端口，可以通过命令行来实现，也可以通过防火墙来设置。

（4）运行效果

网站建立后可通过运行检测效果，如图 5-11 所示为首页及导航页的效果再现。

(a)　　(b)

图 5-11　首页及导航页的效果图
（a）首页　（b）模块导航页

增加图片按钮，创建“热点链接”，如图 5-12 所示，跳转进入测试系统，如图 5-13 所示。

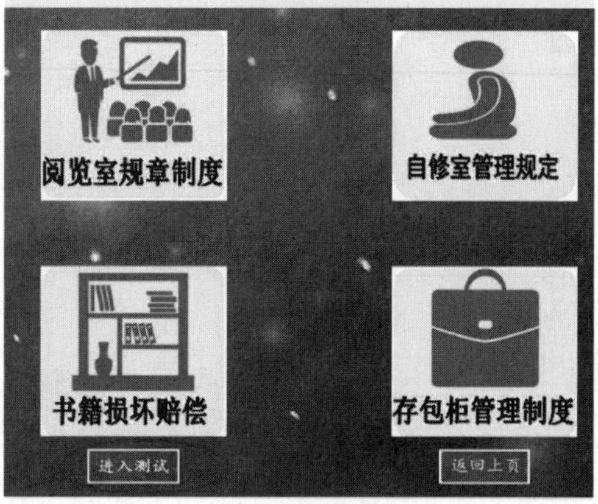

图 5-12　热点链接按钮

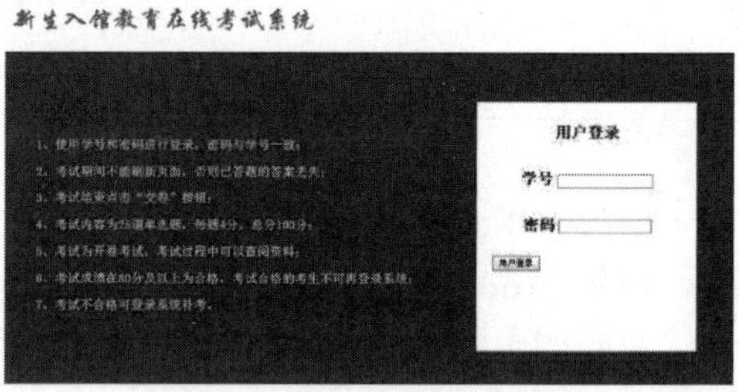

图 5-13　测试系统登录界面

第三节　数 字 视 频

一、数字视频概念

数字视频就是以数字形式记录的视频。与模拟视频相比，数字视频有不同的产生方式、存储方式和播出方式。比如通过数字摄像机直接产生数字视频信号，存储在数字带、P2 卡、蓝光盘或者磁盘上，从而得到不同格式的数字视频。

为了存储视觉信息，模拟视频信号的山峰和山谷必须通过模拟/数字（A/D）转换器来转变为数字的“0”或“1”。这个转变过程就是我们所说的视频捕捉（或采集过程）。如果要在电视机上观看数字视频，则需要一个从数字到模拟的转换器将二进制信息解码成模拟信号，才能进行播放。

模拟视频的数字化包括不少技术问题，如电视信号具有不同的制式而且采用复合的 YUV 信号方式，而计算机工作在 RGB 空间；电视机是隔行扫描，计算机显示器大多逐行扫描；电视图像的分辨率与显示器的分辨率也不尽相同等。因此，模拟视频的数字化主要包括色彩空间的转换、光栅扫描的转换以及分辨率的统一。

二、数字视频文件格式

1. AVI

AVI，音频视频交错（Audio Video Interleaved）的英文缩写。AVI 是由微软公司发布的视频格式，在视频领域是最悠久的格式之一。AVI 格式调用方便、图像质量好，压缩标准可任意选择，是应用最广泛、也是应用时间最长的格式之一。

2. MOV

使用过 Mac 机的用户应该多少接触过 QuickTime。QuickTime 原本是 Apple 公司用于 Mac 计算机上的一种图像视频处理软件。Quick-Time 提供了两种标准图像和数字视频格式，即可以支持静态的 *.PIC 和 *.JPG 图像格式，动态的基于 Indeo 压缩法的

*.MOV 和基于 MPEG 压缩法的 *.MPG 视频格式。

3. MPEG/MPG/DAT

MPEG（运动图像专家组）是 Motion Picture Experts Group 的缩写。这类格式包括了 MPEG-1、MPEG-2 和 MPEG-4 在内的多种视频格式。MPEG-1 被广泛地应用在 VCD 的制作和一些视频片段下载的网络应用上面，大部分的 VCD 都是用 MPEG1 格式压缩的（刻录软件自动将 MPEG1 转换为 DAT 格式）。MPEG-2 则是应用在 DVD 的制作，同时在一些 HDTV（高清晰电视广播）和一些高要求视频编辑、处理上面也有相当多的应用。MPEG 系列标准已成为国际上影响最大的多媒体技术标准，其中 MPEG-1 和 MPEG-2 是采用相同原理为基础的预测编码、变换编码、熵编码及运动补偿等第一代数据压缩编码技术；MPEG-4（ISO/IEC 14496）则是基于第二代压缩编码技术制定的国际标准，它以视听媒体对象为基本单元，采用基于内容的压缩编码，以实现数字视音频、图形合成应用及交互式多媒体的集成。

4. ASF

ASF（Advanced Streaming format 高级流格式）。ASF 是 Microsoft 为了和 Real player 竞争而发展出来的一种可以直接在网上观看视频节目的文件压缩格式。ASF 使用了 MPEG4 的压缩算法，压缩率和图像的质量都很不错。因为 ASF 是以一个可以在网上即时观赏的视频“流”格式存在的，所以它的图像质量比 VCD 差一点也并不出奇，但比同是视频“流”格式的 RAM 格式要好。

5. WMV

一种独立于编码方式的在 Internet 上实时传播多媒体的技术标准，Microsoft 公司希望用其取代 QuickTime 之类的技术标准以及 WAV、AVI 之类的文件扩展名。WMV 的主要优点在于：可扩充的媒体类型、本地或网络回放、可伸缩的媒体类型、流的优先级化、多语言支持、扩展性等。

6. NAVI

NAVI 是 New AVI 的缩写，是由一个名为 Shadow Realm 的地下组织发展起来的一种新视频格式，是由 Microsoft ASF 压缩算法的修改而来的（并不是想象中的 AVI），视频格式追求的无非是压缩率和图像质量，所以 NAVI 为了追求这个目标，改善了原始的 ASF 格式的一些不足，让 NAVI 可以拥有更高的帧率。可以这样说，NAVI 是一种去掉视频流特性的改良型 ASF 格式。

7. 3GP

3GP 是一种 3G 流媒体的视频编码格式，主要是为了配合 3G 网络的高传输速度而开发的，也是目前手机中最为常见的一种视频格式。

该格式是“第三代合作伙伴项目”（3GPP）制定的一种多媒体标准，使用户能用手机享受高质量的视频、音频等多媒体内容。其核心由包括高级音频编码（AAC）、自适应多速率（AMR）和 MPEG-4 和 H. 263 视频编码解码器等组成，目前大部分支持视频拍摄的手机都支持 3GPP 格式的视频播放，其特点是网速占用较少，但画质较差。

8. REAL VIDEO

REAL VIDEO（RA、RAM）格式由一开始就是定位在视频流应用方面的，也可以说是视频流技术的始创者。它可以在用 56K MODEM 拨号上网的条件实现不间断的视频播放，当然，其图像质量明显劣于 MPEG2、DIVX 等。

9. MKV

一种后缀为 MKV 的视频文件可在一个文件中集成多条不同类型的音轨和字幕轨，而且其视频编码的自由度也非常大，可以是常见的 DivX、XviD、3IVX，甚至可以是 RealVideo、QuickTime、WMV 这类流式视频。实际上，它是一种全称为 Matroska 的新型多媒体封装格式，这种先进的、开放的封装格式已经展示出了非常好的应用前景。

10. FLV

FLV 是 FLASH VIDEO 的简称，FLV 流媒体格式是一种新的视频格式。由于它形成的文件极小、加载速度极快，使得网络观看视频文件成为可能，它的出现有效地解决了视频文件导入 Flash 后，使导出的 SWF 文件体积庞大，不能在网络上很好的使用等缺点。

11. F4V

作为一种更小更清晰，更利于在网络传播的格式，F4V 已经逐渐取代了传统 FLV，也已经被大多数主流播放器兼容播放，而不需要通过转换等复杂的方式。F4V 是 Adobe 公司为了迎接高清时代而推出继 FLV 格式后的支持 H. 264 的 F4V 流媒体格式。它和 FLV 主要的区别在于，FLV 格式采用的是 H. 263 编码，而 F4V 则支持 H. 264 编码的高清晰视频，码率最高可达 50Mbps。也就是说 F4V 和 FLV 在同等体积的前提下，能够实现更高的分辨率，并支持更高比特率，就是我们所说的更清晰更流畅。另外，很多主流媒体网站上下载的 F4V 文件后缀却为 FLV，这是 F4V 格式的另一个特点，观看时可明显感觉到这种实为 F4V 的 FLV 有明显更高的清晰度和流畅度。

12. RMVB

RMVB 的前身为 RM 格式，它们是 Real Networks 公司所制定的音频视频压缩规范，根据不同的网络传输速率，而制定出不同的压缩比率，从而实现在低速率的网络上进行影像数据实时传送和播放，具有体积小，画质也还不错的优点。

早期的 RM 格式为了能够实现在有限带宽的情况下，进行视频在线播放而被研发出来，并一度红遍整个互联网。而为了实现更优化的体积与画面质量，Real Networks 公司不久又在 RM 的基础上，推出了可变比特率编码的 RMVB 格式。RMVB 的诞生，打破了原先 RM 格式那种平均压缩采样的方式，在保证平均压缩比的基础上，采用浮动比特率编码的方式，将较高的比特率用于复杂的动态画面（如歌舞、飞车、战争等），而在静态画面中则灵活地转为较低的采样率，从而合理地利用了比特率资源，使 RMVB 最大限度地压缩了影片的大小，最终拥有了近乎完美的、接近于 DVD 品质的视听效果。

13. HDDVD

新一代光盘存储，一张 HDDVD 盘能达到 15～50G 的容量，可以提供更大的分辨率、码率。由于在实力上输给蓝光，所以现在已经停止研发。

14. 蓝光（Blu－ray）

BLU-RAY DISK，简称 BD，是新一代的光盘存储，普通蓝光盘可以达到 20G 以上的容量，甚至达到惊人的 100G，所以可以存储更清晰的影片。

15. qsv 格式

qsv 格式是一种视频加速格式。qsv 格式是爱奇艺公司研发的一种视频文件格式，由于爱奇艺播放的全部为正版视频，故 qsv 格式只能使用奇艺播放器（爱奇艺影音）播放。

由于正版视频需要版权保护加上 QSV 文件是一种缓存文件，所以以往 qsv 不能用常规的格式（格式工厂等）转换软件进行转换。

三、数字视频压缩标准

1. 视频压缩标准发展历程

1986 年，ISO 和 CCITT 成立了联合图像专家组（JPEG，Joint Photographic Exports Group），研究连续色调静止图像压缩算法国际标准，1992 年 7 月通过了 JPEG 标准。

1988 年，ISO/IE 信息技术联合委员会成立了活动图像专家组（MPEG，Moving Picture Export Group）。

1991 年公布了 MPEG-1 视频编码标准，码率为 1. 5Mbps，主要应用于家用 VCD 的视频压缩。

1994 年 11 月，公布了 MPEG-2 标准，用于数字视频广播 DVB、家用 DVD 的视频压缩及高清晰度电视（HDTV）。码率从 4Mbps、15Mbps 直至 100Mbps，用于不同档次和不同级别的视频压缩中。

1995 年，ITU-T 推出 H. 263 标准，用于低于 64Kbps 的低码率视频传输，如 PSTN 信道中可视会议、多媒体通信等。后续又分别公布了 H. 263＋、H. 263＋＋等标准。

1999 年 12 月份，ISO/IEC 通过了“视听对象的编码标准——MPEG-4”，它除了定义视频压缩编码标准外，还强调了多媒体通信的交互性和灵活性。

2003 年 3 月，ITU-T 和 ISO/IEC 正式公布了 H. 264 视频压缩标准，不仅显著提高了压缩比，而且具有良好的网络亲和力，加强了对 IP 网、移动网的误码和丢包处理。

2. 常用的视频压缩标准

（1）MPEG-1

MPEG-1 是 VCD 标准，制定于 1992 年，为工业级标准而设计，可适用于不同带宽的设备，如 CD-ROM、Video-CD、CD-i。它用于传输 1. 5Mbps 数据传输率的数字存储媒体运动图像及其伴音的编码。VCD 采用的就是 MPEG-1 的标准，该标准是一个面向家庭电视质量级的视频、音频压缩标准。MPEG-1 的编码速率最高可达 4-5Mbits/sec，但随着速率的提高，其解码后的图像质量有所降低。MPEG-1 也被用于数字电话网络上的视频传输，如非对称数字用户线路（ADSL）、视频点播（VOD）以及教育网络等。

（2）MPEG-2

MPEG-2 是 DVD 标准，其设计目标是高级工业标准的图像质量以及更高的传输率，主要针对高清晰度电视（HDTV）的需要，传输速率在 3～10Mbits/sec 之间。由于 MPEG-2 在设计时的巧妙处理，使得大多数 MPEG-2 解码器也可播放 MPEG-1 格式的数据，如 VCD。除了作为 DVD 的指定标准外，MPEG-2 还可用于为广播、有线电视网、电缆网络以及多级多点的直播（Direct Broadcast Satellite）提供广播级的数字视频。MPEG-2 的另一特点是其可提供一个较广的范围改变压缩比，以适应不同画面质量、存储容量以及带宽的要求。

MPEG-2 的画质质量最好，但同时占用带宽也非常大，在 4～15M 之间，不太适于远程传输。

（3）H. 263

H.263 共有五种图像格式，如表 5-1 所示。

表 5-1　　H.263 图像格式

图像格式	亮度信号分量(Y)		色度信号分量(Cb 或 Cr)	
	每行像素数	每帧行数	每行像素数	每帧行数
Sub-QCIF	128	96	64	48
QCIF	176	144	88	72
CIF	352	288	176	144
4CIF	704	576	352	288
16CIF	1408	1152	704	576

H.263 输入有多种格式，输出为 H.263 码流。传输码率最初定为低于 64Kbps，但实际上其应用范围已远远超出低码率图像编码范围，如 16QCIF 已是高清晰度电视水平。为了适应低码率传输要求，并进一步提高图像质量，H，263+、H.263++做了不少改进，增加了若干选项，主要技术为运动矢量、半像素预测、二维预测、非限制的运行矢量模式、基于句法的算术编码、高级预测模式、PB 帧模式。

（4）MPEG-4

MPEG-4 是超低码率运动图像和语言的压缩标准，它不仅是针对一定比特率下的视频、音频编码，更加注重多媒体系统的交互性和灵活性。MPEG-4 标准主要应用于视像电话（Video Phone），视像电子邮件（Video Email）和电子新闻（Electronic News）等，其传输速率要求较低，在 4800～64000Kbits/sec，分辨率为 176×144。MPEG-4 利用很窄的带宽，通过帧重建技术，压缩和传输数据，以最少的数据获得最佳的图像质量。它更多定义的是一种格式、一种架构，而不是具体的算法。它可以将各种各样的多媒体技术充分用进来，包括压缩本身的一些工具、算法，也包括图像合成、语音合成等技术。MPEG-4 是第一个由被动变为主动（不再只是观看，允许你加入其中，即有交互性）的动态图像标准；它的另一个特点是其综合性。MPEG-4 的设计目标还有更广的适应性和可扩展性。

（5）H.264

H.264，同时也是 MPEG-4 第十部分，是由 ITU-T 视频编码专家组（VCEG）和 ISO/IEC 动态图像专家组（MPEG）联合组成的联合视频组（JVT，Joint Video Team）提出的高度压缩数字视频编解码器标准。

H.264 是一种高性能的视频编解码技术，HD-DVD 和蓝光均计划采用 H.264 标准进行节目制作。H.264 最大的优势是具有很高的数据压缩比率，在同等图像质量的条件下，H.264 的压缩比是 MPEG-2 的 2 倍以上，是 MPEG-4 的 1.5～2 倍。原始文件的大小如果为 88GB，采用 MPEG-2 压缩标准压缩后变成 3.5GB，而采用 H.264 压缩标准压缩后变为 879MB，大大节省了用户的下载时间和数据流量收费。H.264 在具有高压缩比的同时还拥有高质量流畅的图像，因此，在网络传输过程中所需要的带宽更少，也更加经济。

四、数字视频处理软件

常用的数字视频处理软件，如表 5-2 所示。

表 5-2　　数字视频处理软件

软件名称	介　　绍
Adobe Premiere	一款常用的视频编辑软件，由 Adobe 公司推出，它提供了桌面系统强大的非线性生产后处理工具的集合。同其他的专业非线性影像处理软件相比，它具有对系统要求低，处理方式灵活方便等优点。在影视广告的素材编辑、后期合成以及加强效果方面都是很好的选择。
EDIUS	专为广播和后期制作环境而设计，特别针对新闻记者、无带化视频制播和存储，它拥有完善的基于文件工作流程，提供了实时、多轨道、多格式混编、合成、色键、字幕和时间线输出功能。
Media Studio Pro	主要的编辑应用程序有 Video Editor（类似 Premiere 的视频编辑软件）、Audio Editor（音效编辑）、CG Infinity、Video Paint，内容涵盖了视频编辑、影片特效、2D 动画制作，是一套整合性完备、面面俱到的视频编辑套餐式软件。
Video Studio	会声会影（Video Studio）采用目前最流行的“在线操作指南”的步骤引导方式来处理各项视频、图像素材，它将操作方法与相关的配合注意事项，以“帮助文件”显示出来。它可输出传统的多媒体电影文件，也可将制作完成的视频嵌入贺卡，生成一个可执行文件 .exe。
Adobe After Effect	Adobe After Effects 简称“AE”，是 Adobe 公司推出的一款图形视频处理软件，适用于从事设计和视频特技的机构，在影像合成、动画、视觉效果、非线性编辑、设计动画样稿、多媒体和网页动画方面都有其发挥余地，属于层类型后期软件。

五、非线性编辑实践

以微电影《陌生人》的拍摄与制作为例，说明非线性编辑的制作。

1. 非线性编辑的基本步骤

① 对拍摄的素材进行采集，存入电脑素材库。

② 新建一个“项目文件”，按照不同需要选择预置模式。

③ 将视频和音频等素材导入到非线编软件项目窗口中，按照不同顺序与剪辑需要在时间线窗口中进行装配、组接素材。

④ 为素材添加特技、字幕，配好解说、添加音乐、音效。

⑤ 将所有剪辑、编辑好的素材合成影片，输出视频文件。

2. 字幕效果的制作

本次字幕是在 Photoshop 中制作的，首先建立一个 1920px×1080px 的画布，把画布当成制作播放面板，选取出恰当的位置进行文字编写，并设立参考线以便台词都在相同的位置出现。可以把制作好的台词导出成 png 格式，如图 5-14 所示，再导入到 Premiere 的库中进行台词字幕的剪辑。

图 5-14　部分字幕截图

3. 音频的制作

声音被录制下来之后，无论是乐器、人声还是音乐，都可以利用数字媒体软件对其进行处理，其中可以包含音频的升高降低、淡入淡出等。

声音的大小可以直接在 Pr 中设置。选取所需改变音频大小的片段，双击在快捷菜单界面中选择【音频增益】，如图 5-15 所示。根据试听结果，决定增加或者减少的量。

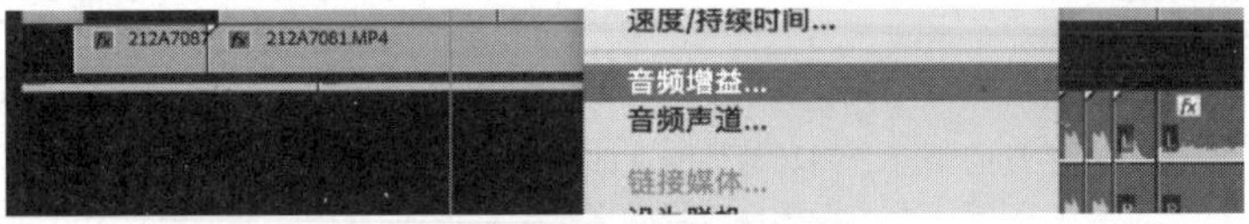

图 5-15　设置音频增益页面

接下来可以设置音频的淡入淡出，还可以自定义时间。音频制作完成后的界面如图 5-16 所示。

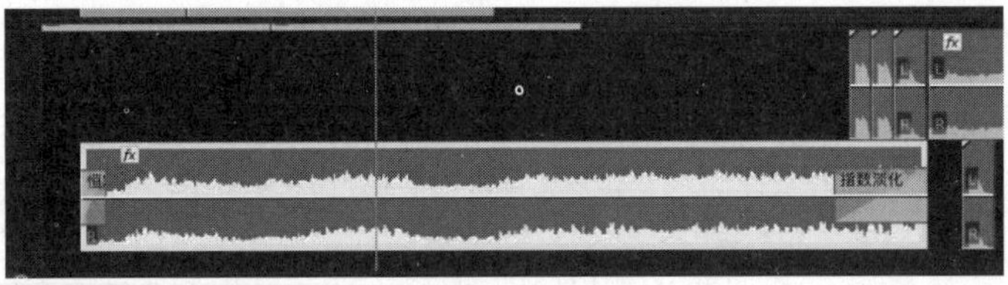

图 5-16　制作完成音频片段

4. 视频特效制作

（1）片头特效制作

片头特效的具体制作过程如下：

① 导入音频素材及具备代表性的视频素材，根据背景音乐的节奏变换适当调整视频素材播放的时间与速度，如图 5-17 所示。

图 5-17　片头底层素材

② 添加转场效果，使得镜头连接部分过渡均匀，如图 5-18 所示。

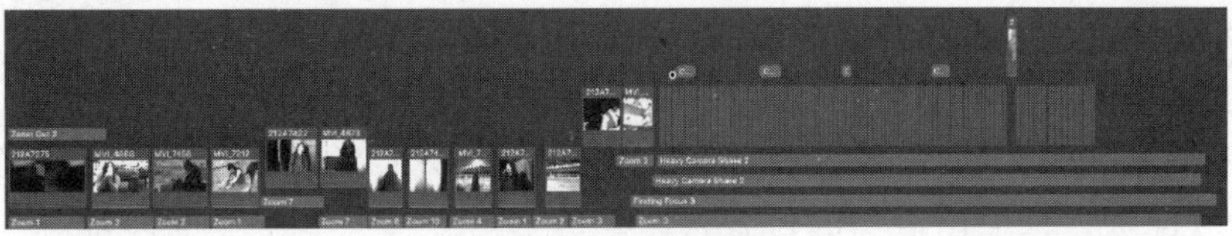

图 5-18　视频效果

③ 导入叠加层视频素材，使得画面达到理想的视觉效果，如图 5-19 所示。

图 5-19　片头特效制作界面图

（2）“画中画”特效制作

导入视频素材，并进行编辑变形。根据播放效果，对上层视频素材设定适当的边缘羽化值及径向模糊值，使得实际效果更加逼真，如图 5-20 所示。

图 5-20 “画中画”特效制作界面图

5. 视频的导出

视频剪辑完成之后，接下来是视频输出的阶段。按照【文件】→【导出】→【媒体】，完成输出的整个过程。此时需要注意查看输出的出入点是否在第一帧和最后一帧，如图 5-21 所示。

在导出时，需要将视频与音频同步导出，完成视频最后的交付工作，如图 5-22 所示。

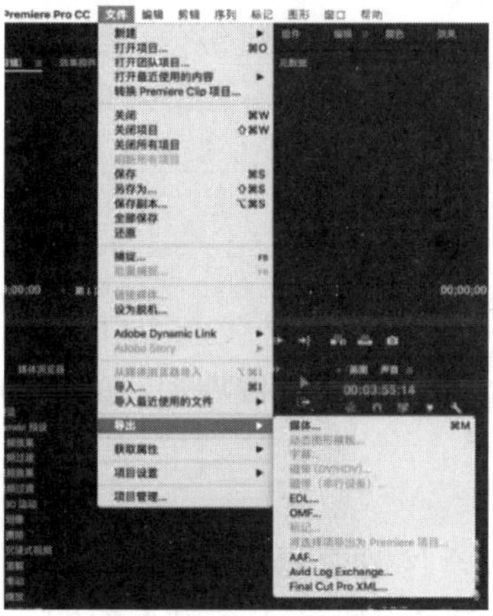

图 5-21 导出视频

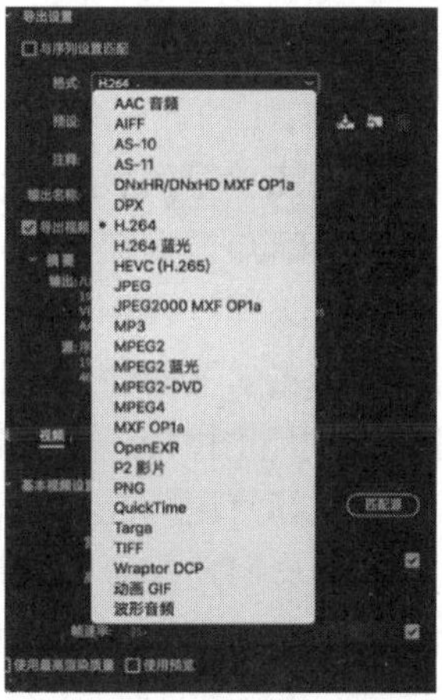

图 5-22 设置导出格式

第四节 在线教育发展

一、在线教育市场分析

2017 年初，国务院印发《国家教育事业发展“十三五”规划的通知》，明确提出“互联网＋教育”成为国家教育事业的重要抓手，为数字教育出版带来发展机遇和空间。

随着教育出版转型升级、融合发展渐趋深入，数字教育出版发展模式日趋多元，多家出版单位基于自身优势，在学前教育、基础教育、高等教育、职业教育、在线培训等领域探索数字教育发展路径，布局数字教育产品市场。特别是基础教育领域，基于课前、课中、课后不同场景，围绕教程、教辅、测试、作业各类内容的数字教育产品日益丰富。

近几年，在技术、市场与政策的共同推动下，中国在线教育市场愈发活跃。根据前瞻产业研究院统计，截至 2018 年底，中国在线教育用户规模达到 1.79 亿人、市场规模增长突破 3000 亿元，预计 2019 年在线教育用户规模达到 2.13 亿人、市场规模将达到 3670 亿元。

教育出版是出版业融合发展探索的重要领域。多家出版单位以项目为抓手，进行教育出版转型融合探索实践。

人工智能在数字教育出版的探索应用逐步加强。出版单位纷纷加大对人工智能的布局，特别是幼教领域和学前领域，成为人工智能应用的重要领域。

二、在线教育问题与策略

1. 问题

以当前 MOOC 的发展瓶颈为例，在线教育存在以下问题：

（1）缺乏有效的成果认证（学分认证和证书认证）

高校 MOOC 提供的课程，其学习成果很难直接对学生产生收益。不同于以考试成绩为唯一衡量基准的 K12 在线教育。目前为止，高校 MOOC 之间的学分互认还较少，课程虽然能够颁发证书，但是市场的接受度尚不高。

（2）在线学习效果不佳

事实上单纯的在线学习效果，并不十分理想。很早我们就知道班级内人数越少，授课效果越佳。1 对 1 的教学效果胜过十几人的小班教学，十几人的小班教学效果胜过几十人的大班教学。其学习的效果事实上很依赖于学生自身的素养，要求学生拥有较高的自我管理能力，且基础知识框架比较完整。

（3）高校课程投入不足

由于纯在线学习的教学效果不佳，高校内更关注和更投入的是线上-线下相结合的翻转课堂模式。因此相较于“回馈”社会性质的在“大规模开放式在线课程”的平台上的投入，对高校内部使用的在线教学平台投入更为切合实际。

（4）课程与用户实际需求脱节

在线教育课程大多是高校优质课程的衍生品，因为学术性显得较强，而“实用性”显得稍弱。然而由于采取纯在线教学，课程难度又不宜过高，既缺乏高学术性的研究型课程，亦缺乏和职业内容相切合的培训性课程，自然和用户的实际需求存在一定的脱节了。

（5）各平台课程资源缺乏共享

为保障平台的利益，或者由于课程加盟费用等，MOOC 平台上的课程资源往往以独占的形式提供。因此 MOOC 的平台虽然众多，课程资源也被众多的平台割裂开来，就意味着增加了其寻找优质课程的成本。

（6）MOOC 尚没有清晰的可持续发展的商业盈利模式

表面上看，追求商业盈利与 MOOC 提倡免费共享的原则似乎矛盾。然而一个平台要持续健康发展，纯粹依赖于第三方的输血显然是不健康的，且存在相当的风险。

在线教育的发展固然势不可挡，但是“大规模在线开放课程”显然面临着一些困难。然而 MOOC 的公益性对社会整体所带来的贡献也是难以估量的，因此它理应也受到一些“公益性”的支持，例如高校进一步的开放优质在线课程，推动学分的互认和第三方的课程证书认证等。

2. 策略

(1) 锁定目标用户

在线教育伴随着用户的每一个成长阶段，从幼时的早教，到学生阶段的考试以及工作之后职业技能的提升等，不同阶段有着不同的需求。培训机构要做出自己产品的用户画像，锁定目标用户，洞察用户需求，时刻想着能为用户解决什么问题，提供真正优质的内容。

(2) 找准切入点

关注政策变化和用户关注点，如今的学前教育、职业教育、素质教育、人工智能等，这些都是发展付费用户的目标市场。

(3) 塑造线上品牌

有特定的使用目标和使用时长，提供在线教育服务需要有产品意识，打造品牌才能获得忠诚用户群，那么就要做到打造高质量的课程内容，杜绝简单的产品移植，做到线上线下区别定价，加强社会化媒体传播。对于在线教育产品而言，应将精力集中在技术创新（教学内容＋工具研发）和数据积累（学生学习数据）上。

(4) 引入更多互动

提高技术和宽带投入，打造流畅的教学互动体验，同时推出更多互动内容，让教学矩阵化呈现，更加生动立体。也可继续沿着产品逻辑尝试变现，比如：在线答疑服务，产品在一定程度上满足了这一部分的用户需求，同时也可以给教师带来额外收入。

(5) 丰富产品形态

① 依赖于技术和用户数据的积累，提供教师讲义和用户课程规划。

② 为师生配备智能笔等硬件产品，使其可以实时交流。

③ 在课后提供教学视频回放、学情分析和作业反馈报告，使家长和学生都可以了解教学效果。

(6) 加强管理学习和培训

信息化技术发展与应用变化迅速，学校的领导、教师和管理人员都需要不断学习新理念、了解新技术，在教学和管理中会巧妙运用所学的新思想和新技术。

(7) 加强数据共享标准规范建设，提升服务平台应用水平

规范的数据为大数据应用、决策支持、智能管理与服务打下坚实基础，能满足快速建模、融合应用、新业务体验的信息化服务需求。提升服务平台建设水平与应用为未来的智慧教学平台建设与应用铺平道路，未来平台借助互联网、大数据、人工智能技术提供丰富多样的教育资源应用和个性化的学习支持，实现随时、随地、随需的学习。

三、在线教育发展趋势

1. 市场快速增长

2014—2019 年，中国在线教育市场快速增长，如图 5-23 所示，其增速位列世界前三。

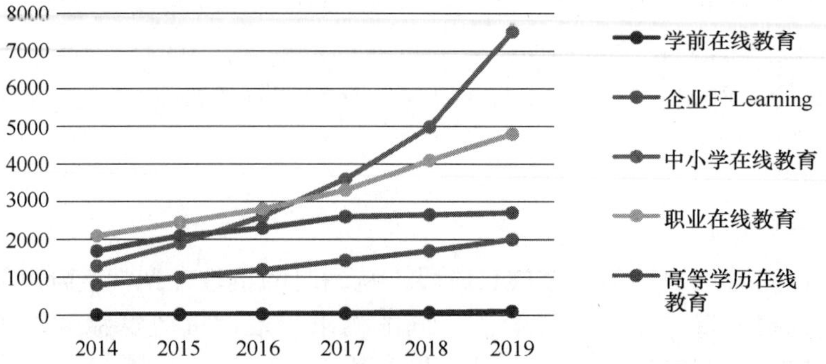

图 5-23　2014—2019 年中国在线教育用户结构

2. 内容比价格更受重视

根据腾讯课堂的用户数据，80%以上的用户更关注课程内容和产品功能，价格因素排在第三位。兴趣类课程依然走俏，约一半的用户愿意尝试，用户对就业机会和便于求职的资格证书这两类服务关注最多，二者的比例之和为 45.1%。此外，直播成为用户更喜欢的课程播放形式，超过录播 15 个百分点。

3. 用户愿为优质内容付费

腾讯课堂的数据显示，77.6%的用户愿意为专属解答服务与高质量课程内容付费，但对独家内容的付费欲望并不强烈，仅有 11.4%的用户愿意为此付费。而“先免费试听再付款”的方式接受程度最高，占比达 90%以上。其中风险更低、支付更灵活的分期付款的比例接近 70%，如图 5-24 所示。

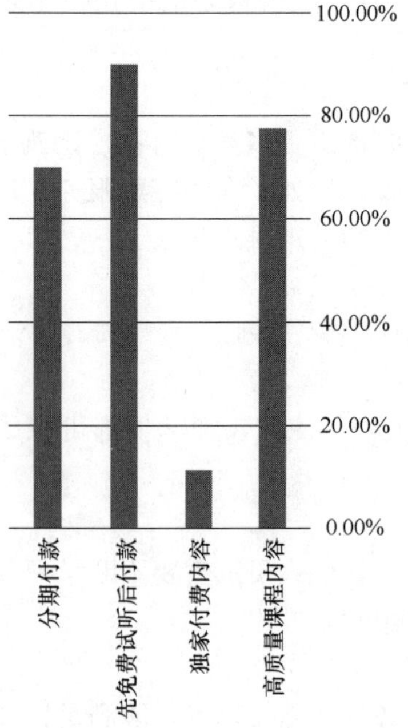

图 5-24　用户喜爱的付费内容占比

4. 智能化已经成为当前在线教育发展的重要趋势

（1）“互联网＋教育”的下一步，就是“智能＋教育”。大数据、智能算法与教育结合之后，将能够有效实现学习的个性化、智能化，进一步提升教师、学生的效率，推动教育发生巨大的变革。与智能化相伴随的，将会是更加严格，也更为开放透明的在线教育治理机制。

（2）对数据安全的要求越来越高。数据安全已经成为国家互联网治理领域的重要内容。加强数据安全方面的意识和能力，切实保证学生数据的安全，这既是企业利益所在，也是国家和个人对信息安全提出的要求。加强数据安全管理，建立统一的数据标准，是在线教育治理的重要趋势，应当引起行业重视。

（3）对信息透明的要求越来越高。智能技术在教育领域的应用面临广阔前景，但是也会造成算法“黑箱”、算法偏见等伦理问题，基于人工智能的技术，如定位、面部表情识别等，会导致暴露学生隐私、侵犯个人合法权益等问题。在线教育企业应当积极推动信息透明，进一步提高产品信息、算法的公开度和透明度，提升公众的信任度。

参考文献

[1] 王歆舒. 中国MOOC平台传播与运营模式 [D]. 暨南大学，2018.
[2] 熊枫. 基于Dreamweaver开发的新生入馆教育平台 [J]. 电脑知识与技术，2018，14（17）：124-126.
[3] 马楠弟. 互联网出版的特点、挑战与应对 [J]. 传媒广角，2018（5），76-77.
[4] 周长天. 浅谈原声型数字课程的出版流程 [J]. 编辑学刊，2017（1），52-56.
[5] 赵依雪，樊文. 知识服务实现跨越式发展 [N]. 国际出版周报，2019-1-21（008）.
[6] 王素素. 在线教育理论发展与研究 [J]. 山东农业工程学院学报，2019，36（2）：177-178.
[7] 凌韵. 在线教育呈规范发展趋势 [N]. 中国教育报，2019-3-23（003）.
[8] 王垚. 数字出版生态体系的构成与完善 [J]. 出版广角，2019（2）：25-28.
[9] 卢瑛. 基于在线教育平台的混合式学习文化研究 [D]. 广西师范大学，2017.
[10] 百度百科：在线教育 https：//baike. baidu. com/item/%E5%9C%A8%E7%BA%BF%E6%95%99%E8%82%B2/460304? fr=aladdin.
[11] Boyzcl. 在线教育的现状与未来. 简书 https：//www. jianshu. com/p/8297f6e4010f.
[12] yangshan. 在线教育有哪些类型？在线教育概念股龙头一览 http：//www. zhongyi9999. com/zqsc/yw/759885. html.
[13] 智慧树官网 https：//www. zhihuishu. com/.
[14] 百度百科：腾讯课堂 https：//baike. baidu. com/item/%E8%85%BE%E8%AE%AF%E8%AF%BE%E5%A0%82/14594498? fr=aladdin.
[15] 百度百科：数字视频 https：//baike. baidu. com/item/%E6%95%B0%E5%AD%97%E8%A7%86%E9%A2%91.
[16] CSDN：视频压缩编码标准 https：//blog. csdn. net/Xminyang/article/details/81704175.
[17] CSDN：几种视频压缩标准简介 https：//blog. csdn. net/u013203733/article/details/73868424.
[18] CSDN：视频压缩编码标准 https：//blog. csdn. net/Xminyang/article/details/81704175.
[19] 百度百科：adobe premiere https：//baike. baidu. com/item/adobe%20premiere.
[20] 百度百科：edius https：//baike. baidu. com/item/edius.
[21] 百度百科：Adobe After Effects https：//baike. baidu. com/item/Adobe% 20After%20Effects/5452364.
[22] 张鹏高，等. 中国高等在线教育发展现状研究 [J]. 中国教育信息化，2016（1）：18-21.
[23] 企鹅智酷：在线教育报告 千亿美元市场掘金指南 http：//www. 199it. com/archives/362485. html.
[24] 张立，王飚，李广宇. 中国数字出版产业年度报告 [M]. 北京：中国书籍出版社，2019.

第六章　网络动漫

第一节　概　　述

一、动漫定义

动漫是动画和漫画的合称与缩写。随着现代传媒技术的发展，动画（animation 或 anime）和漫画（comics，manga，特别是故事性漫画）之间联系日趋紧密，两者常被合而为一称为“动漫”。在许多地方，日本动漫十分流行，并逐渐成为了一种文化时尚，故以中文提及“动漫”时多指日本动漫或日式动漫。Manga 为日语“漫画”的英语译音，现在 manga 本身也涵盖漫画产业的意思。英文词 cartoon 的中文音译“卡通”，也是漫画与动画的合称，但有时常被用来特指美国动画。

二、动漫分类

按照载体的不同，可以将动漫划分为在线动漫、电视动画、漫画杂志和动画电影四大类，如图 6-1 所示。

图 6-1　动漫产业分类

按照受众的不同，可以将动漫划分为儿童动漫、少年动漫、少女动漫、男性向动漫、女性向动漫和国民动漫。

1. 儿童动漫

儿童动漫主要围绕读小学、幼儿园以下的儿童群体，剧情简单，容易懂，基本上属于搞笑类和剧情类，如《猫和老鼠》《迪迦奥特曼》《葫芦兄弟》《小猪佩奇》《大头儿子小头爸爸》，如图 6-2 所示。

(a)　(b)　(c)

图 6-2　儿童动漫

（a）葫芦兄弟　（b）小猪佩奇　（c）大头儿子和小头爸爸

2. 少年动漫

少年动漫是指以青少年为主要读者对象的动漫，另外读者组别甚广，有少女，甚至成人也是少年动漫的忠实读者。少年动漫一般以打斗、悬疑、冒险、科幻为主，而大部分主角都为一个目标奋斗，如《少年锦衣卫》《足球江湖》《太空堡垒》，如图 6-3 所示。

(a)　(b)　(c)

图 6-3　少年动漫

（a）少年锦衣卫　（b）足球江湖　（c）太空堡垒

3. 少女动漫

少女动漫是指以 12 至 18 岁的少女为主要观众对象的动漫，泛指拥有少女情结、唯美主义、美型、恋爱类的女性向动漫，如《狐妖小红娘》《巴啦啦小魔仙》《小马宝莉》，如图 6-4 所示。

(a)　(b)　(c)

图 6-4　少女动漫

（a）狐妖小红娘　（b）巴啦啦小魔仙　（c）小马宝莉

4. 男性向动漫

男性向动漫主要为男性题材的动漫。由于除了感情线以外并没有其他的限定，因此动画跟正常向动画一样也有奇幻、现实、未来、战争、中世纪等各种不同的背景题材，如《染红的街道》《灼眼的夏娜》《我的裘可妹妹》，如图 6-5 所示。

(a) (b) (c)

图 6-5　男性向动漫

（a）染红的街道　（b）灼眼的夏娜　（c）我的裘可妹妹

5. 女性向动漫

女性向动漫就是以女性为消费对象的动漫种类，如《吸血鬼骑士》《元气少女缘结神》《众神的恶作剧》，如图 6-6 所示。

(a) (b) (c)

图 6-6　女性向动漫

（a）吸血鬼骑士　（b）元气少女缘结神　（c）众神的恶作剧

6. 国民动漫

国民动漫的含义来自日本动漫。国民意味着全年龄，不管老幼都会喜欢的动漫作品。这些作品通常是表现童真、友谊的漫画或动画作品，几十年如一日的连载获得人们的肯定，如《海贼王》《火影忍者》《名侦探柯南》《七龙珠》《数码宝贝》，如图 6-7 所示。

(a) (b) (c)

(d) (e)

图 6-7 国民动漫

（a）海贼王 （b）火影忍者 （c）名侦探柯南 （d）七龙珠 （e）数码宝贝

第二节 动漫制作

一、动漫制作工具

由于动画制作要求精密，分工细致，其制作手法以单线为主，且存在景与人、人与物的对位和色彩分界关系等，因此也就有了一系列专门而系统的制作工具，以便于快速准确地制作动画影片。

传统动画制作工具如图 6-8 所示，包括动画桌、定位尺、动画纸、动画笔、摄影表、摄影台与逐格摄影机等。

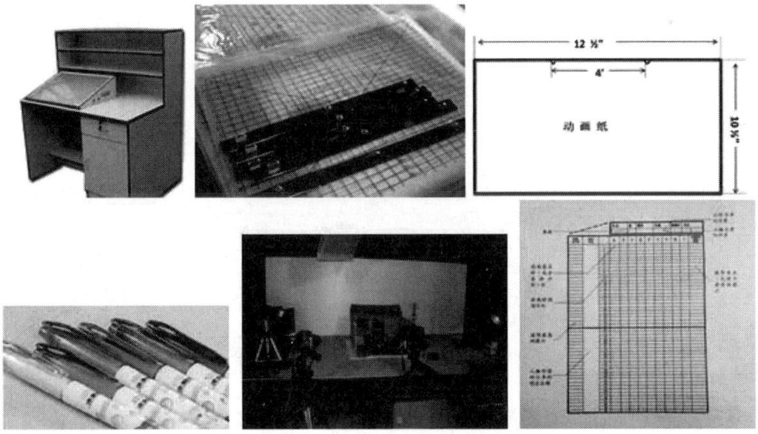

图 6-8 动画制作工具

二、动漫制作流程

1. 二维动画制作流程

目前二维动画的前后制作可分成前、中、后三个阶段，具体的制作步骤如图 6-9 所示。

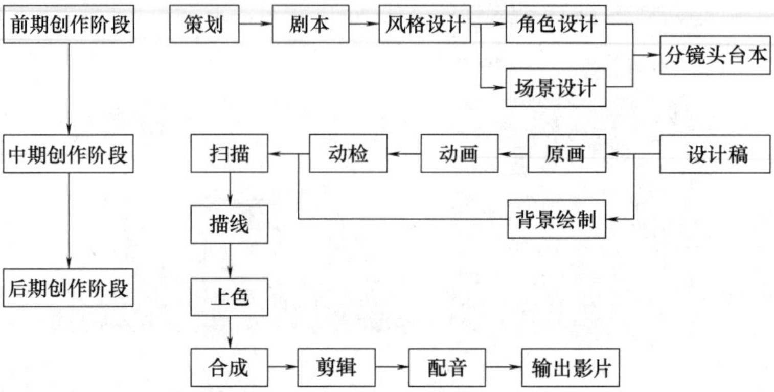

图 6-9　二维动画制作流程示意图

2. 三维动画制作流程

一般说来，三维动画的制作，由前期策划、中期制作以及后期制作三个部分组成。首先，将抽象的灵感、构思转化为具体、完整的视觉影像的过程，包括文字剧本、美术设计、造型设计、画面分镜、前期录音等；接下来根据前期设计进行中期模型、材质、灯光、动画的制作；最后渲染输出、剪辑、特效、音乐、音效的制作，使之成为一个完整连贯的三维动画。图 6-10 所示为三维动画的基本制作流程。

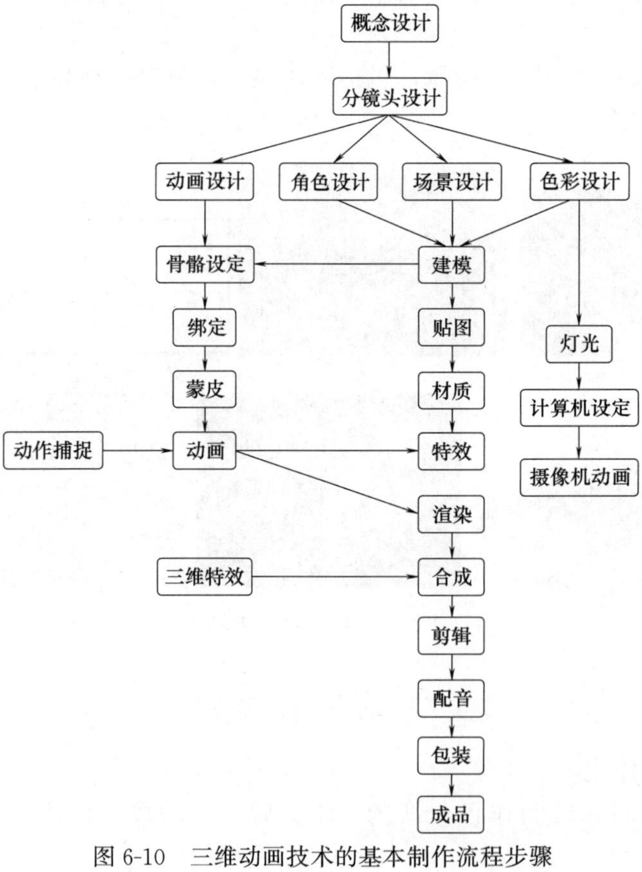

图 6-10　三维动画技术的基本制作流程步骤

三、动漫制作软件

1. 二维动画制作软件

目前，二维动画制作软件比较经典的有 Ulead 公司的 GIF Animator 软件和 Adobe 公司的 Photoshop 和 Animate 软件，如图 6-11 所示分别为 Ulead 公司的 GIF Animator 软件、Adobe 公司的 Photoshop CC 2019 和 Adobe Animate 软件。

(a)

(b)

(c)

图 6-11　二维动画制作软件

（a）GIF Animator　（b）Adobe Photoshop CC 2019　（c）Adobe Animate

此外，皮影客是一款制作动画的软件，拥有全球领先的动画云技术，让普通人几分钟做出准专业级动画片，提高上千倍效率，为教育、数字出版、广告、传媒、影视等行业提供低成本、即时性动画制作能力，如图 6-12 所示。

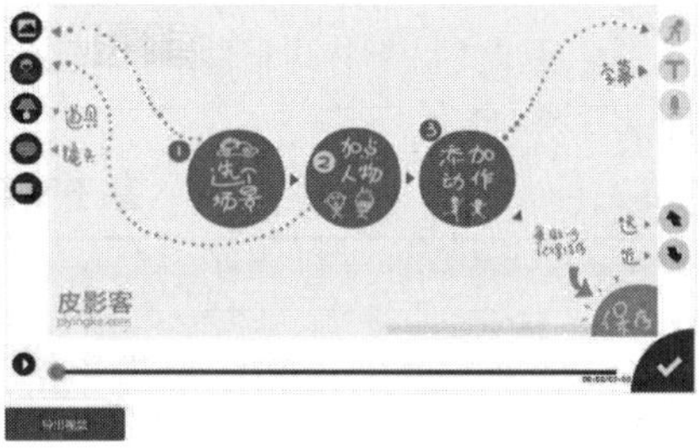

图 6-12　皮影客电脑动画制作界面

除上述四款二维制作软件外，其他的二维动画制作软件如表 6-1 所示。

表 6-1　二维动画制作软件

软件名称	介绍
Retas Pro	日本 Celsys 株式会社开发的一套应用于普通 PC 和苹果机的专业二维动画制作系统，不仅可以制作二维动画，还可以合成实景以及计算机三维图像，可广泛应用于电影、电视、游戏、光盘等多种领域
FlipBook	FlipBook 可帮助动画师在摄像机下扫描或是拍摄他们的制图，在输到视频或是置入网上之前上色，并可以为每一个角色或每一个动画做一个调色板，共有 1600 种颜色可供选择
CTP Pro	由西班牙 Crater Software 公司开发，对于想在网站上发表动画作品的动画师来说，这款软件成为制作动画的理想工具

续表

软件名称	介绍
Toon Boom Studio	二维矢量动画设计软件，是目前 Flash MX 唯一直接支持的专业动画平台。特点如下：可用于所有 Windows 系统及 Mac 苹果系统；唯一具有唇型对位功能的 Flash 动画平台；引入镜头观念，能很好地控制大型动画场面；绘画手感强等
Aura V2.5	Newtek 公司的产品，软件的全称是 Aura Video Paint（Aura 视频绘画系统），其最显著的功能就是绘制电脑动画
Moho	二维矢量卡通动画制作工具，类似于 Flash 的矢量动画工具，操作界面简洁，动画控制功能强大

2. 三维动漫制作软件

（1）常用软件

目前常用的两款三维动画制作软件是 3ds Max 和 Maya，两者的主要区别如表 6-2 所示。

表 6-2　　3ds Max 和 Maya 对比

名称	3ds Max	Maya
针对人群	中高端软件，属于普及型三维软件，易学易用	高端 3D 软件，基础层次更高，可以满足使用者的高级要求（如角色动画/运动学模拟）
工作方向	面向动画片制作、游戏动画制作、建筑效果图、建筑动画等、建筑漫游及室内设计	面向动画片制作、游戏动画制作、电影制作、电视栏目包装、电视广告等
软件功能	软件功能的强大和健全，其插件由众多公司共同开发，如渲染器 V-Ray，FinalRender，Brazil 等	其 CG 功能十分全面，建模、粒子系统、毛发生成、植物创建、衣料仿真等，无需寻找第三方插件，节约时间

（2）基于平台的软件

除了以上两款常用的三维制作软件，目前还有众多三维动画软件，按照不同的平台，分类如表 6-3 所示。

表 6-3　　基于平台的三维动画制作软件

平台	软件名称
OS 平台	Maya（MAC 版本） Lightwave 3D（MAC 版本） Maxon Cinema 4D Studio Bundle（MAC 版本）等
跨平台	Blender（开源的跨平台全能三维动画制作软件） Art of Illusion（基于 GPL v2 的开源三维建模和渲染软件） Wings 3D（开源的三维计算机图形软件）
Windows 版本	RenderMan（基于 REYES 渲染引擎开发的图像渲染规范） AutoCAD（用于二维绘图和基本三维设计） LightScape（光照渲染软件） Mental Ray（电影级渲染器）
Linux 版本	KPovModeler（TM 场景的建模和组合软件） K3D（可以很方便的画多元函数的图像）

四、动漫制作实例

1. 二维动画实例——皮影客动画制作

（1）选择场景

点击选择场景图标，选一张场景并点击一次，页面自动返回制作页面并添加上所选择的场景。

（2）选择人物

点击选择人物图标，选择人物放在场景中，如图 6-13 所示。点击选中的人物，会出现一个工具栏，位于制作版面上方，可以将人物翻转、放大、缩小、人物恢复到上一位置和人物删除，若还需要添加人物，步骤同上。场景中右侧的远近图标，可以调整人物、场景远近，可以将人物拖到合适的位置，若调整人物位置，点击人物，使用箭头拖动即可，若调整场景远近，点击制作版中的场景，再点击远近图标。

图 6-13　选择人物

（3）添加动作

选中人物，点击选择动作图标，选择一个动作，动作右边的数值表示动作持续时间，如图 6-14 所示，可根据剧本选择动作时间长度。

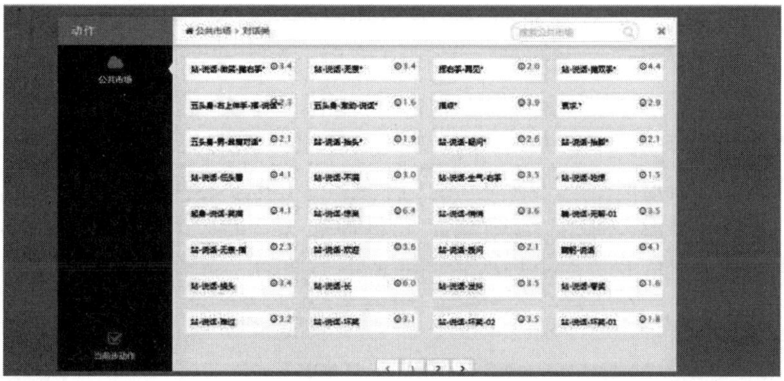

图 6-14　添加动作

（4）添加字幕

选中人物，点击添加字幕图标，输入字幕，输入完成后点击保存。

（5）配音

在电脑上（手机）插入耳机，点击进度条的上一个进度，选中人物，点击配音图标，会有一个三秒的准备时间，准备时间结束后开始录音，录完点击保存。

（6）添加标题和简介

保存动画后，可以在“我的动画”中选择需要添加标题的动画，点击左下角的“修改标题和简介”，编辑动画名称及简介，点击保存。

（7）导出视频

点击左下角的导出视频按钮，在新弹出的网页中，可选择高清免费格式，点击“获取码”后，就会得到一串动画获取码。

下载并安装皮影客视频导出工具，将提取码复制并粘贴到视频导出工具中，等待视频导出完成即可。

2. 三维动画实例——3ds MAX 动画制作

（1）前期准备

对动画片进行规划设计的过程即为前期制作过程，通常主要是人工进行手绘。同时进行剧本创作，影片失败和成功与剧本创作直接相关。该环节主要包括设计角色、设定场景道具、选择整体动画风格等。

（2）中期制作

在整体生产过程当中，中期制作的工作量非常大，也是非常关键的一个环节，其工作流程如图 6-15 所示。

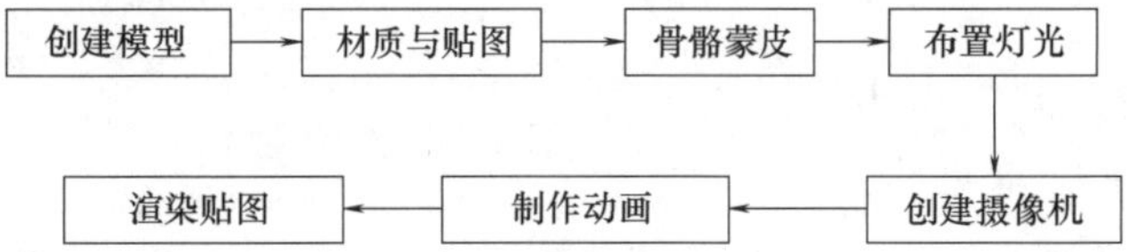

图 6-15　中期制作流程

① 创建模型。模型的创建是三维动画设计过程中的基础框架。在三维模型中，最简单的模型是扩展三维几何体、标准三维几何体，这两种模型的特点是易学易用、建模快捷方便，易保其美观性。

② 材质帖图。材质实际上就是材料的质地，动画场景当中物体反射光线、漫反射颜色、折射光影、传递光线效果都能通过材质反映出来。贴图是通过软件计算，在三维模型上贴二维图片，对物体质地进行模拟，并提供模拟反射、模拟折射等效果。对真实物体的外观状态进行模拟，增强其逼真效果是非常重要的，该环节是制作动画过程中不可或缺的重要一环。如图 6-16 所示为光与材质的关系。

③ 骨骼蒙皮。在创作三维人物动画的过程中，一般需要在创建模型时借助建模工具，详尽的创建任务模型骨骼，绑定模型和骨骼的过程即为“蒙皮”。完成该环节后，骨骼和人物模型就有机的组合在一起，产生相应的运动效果。如图 6-17 所示为面部控制点结构图。

图 6-16　为光与材质的关系

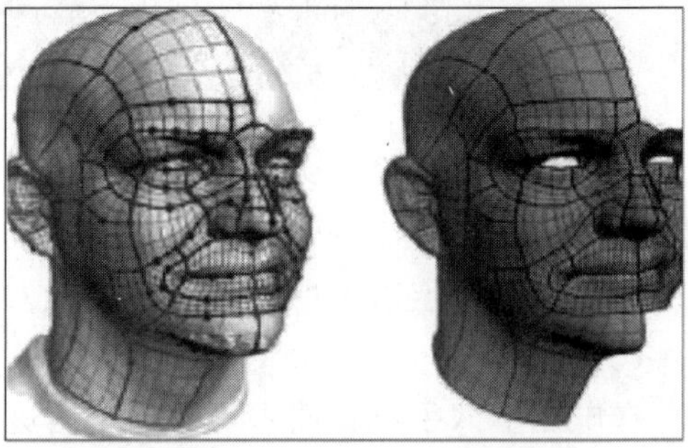

图 6-17　面部控制点结构图

④ 布置灯光。灯光布置的目的是尽可能的模拟自然界光线和人工光线等类型，灯光是 3D 场景的主要照亮来源，发挥显著烘托和照明的职能，得到更为逼真的灯光效果。在

设置灯光时，关键性方面包括灯光参数设置、灯光位置、灯光合理利用、灯光颜色、灯光范围特性、灯光排除功能。

⑤ 创建摄像机。在进行动画制作时，摄像机所起作用非常重要，在摄像机的帮助下展开画面的切换和变化，对于3D过程来说，可以使用目标相机和自由相机两种工具，而目标相机主要应用于三维场景当中。

⑥ 制作动画。在制作动画的过程中，不同造型开始逐渐运动起来，几个关键点可以分别定义关键帧，当中间帧完成以后，关键点间的其他点位置通过自动计算进行连接，最终所得到的动画效果非常流畅。

⑦ 渲染输出。对于三维制作过程来说，渲染环节属于收尾和生成图像的阶段，当前面所有环节都完成以后，结合场景的具体情况渲染所得到的文件。卡通渲染勾线效果如图6-18所示。

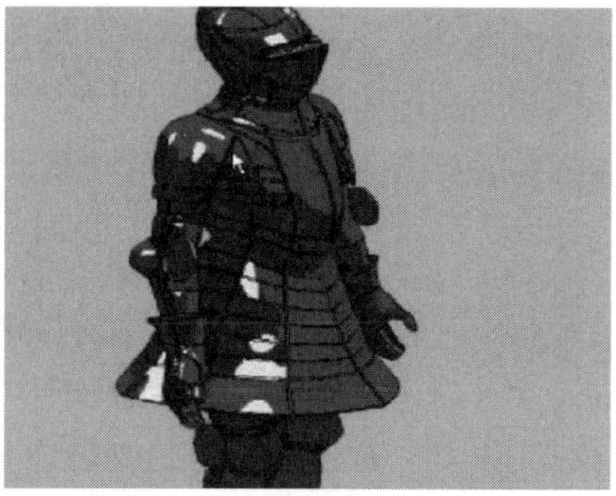

图6-18　卡通渲染勾线效果

（3）后期制作

特技镜头的制作，需要借助三维动画以及合成手段对素材效果展开综合分析，并通过剪辑的手段将镜头整合，实现影响的完整性，制作出与之相匹配的影片声音。对于3D特效环节来说，首先需要使其具备应有的特殊效果。组合多元化的图像素材，构建整体性画面。在非线性编辑软件的基础上编辑合成完成的画面。

第三节　动漫产业发展

一、动漫产业发展趋势

近年来，网络（数字）动漫在国家的高度重视和相关政府主管部门出台的具体政策的指引下，呈现出良好的发展势头。

1. 龙头企业发展规模日益壮大，备受资本青睐

随着政策环境、经济环境等不断提升，网络（数字）动漫产业发展迅速，龙头企业不断发展壮大。腾讯动漫平台月活跃用户1.2亿，2017年回馈创作者总收益1.4亿元，其中来自付费阅读的部分总计有8000万元，同比实现166%的增长。产业的快速发展，引发资本的高度关注。资本的大量涌入，将助推网络（数字）动漫产业的发展迈向新高度。

2. 人才需求量大和薪资待遇大幅提升

国内动漫人才缺口达60万人。产业的发展和人才的紧缺，推动动漫产业的薪资有了很大的突破。目前很多职位起薪较高，高级人才的待遇更是突破月薪3万元的关卡，许多高薪职位都在虚位以待。多家公司平均岗位薪酬都已突破万元，快看漫画、柏言映画等公司都待遇优厚。在北上广深等动漫产业发展良好的一线城市，动漫行业的最低薪酬待遇普遍都达到了4000元。

3. 上市公司、大平台布局和深度介入网络（数字）动漫产业

B站投资了鲜漫、天工艺彩、有度文化等数字动漫企业，还在日本设立动画制作公司。爱奇艺投资了主打轻小说的轻之文库和动漫公司，加强与产业链各环节的合作联动。

仅腾讯一家平台在 2017 年就投资了十几家动画漫画公司，工商可查的就有 12 家，如下表 6-4 所示。

表 6-4　　腾讯 2017 年投资的动画漫画公司（三文娱制表）

公司排序	被投资企业简称	占股比例	部分代表作
1	漫悦文化	20.00%	万网驱魔人
2	从潇动漫	25.00%	演平乱志
3	乐匠文化	20.00%	通职者
4	悟漫田	20.00%	末世人间道
5	艺画开天	10.00%	疯味英雄
6	铸梦文化	15.00%	墓王之王
7	动漫堂	12.00%	一人之下
8	骏豪宏风	15.00%	超神学院
9	糖人动漫	11.09%	妖怪名单
10	玄机科技	12.00%	秦时明月
11	徒子文化	10.00%	阎王不高兴
12	十字星	15.00%	黑色曼陀罗

4. 行业优胜劣汰演变加快，资源进一步集中

网络（数字）动漫市场竞争格局正在急剧演变。快看漫画融资过亿美金的同时，也伴随着多家漫画平台进行转型以谋求发展路径。B 站在冲击上市的同时、A 站处于困局之中，经营团队不稳，活跃用户急剧下降。资源整合的速度在加快，资源进一步集中于资本手里或大企业手里，集中度进一步加强。

5. 多方促进文化自信建设，动漫“走出去”取得初步成功

网络（数字）动漫企业积极进行布局，推动动漫产业发展，为以动漫为依托的中国优秀文化“走出去”进行不懈的探索，并取得了初步成功。腾讯阅文集团推出全新 IP 开发战略，塑造新时代的中国民族 IP。爱奇艺 3D 动画片《无敌鹿战队》海外独播权被全球顶级儿童媒体——《海绵宝宝》等热播动画片的出品方 Nickelodeon 重金买下，《无敌鹿战队》在全球 160 多个国家和地区播出，成为首个国漫 IP 反向输出案例。

6. IP 开发受到重视，主题公园建设引发关注

以主题乐园和动漫制作及衍生品等为主要业务的内地公司华强方特在芜湖、青岛等地投入运营 20 余个主题乐园，在文化内容产品与服务方面，该公司持续加大开发力度，主要有特种电影、数字动漫、衍生产品等业务。常州恐龙园也在主题公园的基础上进行延伸，形成了线上动漫影视作品与线下游主题公园的联动，推出了动漫剧集和电影以及玩具、礼品等衍生品。

二、动漫产业发展模式

我国动漫产业的主要商业模式主要有以下几种。

1. 代加工商业模式

在我国动画制作企业代加工商业模式中，企业承担的工作可以分为部分前期创作，二维

中期加工、后期合成和三维动画加工等环节。劳动力成本不断增加，国外的外包业务正流向劳动力成本更加低廉的越南、老挝、印度等东南亚国家，使国内许多动画制作公司面临较大的生存挑战。我国动漫产业的代加工商业模式会在不久的将来被淘汰，国产动画必须崛起。

2. 小成本大制作的商业模式

小成本大制作的原创商业模式的典型代表是湖南三辰卡通集团。三辰卡通动画形象以“蓝猫”为切入点，纵向拓展服装、文具、图书、音像、食品等众多衍生产品市场，形成产业集群。三辰卡通推出了涉及十几个行业的衍生产品，以品牌授权、专卖连锁经营等方式形成全国营销网络。此外，三辰卡通集团运用自主开发的计算机网络集成制作系统，实现动画片流水线作业生产。但“蓝猫”系列动画片艺术质量不高，一方面表现出创作成本低，另一方面说明该产品缺乏持久的影响力，在未来的激烈的行业竞争中很容易被淘汰。

3. 网络卡通商业模式

网络卡通商业模式有两个基本特点：第一，进入门槛低，不需要太多的资本投入。网络疯传的“杜甫很忙”插画便是某高中生的涂鸦作品，获得的点击率惊人，关注度极高。第二，创作成本低。目前，我国比较知名的网络卡通形象有 QQ 企鹅、流氓兔、兔斯基等。这些可爱的卡通形象通常线条比较简单，制作成本较低、故事连续性不强，被广泛运用于表情符、头像中，深受广大网民喜欢，如 6-19 所示为动漫产业商业模式四大构成要素示意图。

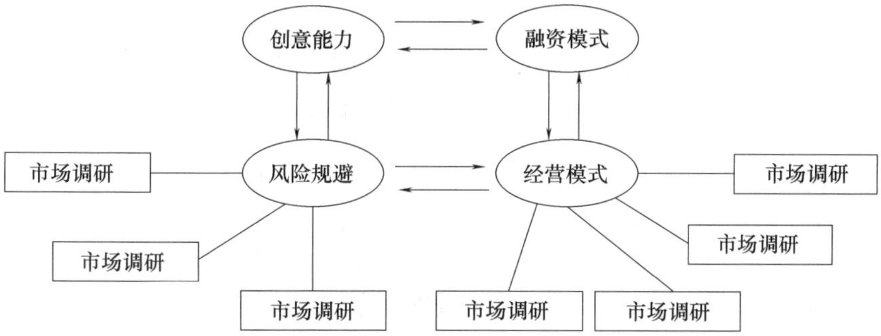

图 6-19　动漫产业商业模式四大构成要素示意

三、动漫产业发展问题与对策

2018 年，我国网络（数字）动漫产业仍处于快速发展时期，行业正在走向成熟，数字动漫呈现出六大趋势，体现在产业内集中度的提升、企业优胜劣汰较为明显、内容为王效应凸显、产品运营的逐渐精细化、商业模式加深探索。同时，我国监管政策也在随着行业发展不断细化和完善，扶持制度效果逐步提升。

目前，网络（数字）动漫产业在发展过程中也面临着诸多问题：一是富有创意的精品内容缺乏，动漫行业高端创意人才匮乏。二是商业模式仍在探索当中，创业公司多数仍在试错之中，这使得国产原创内容在人气、收入的形式和体量等多方面相对于国外都有较大差距。

面对当前发展所存在的一系列问题，我国网络（数字）动漫行业要实现良性、快速的发展，必须从以下几个方面努力：

首先，要建立更有效的知识产权保护体系。动漫产品的核心是动漫原创创意的知识产权，产业发展的前提是动漫的创意版权能被有效保护。某些网盘和在线视频网站、漫画网站仍有侵权内容，国家有关监管部门需要进一步加以打击。

其次，加大产业政策扶持力度。特别是要加大对动漫创业公司政策和资金扶持力度。虽然当前国内多个城市都对动漫产业有着扶持政策，还有不少命名为或被授予“动漫之都”、“漫画之乡”与“动漫发展城市基地”名号，但是由于动漫创业公司起步和业务开展都很不容易，需要有关部门进行奖励与大力扶持。

最后，重视动漫从业人员的培养，促进动漫专业人才多进行实践，推进校企合作，通过比赛、授课、讲座、实习等形式，培养与选拔网络（数字）动漫产业需要的人才，开发人力资源，从而保证我国网络（数字）动漫产业发展有强劲的动力。

参考文献

[1] 百度知道：hongyugou，动漫的定义是什么 https：//zhidao. baidu. com/question/96792390. html.

[2] 解辉. 当代中国的动漫产业市场发展现状探讨［J］. 科技风，2019（07）：210-211.

[3] 百度百科：日本动漫历史 https：//baike. baidu. com/item/%E6%97%A5%E6%9C%AC%E5%8A%A8%E7%94%BB%E5%8E%86%E5%8F%B2/15657441.

[4] 百度知道：RGLSEC1234，欧美动漫发展史 https：//zhidao. baidu. com/question/311401351. html

[5] 张立. 2017—2018 中国数字出版产业年度报告［M］. 北京：中国书籍出版社，2018.

[6] 艾瑞咨询. 中国动漫行业研究报告［DB/OL］.［2018-12-13］http：//report. iresearch. cn/report/201812/3309. shtml

[7] 百度百科：中国动画发展史 https：//baike. baidu. com/item/中国动画片/10281087? fr=aladdin

[8] 百度百科：哪吒之魔童降世 https：//baike. baidu. com/item/哪吒之魔童降世/22187580? fr=aladdin

[9] 百度知道：狗比人忠 iii_，动漫的分类是什么 https：//zhidao. baidu. com/question/333066671. html

[10] 谭文馨. 互联网背景下动漫产业链发展现状分析［J］. 现代商贸工业，2019（10）：3-5.

[11] 石爱娣. 我国动漫产业商业模式研究［D］. 西华大学，2012.

[12] 张立. 2018—2019 中国数字出版产业年度报告［M］. 北京：中国书籍出版社，2019.

第七章　网络文学

第一节　网络文学的概念与特点

一、网络文学定义

网络文学，指以互联网为展示平台和传播媒介的，借助超文本链接和多媒体演绎等手段来表现的文学作品、类文学文本及含有一部分文学成分的网络艺术品，即以网络为载体发表的文字作品，随着互联网的发展而诞生，对互联网有很强的依附性。

广义上讲，网络文学包含所有在网络上发布的文学作品，例如文学网站、论坛以及个人博客。狭义上讲，指创作后首次发布形式为网络的文学作品。网络文学是一种新颖的文学类型，体裁广泛，如小说、诗歌、散文和喜剧等，其中以小说为主，文笔灵活，情节生动，具有很强的互联网属性。网络文学以其多样化的创作题材、娱乐互动形式吸引了大批用户群体，尤其是年轻人群。网络文学以网络载体来创作、传播、储存和阅读，在多个方面展现出了有别于传统文学的新特质。

二、网络文学表现形式

网络文学这种新兴的文学形式与以往的传统文学形式相比较，有许多新的特征，主要体现在以下几个方面。

1. 创作主体上表现为平民化

作家与民众实现合二为一，而原本由少部分文化精英所掌控的发言权成了人人都能享受到的权利。因为创作主体的审美情趣将直接影响到文学作品的品位与意趣，所以文学的神圣地位逐渐变得平俗，导致创作者们抛弃了文学本应具有的神圣感，也脱离了作家所应恪守的社会责任感。

2. 创作方式上表现为多样化

网络文学作品的焦点从以作者为中心和以评论者为中心转移到以读者为中心和以文本为中心。这一转移直接影响到文学创作形式之变化。各类所谓的文学类型、审美价值标准、文体范式等原本认定的规则已经不再是网络文学写手们所难以逾越的障碍，其创作的形式意图还包括了对于我国传统文化与传统观念的颠覆与继承。网络文学写手们在语言的表达方式与词语的应用上拥有了更加大的自由度，所以语言也就更有活力，更加具有生命力与感召力。

3. 受众体验上表现为交互化

目前，各类网站与论坛均可供读者自由自在地发表意见。读者在阅读现场就能把自己的感受详尽地表达出来，如果喜欢就可发帖支持，如果不喜欢也就发帖表示反对，有了感触就能发出自己的感慨，有了想法就能进行点评。作者和读者间能够形成互动和即时的交流平台。

4. 表达手法上表现为超文本化

网络文学是一种特殊的物质载体，从属于数码技术，其所呈现出来的文本是一种开放式的文本，从而使网络文学拥有了一种与以往不同的新型行文方式，展现出一个多元化与多极化的发散性空间。超文本不再是一种静态的结构，而是含有了能动性成分在其中，并随着阅读而不断拓展。网络文学中那种丰富多彩与图文并茂的超文本形态，满足了网民们的阅读需要，让他们参与到网络世界当中，以自由与狂热的情绪投入到美妙的网络世界中进行精神交流，促使读者们的思维方式与审美情趣实现转变。

5. 技术运作上表现为多媒体化

网络文学采用多媒体技术把文字、数据、图像与动画、声音等相互联系起来，并组合成为图文一体化，加上艺术化的排版与精妙绝伦的构图，从而极大地增强了网络文学作品当中的艺术感染力。

第二节　网络文学的形态与发展

一、网络文学衍生状态

网络文学衍生品是在原网络文学作品的基础上经过改编创新，以影视、动漫、游戏等新形式传播的一系列相关产品。网络文学衍生品的实质就是网络文学自身的文字内容或称知识产权（Intellectual Property，简称 IP），经过二次开发转化为各种文化娱乐产品的形式，如图 7-1 所示。

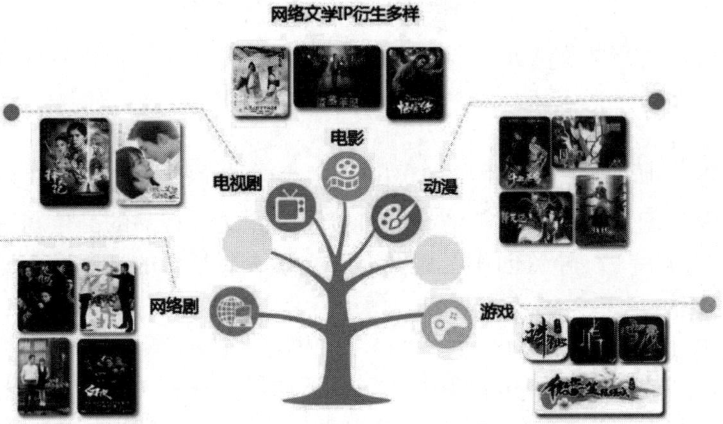

图 7-1　网络文学衍生

图 7-2　网文 IP 改编影视种类

1. 从电视到网络，网文 IP 占据影视半壁江山

国产电视剧热衷于借助网络寻找故事，拥有较高知名度和深厚读者基础的网络小说成为各大影视制作公司争相追捧的对象。从最初的网文 IP 改编电视剧或者电影，到后来的网络剧、网络大电影等，网文 IP 现已成为影视剧本的最大来源，如图 7-2 所示。而且

网文IP改编影视是层层精雕细琢的，力求网文IP价值最大化，其运作模式如图7-3所示。

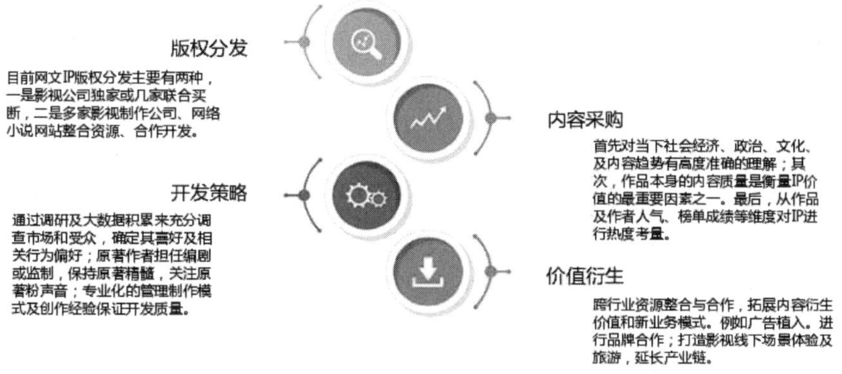

图7-3 网文IP改编影视运作模式

2. 产业联动提升IP效应，小说游戏互为辅助共同成长

游戏行业高速发展，大量的网文因为得天独厚的内容优势被改编成游戏，IP概念备受追捧。一方面网文较长的更新周期能够支撑游戏的后续更新，延长游戏寿命，另一方面影游联动能够极大地挖掘用户价值，全产业链相互借力，提升IP效应。网文IP改编游戏运作模式如图7-4所示。

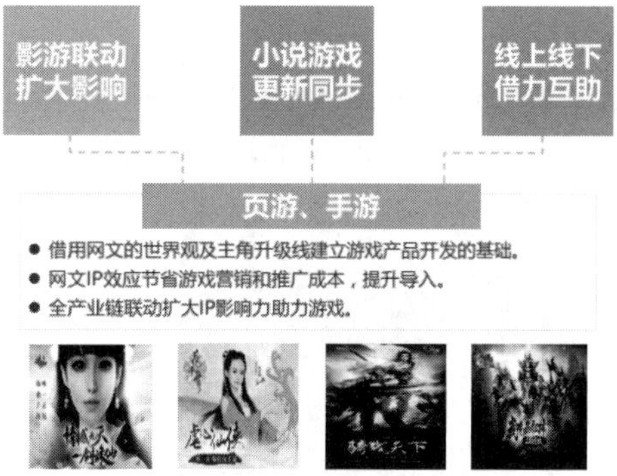

图7-4 网文IP改编游戏运作模式

3. 多方运作助力网文漫改，下游衍生挖掘IP产品附加值

网文IP改编动漫历程已久，极大地丰富了动漫作品的内容表现。网文IP改编动漫由多方协同参与，共同开发，后期凭借凝聚的作品人气进行下游的衍生开发，全维度考量进行IP开发。如图7-5所示为网文IP改编动漫运作模式。

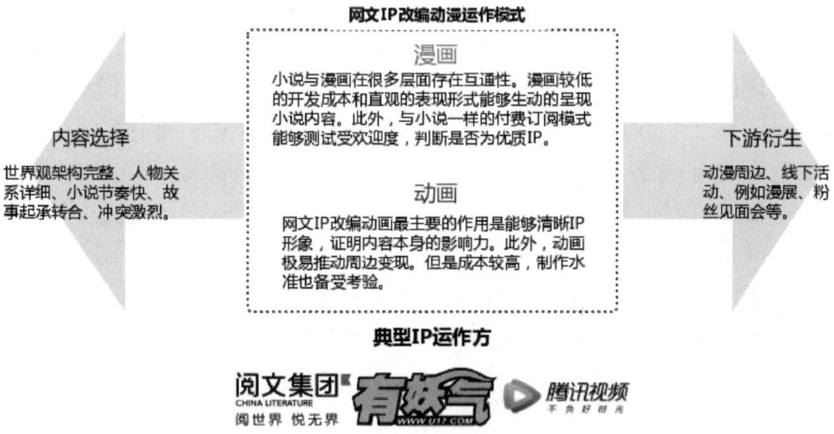

图7-5 网文IP改编动漫运作模式

二、网络文学发展趋势

网络文学在发展中不断健全，标志着各种通过发布网络文学获利的门户网站在管理上不断制度化、法律化。网络文学逐渐展示出自身的优势，各大网文网站群雄逐鹿，众多网络写手蜂拥而至。网络文学的影响力与日俱增，是未来的主流。

1. 网络文学商业创新持续活跃，运营模式将进一步多元化

近年来无论是内容方、平台方和渠道方，都在寻求商业运营模式的突破，让自己的获利途径变得多元化。随着网络文学经济体量的扩大，优质作品的衍生能力还将进一步释放，在拓宽网络文学变现渠道的同时，必将进一步激发这一新兴文化产业门类商业创新的活力，这对保持网络文学的活跃度，以跨界融合增强其市场竞争力，无疑是大有裨益的。

2. 网络“现实书写”的崛起，加速网络文学与传统文学“合流”

网络文学中有相当数量的现实题材作品不仅书写现实生活，还表现出对传统文学经验、技法、趣味、精神和文学价值的吸纳。《余罪》《无证之罪》等为代表的优秀现实题材小说不断转化为纸介形式出版，并日渐获得广大读者和传统文学场域内学者的认可，这使得网络文学领域一直存在的现实题材作品与幻想类作品在数量与质量上的落差开始缩小，网络文学的创作水平和作品质量正逐步向传统文学靠拢，如图 7-6 和图 7-7 所示。随着网络文学和传统文学交流的深入，两种文学“合流”的局面或将可期。

图 7-6　余罪

图 7-7　无证之罪

3. 创作与批评的良性互动将积极调适网络文学的发展路向

网络文学批评的价值在于其对文学作品的分析、对文学创作的评说、对读者阅读的有效引导，以及对网络文学发展路向的积极调适。要发挥网络文学批评的积极作用，批评家必须进入网络现场，从网络文学的创作和阅读实践出发，开展既符合文学规律又切中网络特点的、有针对性的批评。

随着国家对网络文学越来越重视，网络文学理论批评作为影响作家创作的桥梁和纽带，在推动“让正能量引领网络文艺发展”的工作中发挥日益重要的作用。在这一背景下，未来网络文学创作与批评的互动还将升温，并势必助推网络文学的健康与繁荣。

三、网络文学运营分析

在网络文学 IP 运营产业链中，IP 位于金字塔的塔尖位置，因此作为 IP 源头以及 IP

价值延展根基的原创文学网站，占据市场的核心位置。一旦一部网络文学 IP 面世和连载，就意味着已经开始了粉丝的原始积累，一个基于文本的粉丝群体在内容连载和与作者的互动中逐渐形成。当 IP 发展到一定阶段，拥有了大量粉丝群体和社会影响力之后，就将进入 IP 运营阶段，如图 7-8 所示。这一阶段主要是通过多媒介、跨平台的开发来放大 IP 的价值，并且最大限度地拓展粉丝群体。多媒介的输出使得粉丝与 IP 之间的情感联系越来越密切。当 IP 价值和粉丝群体积累到一定量级之后，产业链各环节企业即开始寻求 IP 价值的变现，这种变现主要依靠周边衍生品、游戏、电商、实景娱乐等需要粉丝付费消费的渠道实现。最终在产业链各环节的协作配合下，实现了 IP 价值的创造和流转。粉丝的互动行为和消费行为即是一种反馈机制，如果是正向反馈，将有利于实现 IP 价值增值，并延长 IP 的生命周期；如果是负面反馈，IP 价值会受到损坏。

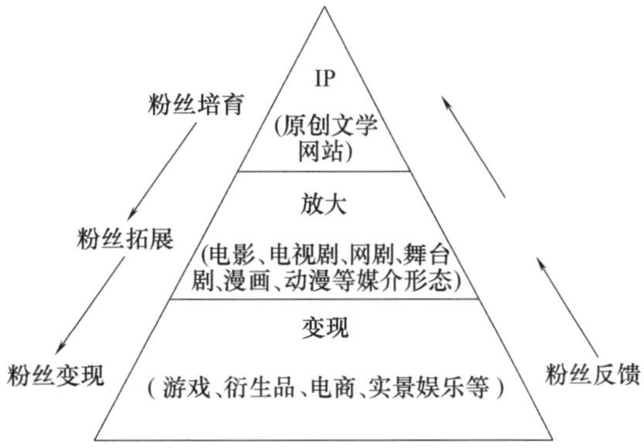

图 7-8 网络文学 IP 运营布局

运营模式至关重要，直接关系着价值创造与流转，以原创文学网站为主体来探讨网络文学 IP 运营模式，通过实例分析、阐述我国以内容产销为核心的多版权模式。

1. 以内容产销为核心的多版权模式

当作家和原创文学网站签约后，将作品的一部分附属版权或者全部的附属版权转移给了原创文学网站后，原创文学网站通过分开售卖或者打包售卖的模式进行版权分销，线性开发是较为主流的 IP 运营路径，这是以内容产销为核心的多版权模式，如图 7-9 所示。在该模式下，实体书、游戏和影视作品是主要的媒介运营形态，原创文学网站聚焦于网络文学 IP 的内容价值，通过版权的生产和分销促成 IP 价值在产业链各环节的创造和流转，较少地介入到其他媒介形态的运营中。对于原创文学网站而言，在版权分销后，其在产业链上的作用就基本结束了，收益也止步于授权费用。晋江文学城和阅文集团的前身盛大文学都是以该方式参与到网络文学的 IP 运营中的。

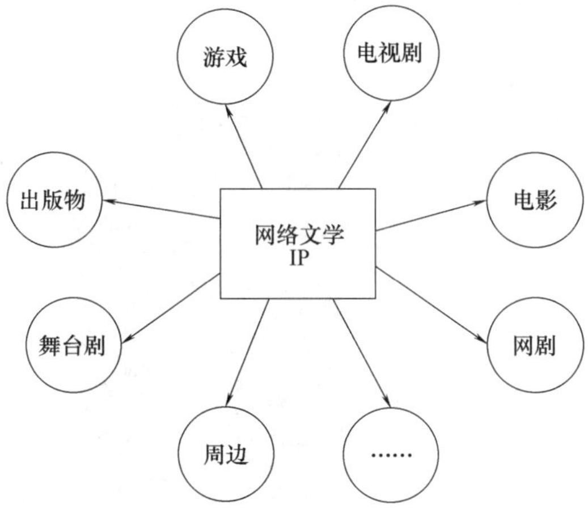

图 7-9 以内容产销为核心的多版权运营模式

在网文 IP 运营产业链中，盛大文学作为 IP 源头企业，连接着作者和读者，主要通过图书出版、无线阅读、影视改编、游戏改编、漫画改编等版权分销途径架构起多版权运营模式，并通过下游的销售商和零售商直达受众，在 IP 在不同媒介流转的过程中，读者粉丝慢慢地实现了向消费者的转变，如图 7-10 所示。

对于原创文学网站而言，以内容产销为核心的多版权模式的优势在于，原创文学网站

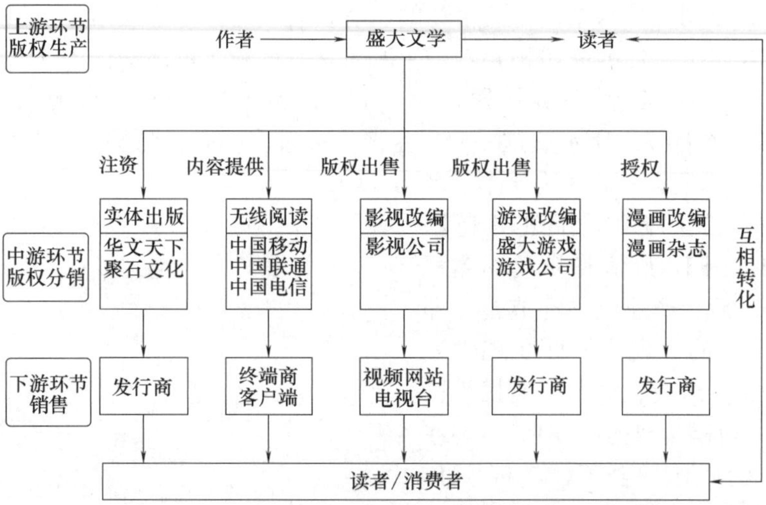

图 7-10　以盛大文学为例的网络文学 IP 运营产业链

能够专注于其核心业务——内容的生产。但是弊端也十分明显，首先是对原创文学网站而言，所得的收入只有版权销售收益，不能参与到 IP 流转后的收益分成。其次是对作品而言，该模式易造成授权混乱，影响作品的可持续开发。最典型的案例就是盗墓类超级畅销书《鬼吹灯》系列，《鬼吹灯》两部共八本，其版权被起点中文网买断，起点将第一部分出售给中影，中影开发了《九层妖塔》电影以及《鬼吹灯 3D》手游，如图 7-11 所示。第二部分被出售给了万达，万达以此开发了电影《寻龙诀》。而之后这两部分版权“合体”，将影视改编权卖给了企鹅影业，开发网剧《鬼吹灯之精绝古城》，因此在设定、品质、班底上出现了极大的不一致性，影响了这个拥有巨大潜力的 IP 的可持续性开发，如图 7-12 所示。

图 7-11　九层妖塔

图 7-12　鬼吹灯之精绝古城

2. 以价值创造为核心的泛娱乐模式

以内容产销为核心的多版权模式做到了内容的多渠道分发，但是作为产业链上游的原创文学网站的作用局限于内容的生产和分销，缺乏对产业链整体的规划意识和能力，且在整个产业链条中没有出现强有力的主导企业，因此在该模式下组织形态即自上而下的线性组织结构。随着 IP 运营产业链发生变化，以价值创造为核心的泛娱乐模式开始走上舞台，组织形态发生变化，不再是自上而下的线性组织结构，而是开始形成以 IP 和粉丝为核心的网状组织结构，如图 7-13 所示。

尽管分销渠道无差异性，但是泛娱乐模式与多版权模式在内核上存在巨大差异，在多版权模式中，IP 的价值主要体现在其内容价值上，而在泛娱乐模式中，除了内容价值，IP 的粉丝价值和营销价值更受关注，当原创网络文学以价值创造而非内容产销来定位自身在产业链中的作用时，就意味着任何一种媒介产品都是作为整体的一部分出现在受众面前，发挥多渠道、跨平台的协同效应，从而为整个产业链创造出更大价值。

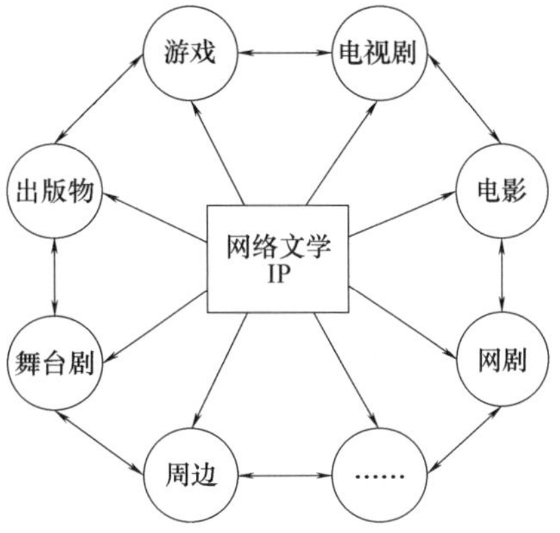

图 7-13　以价值创造为核心的泛娱乐模式

目前腾讯旗下的阅文集团、百度、阿里巴巴以及中文在线都搭建起了泛娱乐框架，作为网络文学市场龙头老大的阅文集团已经开始形成一套较为成熟的泛娱乐玩法，以它为核心构建的 IP 运营产业链也初现端倪，如图 7-14 所示。

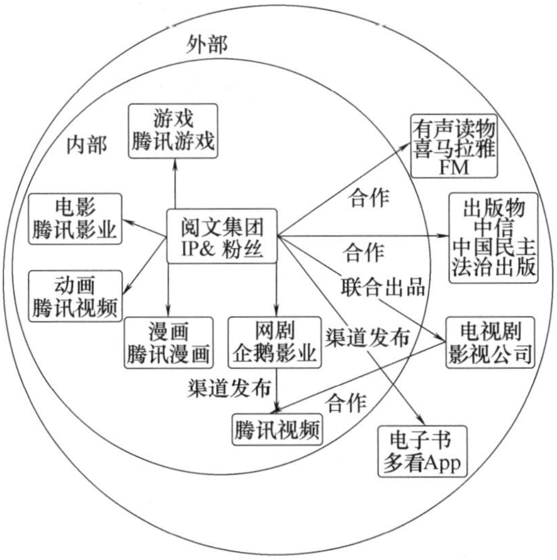

图 7-14　以阅文集团为例的网络文学 IP 运营产业链

针对有潜力的 IP，阅文寻找合适的影视、动漫、游戏等相关方面公司共同对 IP 进行开发、运营，阅文对每一环节都会参投，并将服务前置，作为一个组局者，保持作品风格、设定在不同渠道的统一，以及营销宣传方面的互动，引导产业链上下游的公司相互之间进行项目上的参投和内容上的合作，进行利益捆绑，收益由所有合伙人及团队共享，以此搭建起一个以 IP 和粉丝为核心的网状产业链。

对于著名网文作家猫腻加盟腾讯文学的首部 IP《择天记》，阅文集团即以泛娱乐模式进行运营，如图 7-15 所示。在作品开始连载前，阅文就已经制订了整体的运营计划，采取实体图书出版、动漫改编、游戏改编、音乐制作、周边产品开发、舞台剧、影视剧等泛娱乐全线开发模式。不同于以往都是在网文连载结束后再进行 IP 开发、运营，《择天记》采取同步开发模式，在网文连载初期同步进行各种媒介形态的开发，在开发节点上，多媒介、跨平台步步紧跟、联动配合。同时，深度介入每一个环节中，既能保证作品风格的统一，同时又能获得更多的权益。

以内容产销为核心的多版权运营模式的出现，意味着原创文学网站 IP 运营意识的觉醒。原创文学网站开始尽力挖掘 IP 作为内容源头的价值，通过在多渠道分发实现对于 IP 价值的收割，这种模式最终目的在于尽可能收割更多渠道的版权售卖收入，其交叉联动效应也仅仅体现在定价方面。随着资本、技术力量的介入，IP 的价值得到极大的重视，以

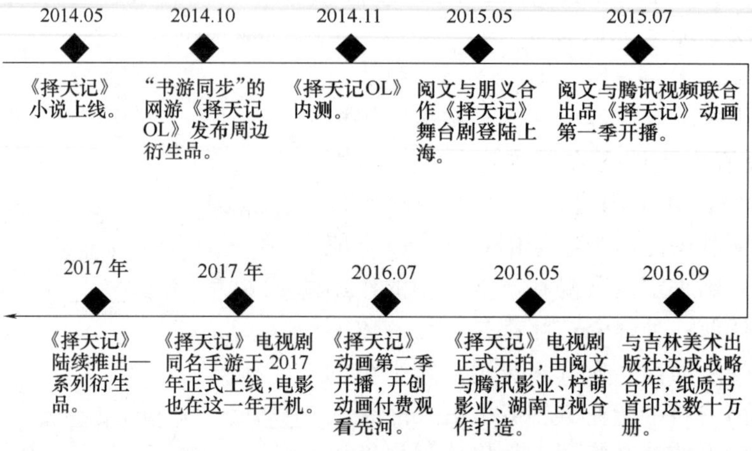

图 7-15 《择天记》泛娱乐 IP 运营模式

价值创造为核心的泛娱乐模式应运而生。IP 不再仅仅是源头，而是核心，是打通企业之间价值壁垒的联结点。通过 IP 这个联结点，产业链中所有企业的价值链得以衔接，从而通过统一的布置规划，理顺各企业价值链之间的关系，协调各企业的价值活动，使产业链整体创造的价值远超单独企业所创造价值的综合，IP 也在不断流转的过程中实现价值增值。从前述 IP 运营结果来看，两种模式平分秋色，但是从未来趋势来看，以价值创造为核心的泛娱乐模式将成为未来 IP 运营的主流模式。

参考文献

［1］ 创业邦. 2018 年网络文学行业报告［DB/OL］.（2018-02-08）https：//www.cyzone.cn/article/173762.html.

［2］ 互动百科：网络文学 http：//www.baike.com/wiki/%E3%80%8A%E7%BD%91%E7%BB%9C%E6%96%87%E5%AD%A6%E3%80%8B.

［3］ 于玲. 网络文学的特征浅析［J］. 中国报业，2012（16）：155-157.

［4］ 王劲. 对当前中国网络文学热的解读［J］. 时代文学（下半月），2011（05）：105-106.

［5］ 艾瑞咨询. 2018 年中国网络文学 IP 影响力研究报告［DB/OL］.（2018-01）https：//www.iresearch.com.cn/Detail/report？id=3126&isfree=0.

［6］ 艾瑞咨询. 2018 年中国网络文学作者报告［DB/OL］.（2018-05）https：//www.iresearch.com.cn/Detail/report？id=3208&isfree=0.

［7］ 秦晴. 网络文学衍生品的传播现象分析［D］. 广西大学，2017.

［8］ 欧阳友权，邓祯. 我国网络文学的热点、局限和趋势［J］. 湖南科技大学学报（社会科学版），2019，22（02）：132-137.

［9］ 王宁. 我国网络文学 IP 运营研究［D］. 武汉大学，2017.

第八章　移动出版

第一节　概　　述

一、移动出版定义

移动出版是指出版商利用移动通信平台进行出版物选题策划、编辑出版、信息推送、市场营销、售后服务等的一种出版形式，其实质是基于移动通信技术的出版模式。

2018年，移动互联网持续快速发展，移动端网络环境持续优化，高新技术的发展与应用，4G网络进一步普及，各运营商纷纷加速5G网络商用布局，通过流量对用户的争抢，也将用户更多的信息消费行为聚集到移动端上。与此同时，移动互联网已成为内容布局的优先主战场，运用先进技术，实现内容和服务模式的创新升级，构建更加多元化的消费场景。

二、移动出版特点

1. 移动化

随着智能技术和传感技术的发展，移动阅读设备越来越便携，用户能够在多样化的移动场景中随时随地沉浸阅读。

2. 海量化和检索便捷化

用户可以基于阅读平台进行信息检索，自由获取内容。

3. 降低成本

复制和发行环节虽在移动出版流程中并未消失，但依托移动互联网平台，移动出版的复制和发行环节大大简化，可以瞬时完成移动出版产品的复制与发行。

4. 出版周期短

移动出版以内容为内核，依托新媒介传播渠道的实时、移动、交互、多媒体等特点，使内容适配性呈现，增强了读者的阅读体验。读者的定位开始从阅读层面的受众转向消费层面的用户。

三、移动出版表现形式

1. 移动阅读

移动阅读，是指使用移动终端进行的所有阅读行为，包含通过手机浏览器浏览网站，以及阅读新闻客户端、报纸客户端、杂志客户端、微博微信的文章等。

据中国新闻出版研究院第十六次全国国民阅读调查结果显示，我国数字阅读率进一步提升。2018年，我国成年国民数字化阅读方式的接触率为76.2%，较2017年的73.0%上升了3.2个百分点。有15.9%的网民将“阅读网络书籍、报刊”作为主要上网活动之一。

此外，移动有声 App 平台成为人们听书的主要渠道，且付费习惯已经普遍养成。移动阅读 App 如图 8-1 所示。

(a)　　(b)　　(c)

图 8-1　移动阅读 App

（a）学习强国 App　（b）新浪微博 App　（c）凤凰新闻 App

从阅读方式来看，听书持续成为我国数字阅读的增长点，2018 年，我国有近三成的国民形成了听书习惯。其中，成年国民的听书率为 26%，较 2017 年的平均水平（22.8%）提高了 3.2 个百分点。移动有声 App 平台听书的国民比例较高，达到 11.7%，成为国民听书的主要方式。

2. 移动游戏

移动游戏通常是指基于移动终端设备上诸如智能手机和 Pad（掌上电脑）的游戏。移动游戏市场仍然是中国游戏市场竞争最为激烈、最具有活力的领域。

从移动游戏类型来看，移动电子竞技游戏实际销售收入大幅度增长，《王者荣耀》是移动电子竞技游戏的突出代表，如图 8-2（a）所示；二次元游戏成为移动游戏市场的重要细分领域。“吃鸡”类游戏成为移动游戏一大热点，如图 8-2（b）所示为“吃鸡”类游戏代表《绝地求生》。IP 浪潮对于移动游戏的影响力持续加强，而移动游戏本身也作为 IP，正在向其他文化领域衍生发展。同时，移动游戏呈现出类型化发展趋势，如《恋与制作人》即是手游类型化的代表，如图 8-2（c）所示。

3. 移动音乐

移动音乐，也称为无线音乐，是指能在移动终端设备上直接接受的音乐服务，包括移动通信网络在内的移动互联网和移动增值业务都是能使得移动音乐服务得以实现的数据传输方式，属于数字音乐范畴。

2017 年第四季度中国手机音乐客户端用户规模累计达 5.05 亿，较上年增长 6.99%，增长幅度有所趋缓。主管部门对于数字音乐的版权管理加强，各手机音乐客户端的版权意识不断提升，纷纷加大付费音乐的比例。当前，用户在手机音乐客户端进行付费下载的意愿有所加强。但付费市场仍需进一步培育和挖掘，移动音乐平台应进一步优化用户体验，

(a)

(b)

(c)

图 8-2　各类移动游戏代表

（a）王者荣耀　（b）绝地求生　（c）恋与制作人

如提供满足个性化需求的音乐精准推送。

4. 移动动漫

移动动漫，指的是在移动终端设备上观看的动画或漫画。据 QuestMobile 发布的《中国移动互联网 2018 年度大报告》显示，手机动漫是以“95 后”人群为核心的网络新生代群体的重要娱乐需求之一。各家动漫平台在提升自身品牌知名度和影响力方面加大力度，上线大量新作，并利用高质量动漫作品的高频率更新、免费阅读吸引用户关注，从而提升用户活跃度和用户黏性，进一步抢占市场占有率。此外，各家移动动漫平台在培育用户付费意愿、建立用户付费机制方面也进行了多样化探索。

5. 移动音频

移动音频，是指利用智能手机、平板电脑、车载音响、可穿戴设备等移动终端作为载体，通过在线下载等方式，提供语音收听等服务。截至 2018 年 12 月，中国移动音频 App 用户规模达到 1.11 亿人，全年涨幅超过 50%。同时，移动音频 App 的用户活跃度和用户黏性有了大幅提升，用户使用时长达到 4.3 亿小时，用户打开次数达到 51.3 亿次。

近年来，由于伴随性与多场景共存的特性，人们对音频内容的需求日益旺盛，移动音频发展迅速。当前，移动音频主要由移动电台、有声阅读和音频直播三个领域构成。

6. 移动视频

移动视频业务是通过移动网络和移动终端为移动用户传送视频内容的新型移动业务，是当前和未来移动运营商和终端制造厂商新的业务增长点。

随着移动通信技术的不断完善，网络视频用户进一步向移动端转移，通过移动端看电影、看剧集成为人们生活中利用碎片化时间的常态。短视频作为移动视频的热门领域，各类短视频应用保持快速发展，在视频直播领域，由于视频直播发展趋缓，各直播平台也纷纷将目光集中在短视频领域，纷纷上线短视频功能。由此，直播＋短视频成为移动视频的重要模式。

7. 移动教育

移动教育是指在移动的学习场所或利用移动的学习工具所实施的教育，学生和教师使用移动设备（如手机等），通过移动教学服务器实现交互式教学活动。

当前，人们通过手机进行知识学习的习惯逐渐养成，同时知识付费也为移动教育带来了新模式与新形态。由此，与其他应用一样，在线教育也逐渐从PC端向移动端转移，成为在线教育的主要形式。各类教育、学习类App不断涌现，包括知识、资讯、在线课程、搜题答疑等多种产品类别。

第二节　移动出版App

一、移动出版App概念

移动出版App是移动出版的呈现方式之一，App是英文Application（应用程序）的简称，由于智能手机的流行，现在的App多指智能手机的第三方应用程序。

二、移动出版App市场分析

目前，App数字出版物的市场竞争十分激烈，开发主体有很多：一是大型的互联网公司，如腾讯、百度，这类公司拥有强大的技术背景和雄厚的资金支持；二是以亚马逊、京东、当当为代表的电子商务平台旗下的图书App应用；三是其他的技术公司或者网络公司；四是注重特色和定位的阅读平台和图书服务客户端，如豆瓣、多看、书旗免费小说、起点读书、喜马拉雅听书等，这类客户端拥有自己的品牌和特色，形成稳定的读者群体和用户群体；五是传统的出版机构，包括国有出版企业和民营出版机构。

三、移动出版App的制作工具

1. 方正翔云移动出版

方正翔云移动出版是非常便捷的多平台移动应用制作工具，可以广泛用于互动书籍制作，电子杂志发行，宣传手册，支持iPad、iPhone、Android等移动平台，真正做到了一次编译多平台发布。

方正翔云移动出版特点及优势：

① 提供文档的基本编辑功能，包括插入图片、横竖排文本、声音、视频、热点、广告插件、网页地址、导入PDF等。

② 提供多种动画特效设置，每种动画还包含不同的细节设置，充分展现想象力。

③ 提供独有的交互设置，支持80多种交互，方便制作交互式电子书籍。

④ 丰富的模板组合提供互动绘本、电子楼书、电子杂志、淘宝商家产品展示、企业内刊等各行业模板，只需要简单的替换图片文字，就可以做出绚丽的互动App。

⑤ 仿真iPhone、iPad、Android等模拟器，所见即所得。

⑥ 一次编辑，多平台发布，节约时间与制作成本，快速实现收益。

⑦ 真机测试，连接到iPad、iPhone、Android测试书籍，实时真机测试。

2. APICloud

APICloud是中国领先的企业互联网化生态平台，通过拥有核心知识产权的混合开发技术帮助企业快速实现移动互联网布局，并以生态之力为开发者提供全面技术服务；APICloud 的服务能力贯穿互联网化、需求分析、产品原型、项目管理、App 开发、应用运营、数据分析等全生命周期；凭借创新的开发技术和商业模式，APICloud 成为全球企业客户部署移动战略时的推荐选择，APICloud 解决方案如图 8-3 所示。

3. InDesign

InDesign 软件是一个定位于专业排版领域的设计软件，也可用于移动出版物的开发，是面向公司专业出版方案的新平台，由 Adobe 公司发布。它是基于一个新的开放的面向对象体系，可实现高度的扩展性，还建立了一个由第三方开发者和系统集成者可以提供自定义杂志、广告设计、目录、零售商设计工作室和报纸出版方案的核心，软件如图 8-4 所示。

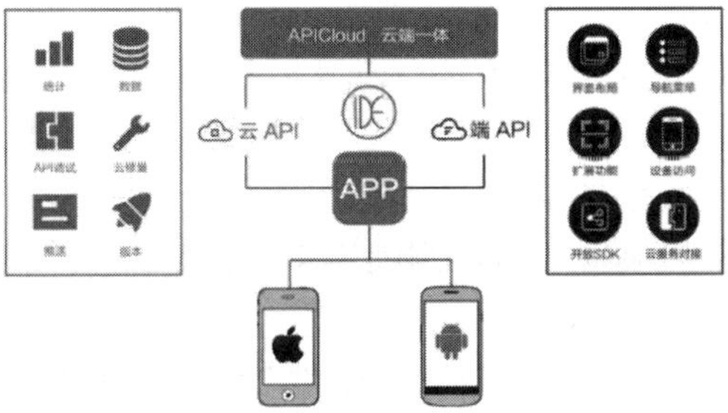

图 8-3　APICloud 解决方案

图 8-4　InDesign

四、移动出版 App 的制作案例

以大学新生小助手 Android App 设计与开发为例，说明移动出版 App 的制作流程。

1. 开发环境介绍

① 硬件环境。Intel® CoreTM i5 CPU 4.4GHz，Windows10 家庭版 64 位，8G 内存，250GB 硬盘。

② 软件环境。装有 Android Studio 的 Windows 系统。

③ 开发语言。JAVA 开发工具 JDK1.8。

2. 软件实现

（1）聊天界面制作

在 Android Studio 中新建一个工程之后新建如下三个文件。

① 聊天界面的布局文件：chat.XML，用于显示内容。

② layout_title.XML：聊天界面的标题栏布局。

③ Activity_chat.Java：业务逻辑代码。

选择合适的图片作为发送和接收消息的背景图。在布局文件的主界面中加入一个 RecyclerView 用于显示聊天的消息内容，在左下方放置一个 EditText 用于输入消息，右下方放置一个按钮 Button 用于发送消息。定义 Msg 类用于封装消息内容和消息类型（发送的消息和接收的消息）。

（2）消息回复机制

根据 UNIT 的 API 接入文档可知，用户与服务器之间的消息交互类型分为文本、语音等。当用户向 App 发送消息时，其消息内容与一些参数封装在一起，并以 JSON 格式传送到搭建好的 BOT 中，在处理用户消息时，需要先解析 JSON 信息，获取需要的信息内容。不同类型的 JSON 结构都包含 talkUrl、bot_session、log_id、bot_id、accessToken、query 这六个核心字段。

（3）用户意图获取实现

用户意图包含问答意图与对话意图，本模块既可以实现简单的问答意图，也可以解析用户的对话意图。机器人在收到用户以自然语言的形式发送的语句时，机器人需要对这些自然语言进行理解。这种理解包括对用户的意图识别、情感识别和回复确认等人工智能识别技术。

① 问答意图获取。可以直接给出答案的问题（例如查询图书馆在哪儿）属于问答意图，这时只需要设置回复就好。我们在网络上搜集新生入学时遇到的一些常见问题。搜集之后，对这些问题进行分类汇总并整理出答案后，在 UNIT 平台新建好问答意图和设置相应的回复。

② 对话意图获取。聊天机器人要与用户多轮对话才能确定回复的问题属于对话意图。要获取用户的对话意图，App 需要通过用户的用户模型数据，判断查询词的意图特征值，根据查询词的意图特征值和查询词，确定搜索结果并准确提供相应信息。必要时根据搜索结果，还会主动提出问题，根据答复信息，以进一步确定查询词的意图特征值，根据进一步确定的意图特征值和查询词，确定搜索结果。

对话意图的建立流程如下：新建一个对话意图，名称设置为 DORMITOEY_QUERY，意图别名为查询宿舍。由于不同年级不同专业的宿舍位置都不一样，所以确定宿舍位置要通过用户回答的信息得到词槽。这里年级和专业就是词槽，分别配置这两个词槽定义为 user_year 和 user_subject，并设置相应的澄清回应。UNIT 根据用户回答的词槽到词典里面匹配，这里自定义一份学校所有专业的词典，里面添加所有专业名称以及年份的词典，里面是所有的学生的年级。建立完成的对话意图如图 8-5 所示。

③ 配置对话模板。在新建技能完成后，就要给 BOT 添加训练数据，首先要配置对话模板。将“我需要、我要查、查一下”等都抽象为表达查询的特征词。在定义完特征词和词槽之后，还需要导入更多的对话模板，并导入系统。词槽和特征词的标注如图 8-6 所示。

④ 标注对话样本。把对话数据导入 UNIT 平台，然后给它们逐条标注意图、词槽。

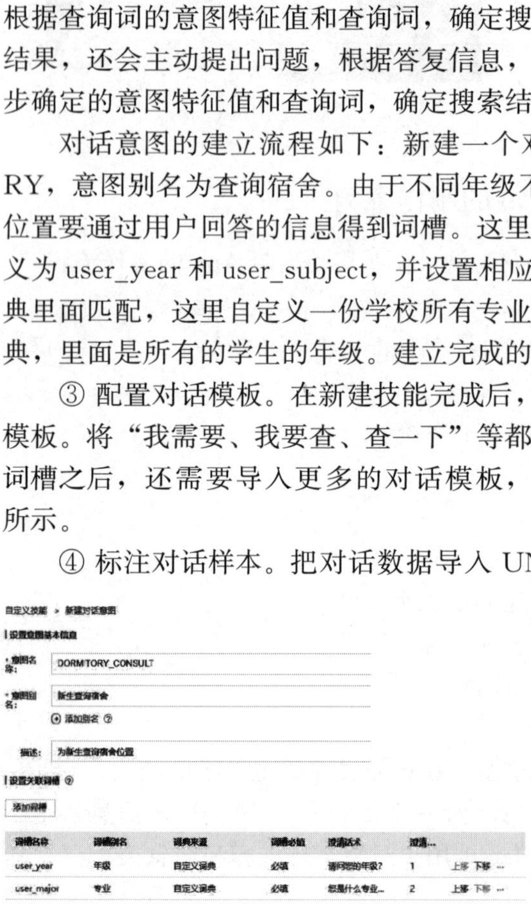

图 8-5　对话意图建立

图 8-6　词槽和特征词的标注

这部分数据可以用于后续的样本学习，让对话机器人获得更好的对话理解泛化能力。对话模板的标注如图 8-7 所示。

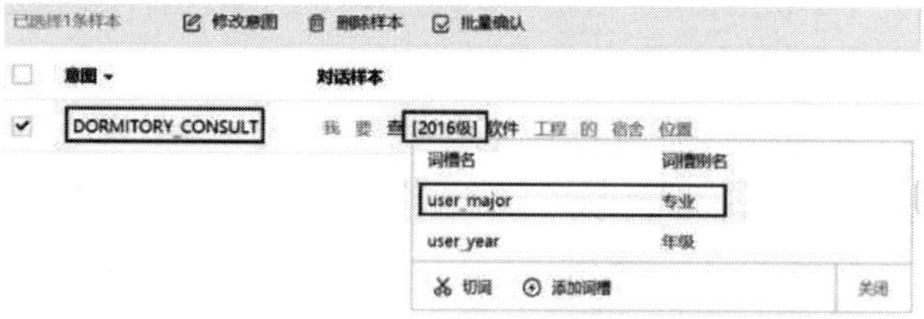

图 8-7　对话模板的标注

⑤ 训练模型。在以上工作完成后，就可以训练发布到沙盒环境训练模型了，沙盒环境是 UNIT 平台提供给开发者验证技能模型效果的环境，开发者将模型训练后生效至沙盒环境，即可和技能对话，通过对话可验证沙盒中模型的效果，也可实现数据标注。刚创建技能时沙盒也处在运行中，此时沙盒中的模型是一个空的模型，还不能用于对话，需要定义技能，添加训练数据，训练且生效到沙盒后才能用于对话。

（4）问答功能

为了调用 UNIT，必须先注册百度账号，进入 UNIT，UNIT 提供多种接入方式：API 接入、微信公众号接入等。本文选择 API 接入。

根据用户的问题，UNIT 在对话样本集里面进行匹配，当达到预定的问答匹配度时，它把相应的回复返回给用户，在本地解析出关键信息之后，显示在聊天界面上。

3. 小助手使用实例

当用户安装好 App 后，打开 App，即可以使用小助手提供的各种服务，如图 8-8 所示，是新生询问宿舍在哪里的对话界面。用户在编辑框中直接输入想要咨询的问题，UNIT 会根据事先导入的对话模板进行识别，得到用户的意图之后进行相应的回复。

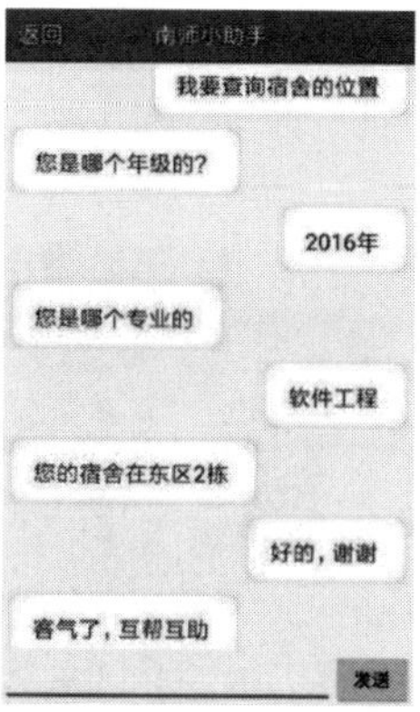

图 8-8　小助手对话效果图

第三节　移动出版产业发展

一、移动音视频应用

1. 移动音频应用

（1）网易云音乐

网易云音乐，如图 8-9 所示，问世于 2013 年初，当时的音乐市场已经被很多老牌成熟的音乐产品所占领。然而网易云音乐上线以后发展迅速，成为增长最快的在线音乐平台，以及中国最大的音乐社交平台。

（2）QQ 音乐

QQ 音乐播放器，如图 8-10 所示，是一款带有精彩音乐推荐功能的播放器。同时支持在线音乐和本地音乐的播放，是国内领先的音乐流媒体平台。其以优质内容为核心，以大数据与互联网技术为推动力，为用户提供多元化的音乐生活体验。

（3）喜马拉雅 App

喜马拉雅，如图 8-11 所示，是知名音频分享平台，总用户规模突破 4.8 亿，于 2013

年 3 月手机客户端上线，两年多时间手机用户规模已突破 2 亿，成为国内发展最快、规模最大的在线移动音频分享平台。

图 8-9　网易云音乐

图 8-10　QQ 音乐

图 8-11　喜马拉雅 App

（4）蜻蜓 FM

蜻蜓 FM，如图 8-12 所示，发布于 2011 年 9 月，是国内首家网络音频应用，为用户和内容生产者共建生态平台，汇聚广播电台、版权内容、人格主播等优质音频 IP。蜻蜓 FM 内容覆盖文化、财经、科技、音乐、有声书等多种类型。

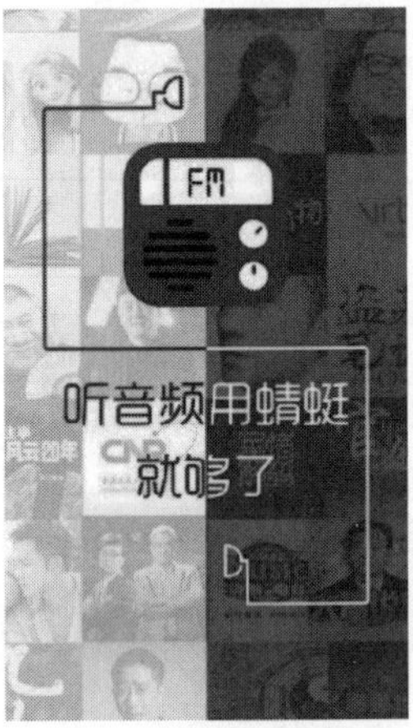

图 8-12　蜻蜓 FM

2. 移动视频应用

（1）腾讯视频

腾讯视频，如图 8-13 所示，是定位于中国最大在线视频媒体平台，同时也是一款视频播放器。其以丰富的内容、极致的观看体验、便捷的登录方式、24 小时多平台无缝应用体验以及快捷分享的产品特性，满足用户在线观看视频的需求。

（2）爱奇艺视频

爱奇艺 App，如图 8-14 所示，是一款集视频、商城、购票、阅读、直播、泡泡粉丝社区等多种服务于一体的移动软件。爱奇艺为用户提供电影、电视剧、综艺、动漫、娱乐、热点资讯等内容，视频播放清晰流畅，操作界面简单友好。

图 8-13　腾讯视频

图 8-14　爱奇艺视频

（3）优酷视频

优酷网不单只是利用互联网终端，还混合利用了电视、移动两大终端，实现服务器的“三网合一”，为用户提供的也是包含娱乐、视频、影视等的海量资源，任用户挑选，优酷视频 logo 如图 8-15 所示。

（4）哔哩哔哩

哔哩哔哩（bilibili）视频，如图 8-16 所示，现为国内领先的年轻人文化社区，被粉丝们亲切的称为“B 站”。B 站的特色是悬浮于视频上方的实时评论功能，爱好者称其为“弹幕”，这种独特的视频体验让基于互联网的弹幕能够超越时空限制，构建出一种奇妙的共时性的关系，形成一种虚拟的部落式观影氛围，让 B 站成为极具互动分享和二次创造的文化社区。B 站目前也是众多网络热门词汇的发源地之一。

这世界很酷

图 8-15　优酷视频

bilibili

图 8-16　bilibili 视频

二、知识付费发展

2013 年之前，由于内容缺乏专业度，移动支付未普及且用户意愿不高等各方面因素使得知识付费发展较缓慢；随着微信公众号的兴起、移动支付的普及、用户付费意愿提升等综合因素使得知识付费平台迅速发展；到 2016 年迎来知识付费元年，知识付费行业开始进入真正的爆发期。中国在线知识付费产业发展历程如图 8-17 所示。

1. 知识变现方式更加多元

用户对知识付费产品的选择更加理性，由此使知识付费产品的内容和服务加速升级，也进一步加剧知识付费行业的优胜劣汰，对知识付费产品的内容和服务能力提出了更高的要求。知识付费的行业门槛不断提高，产品的评价体系逐步建立。知识付费的概念将不断拓展，从知识付费迈向知识服务的更高层面。

越来越多“内容＋服务”的知识付费模式和产品形态涌现，在经历市场试错之后，或昙花一现或得以留存。在形态和模式迭代更新之外，内容成为知识付费产品的核心竞争力，知识变现多元化体现如图 8-18 所示。

图 8-17　中国在线知识付费产业发展历程图

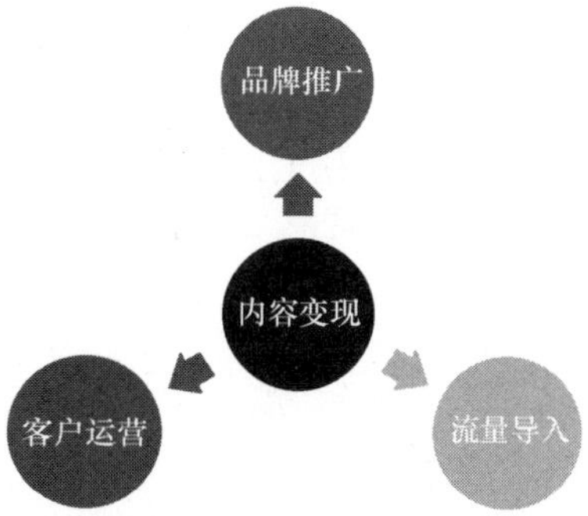

图 8-18　知识变现多元化体现

2. 音频类知识付费产品活跃用户增速迅速

目前，知识付费产品形态多样，在多样化的知识产品形态中，音频类产品最受青睐，超过四成的用户使用音频类知识付费产品，在线知识付费平台活跃用户规模如图 8-19 所示。

图 8-19　在线知识付费平台活跃用户规模

3. 视频网站付费会员增长

随着国内视频版权市场的规范与网民付费意识的形成，各大视频网站的付费会员比例正在不断提升，如图 8-20 所示为中国付费会员数量图。

视频网站付费会员始于 2015 年，能够取得现在的成绩，既得益于用户的付费意识和观看习惯，也与视频网站深耕内容，建设全方位的会员生态不无关系。

4. 中国在线知识付费产业投资现状

知识付费领域在 2014 年之前融资事件未曾超过 10 件，到 2015 年增长翻倍达到 14 件，2016—2017 年融资事件增长速度，均保持在 50%以上。2016 年迎来知识付费元年，很多中小企业获得数百万的天使轮融资，融资事件在增加但是融资金额仅 6.73 亿元；2017 年至今，知识付费领域持续受到资本关注，融资事件持续增加，融资金额也飞速上升到 30.59 亿元，2018 年 8 个月的时间融资金额与 2017 年仅相差 0.69 亿元，如图 8-21 所示。

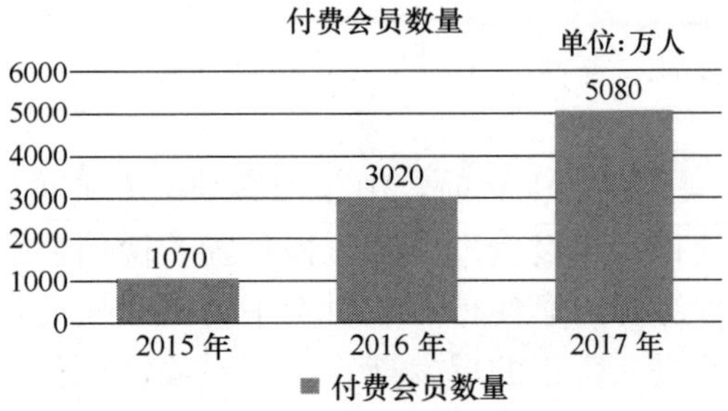

图 8-20　付费会员数量

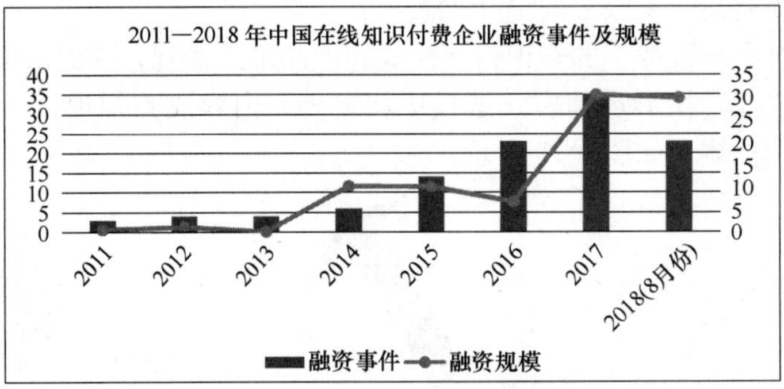

图 8-21　中国在线知识付费企业融资事件及规模

参考文献

[1]　王琛瑜. 移动游戏界面视觉风格的研究与设计应用 [D]. 东华大学，2017.

［2］ 黄金秋．移动音乐产业链内部博弈关系研究［D］．北京邮电大学，2013.
［3］ 招仕雅．我国企业并购的财务风险管理研究［D］．吉林财经大学，2017.
［4］ 臧晓然．人工智能在数字出版领域的应用［J］．传媒论坛，2018，1（21）：147-149.
［5］ 闫鑫．2015—2016 年我国移动出版产业年度观察［J］．特别策划，2016（8）：4-8.
［6］ 孙絮茵子．场景融合下的移动出版发展策略研究［D］．南昌大学，2018.
［7］ 郑炜斌．浅谈移动出版［J］．中国出版，2013（12）：63-64.
［8］ 陆指南．国有出版企业开发的移动应用程序（App）研究［D］．南京大学，2015.
［9］ 聂冲，陈波，郑媛．大学新生小助手 Android App 设计与开发［J］．软件，2019，40（2）：41-46.
［10］ 百度百科：移动阅读 https：//baike. baidu. com/item/%E7%A7%BB%E5%8A%A8%E9%98%85%E8%AF%BB.
［11］ 刘辉．移动视频简介 http：//www. 360doc. com/content/06/0405/13/494_92786. shtml.
［12］ 张立，王飚，李广宇．中国数字出版产业年度报告［M］．北京：中国书籍出版社，2018.
［13］ 简书：网易云音乐产品分析 https：//www. jianshu. com/p/7a56023d0b97.
［14］ 百度百科：QQ 音乐 https：//baike. baidu. com/item/QQ%E9%9F%B3%E4%B9%90.
［15］ 百度百科：喜马拉雅（音频分享平台）https：//baike. baidu. com/item/%E5%96%9C%E9%A9%AC%E6%8B%89%E9%9B%85/7379729.
［16］ 百度百科：蜻蜓 FMhttps：//baike. baidu. com/item/%E8%9C%BB%E8%9C%93FM.
［17］ 百度百科：腾讯视频 https：//baike. baidu. com/item/%E8%85%BE%E8%AE%AF%E8%A7%86%E9%A2%91.
［18］ 百度百科：爱奇艺视频 https：//baike. baidu. com/item/%E7%88%B1%E5%A5%87%E8%89%BA%E8%A7%86%E9%A2%91.
［19］ 百度百科：优酷网 https：//baike. baidu. com/item/%E4%BC%98%E9%85%B7%E7%BD%91/10727008.
［20］ 百度百科：bilibilihttps：//baike. baidu. com/item/bilibili？ fromtitle=%E5%93%94%E5%93%A9%E5%93%94%E5%93%A9&fromid=8018053.
［21］ 搜狐：数字出版产值已达 7072 亿，有多少是经出版人之手创造？https：//www. sohu. com/a/243021803_211393.
［22］ 蓝鲸财经．2018 中国新媒体发展报告：音频类知识付费产品最受青睐 http：//baijiahao. baidu. com/s？ id=1604406963133098477&wfr=spider&for=pc.
［23］ 刘天放．知识付费大发展，“付费”却非都得到“知识”http：//www. xinhuanet. com/comments/2019-05/05/c_1124450485. htm.
［24］ 数字出版在线．2018 中国在线知识付费产业研究报告 https：//mp. weixin. qq. com/s？ __biz=MjM5NDA3NzYyMA==&mid=2653473863&idx=1&sn=db9243d5499c716baaf03a1ffd954b0d&chksm=bd51229c8a26ab8a3e4463b33ed80759dd06c2402d32435686060178454cbf1909533ee1479d&mpshare=1&scene=1&srcid=&key=12e00bdb694662734e132453876fd38312ea0bce48fd2839cce47f5be283be8bf61665b6bc0e217dac944008819d05ee02feea52a262a805bccc1c054d0a3808737a6057b2c832fbcf0ba1761feb453a&ascene=1&uin=MTE0ODE2ODk4NQ%3D%3D&devicetype=Windows+10&version=62060833&lang=zh_CN&pass_ticket=zJnnpSaNxm8sJfk8pLiSBgWKS3GBoesbXCpYXYBPrub2gl4ggvqblnXdSXoJ3hOp.
［25］ 张立，王飚，李广宇．中国数字出版产业年度报告［M］．北京：中国书籍出版社，2019.

第九章　全 景 技 术

第一节　概　　述

一、全景技术概念

全景（Panorama），也可称为 3D 实景，是一种有别于视频、声音、图片等传统流媒体，具有可操作、可交互特性的富媒体技术。

全景的种类分两类，即虚拟现实和 3D 实景。虚拟现实是利用三维软件，模拟制作出逼真的虚拟场景，让人置身其中可以自由游览，最具代表性的项目就是“虚拟紫禁城”，如图 9-1 所示。3D 实景是运用数码相机对现实场景进行多角度环视拍摄，然后经过特殊的后期缝合处理并加载播放程序来完成的一种三维虚拟展示技术，让体验者有行走在真实场景中的感觉。

图 9-1　虚拟紫禁城展示

二、全景技术特点

全景技术的优势在于突破传统三维技术的视角极限，免去三维繁琐建模渲染等工作，直接实景取景，利用真实照片图像，结合 javascript 脚本语言实现实景 360°全方位展示，并可在全景展示中加入图片、视频、音频、文字等多种媒体，对各种场景，包括楼盘、城市、景点进行整体全面的展示，使观者不仅可以获得整体的认识，亦可深入其中一个场景、一个细节进行浏览观看，它给用户带来了全新真实的现场感和交互式感受。

全景技术具有以下六个特点：①图像素材采集和全景图拼接制作相对简单便捷；②视角全方位；③全景图数据含量小；④系统要求低；⑤播放设备硬件要求低，普通电脑均可播放，无需专门工作站；⑥具有极强的记录性和再现性，可将记录的场景通过 360°立体旋转形式真实再现出来。

因此，全景技术具有的场景记录性和真实再现性是具有极高性价比的，普通的照片和三维建模技术并不能与之相比，并且就交互性和智能性而言，全景技术将是场景记录、再现和观察的最佳选择。

三、全景技术表现形式

1. 全景视频

全景视频拍摄技术运用多镜头摄像机对事物进行全方位的拍摄，将多个相机拍摄的视频进行逐一拼接将边缘处进行融合处理。

根据场景设计和实现方式不同，上文提到的两类全景技术在表现形式上可分为虚拟现实视频和 3D 实景。

虚拟现实视频，是一种基于计算机图形学的纯虚拟 CG 制作形式，先用 Maya、Rhino3D、Blender 等三维软件完成三维建模，再用 Unity 等游戏引擎完成交互场景搭建和交互任务的设计等工作。

3D 实景，取景范围通常为水平 360°、垂直 180°，由相机阵列或一体式全景相机对真实场景以图片或视频方式进行多角度环视采集，支持多角度播放和轻度互动体验，观看效果就像体验者站在空心球内部观看球体内表面上的实景画面。

2. 全景三维模型

全景三维模型通常被运用在旅游行业和政府、企业等互联网解决方案，如图 9-2 所示，使用 360°全景摄影技术为建筑文物等进行 3D 数字化的倾斜摄影技术。

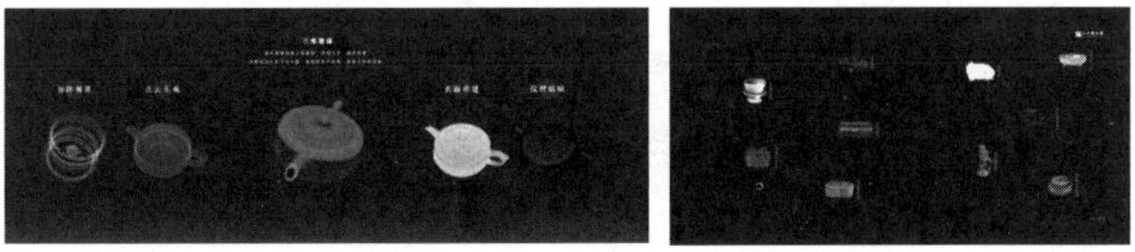

图 9-2　三维展墙

四、全景技术的研究现状

随着数字图像技术的发展，虚拟现实技术逐渐以三维全景为突破口慢慢普及，三维全景以其真实感强、制作简单、方便快捷的特点受到日益广泛的关注。

全景技术兴起于 20 世纪 90 年代，最早是单视点全景图，由围绕轴心水平旋转的相机拍摄的多张图像拼接而成。此后是条带全景图，由水平移动的相机连续拍摄普通窄视角图像拼接而成。

由于图像拼接算法复杂程度较高，大部分的拍摄设备无法实现实时处理，同时全景视频拼接技术和全景视频播放器难以突破，导致全景摄像发展滞后。随着各项技术难题的解决，世界各大科技公司竞相推出全景视频设备，如全景摄像机和虚拟现实眼镜等，全景摄像技术从实验室概念走向市场。

五、全景技术应用领域

目前采用交互媒体进行全景化展示已经开始在一些商业领域使用，其网站的浏览量、客户参与度、客户停留时间等都有很大改观，许多新兴的企业产品网站等已经开始尝试使用该项技术进行开发。

1. 全景网上看房解决方案

360°全景能够展示场景 360°的视角范围，利用 360°全景展示技术，用户仅需通过电脑和网络，就能全方位感受到真实场景，是一种新颖有效的宣传方法，如图 9-3 所示。

2. 全景虚拟旅游解决方案

全景技术还可运用于旅游行业，如旅游区交通路线、城市建设、宾馆酒店、标志建筑的 360°全景展示，360°全景触摸屏和风景区导游系统等，如图 9-4 所示。

图 9-3　一步一景 VR 样板间展示

图 9-4　紫金山天文台全景平台展示

3. 全景网站建设解决方案

全景网站的效果处在平面媒体和三维建模之间，不但有绝对的真实感，更有立体感和沉浸感，且制作简单，如图 9-5 所示。

4. 虚拟校园全景解决方案

将 360°全景与数字校园结合是现阶段实现数字校园比较简单与现实的方法。实现方案是将已经制作完成的全景场景以热点的方式加入到学校网站系统中用来表现校园，如图 9-6 所示。

图 9-5　中国印刷博物馆全景网站

图 9-6　天津科技大学全景展示

5. 汽车全景展示解决方案

通过新颖的全景展示形式方便购车族通过网络在线看车，节省时间，交互性强。对于新车的 360°全景发布，可以让更多的客户不受时间和空间的限制，第一时间体会到汽车的品质，达到极好的宣传效应。对于设计中的新车型，可以采用三维立体的互动虚拟现实效果展示出来，如图 9-7 所示。

6. 数字可视化工程汇报解决方案

全景可用于进行人行桥、楼宇设施等建设施工各阶段的三维可视化记录、存档。全景三维可视化系统，可提供智能建筑效果演示的全面解决方案，提供直观、逼真的展示效果。

7. 网络消费全景展示解决方案

运用全景展示，将产品全方位拍摄，进行后期合成、上传，动态交互的优势可以让消费者更加清晰、全面地了解自己想购买产品的质量，如图 9-8 所示。

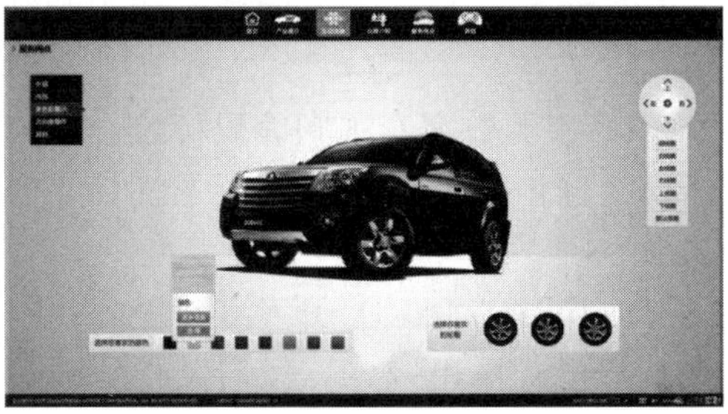

图 9-7　汽车虚拟全景展示

图 9-8　一站式的 VR 全景+购物平台解决方案

六、全景技术关键技术

1. 拼接缝合技术

前期全景采集图像通常具有拍摄角度不同、拍摄图像重叠且不在同一投影平面上等特点，因此，必须要完成对各路图像的配准和合成处理。图像配准的精准程度直接决定了全景图像的拼接效率和质量，而最影响图像配准效率的环节是关键点检测和图像匹配。

目前主要有两类配准算法：全局灰度算法（如光流法、灰度模板）和特征点提取算法，其中尤其以特征点匹配算法中的 SIFT 特征点检测法及其简化算法（如 SURF、FAST、ORB）最为热门。

图像合成则主要解决画面拼接问题，包括投影到球面模型之前二维重叠图像的畸变校正拼接和投影到球面模型之后三维球面图像的投影变换拼接两部分。

2. 投影模式变换

投影主要解决拼接缝合后的三维球型画面向二维矩形平面的视角变换，以便于后期编码、分发和存储。目前，常见的投影转换技术主要有两大类：视角依赖型和视角不依赖型。前者只保证用户观看视角内局部画面内容的高质量呈现，对视角外画面内容则通过降低分辨率、码率等方式来达到总体数据量减少的目的；后者则会将球型视频全部画面内容同等质量地投影到平面上，典型代表是目前应用最广泛的矩形映射（ERP）方式。表 9-1 展示了视角依赖型和视角不依赖型的主要区别。

表 9-1　　两类转换技术的主要区别

	视角不依赖型	视角依赖型
优点	投影方式较为简单、直观，传统平面视频编码标准和传输方式依然有效	同等宽带下，优先保证视角区域画面质感，可适度减少整体的冗余数据量
缺点	码率、分辨率高；高纬度区域（尤其是两极）会出现失真严重并产生大量冗余信息，不利于网络传输和终端呈现	转换技术复杂，受制于网络带宽和网络传输，用户视角范围内会出现画面延迟、卡顿甚至黑屏现象，影响用户体验
代表类型	等距柱状投影（ERP）、多面投影（如八面体等）双极方形投影、双环带投影等	截断方形金字塔（TSP）和金字塔（VPP）等

（1）编码标准

目前，针对全景视频的下一代主流编码有 VVC/H.266、AVS3、AV1 三种。

VVC/H.266（Versatile Video Coding）是由联合视频研究组（JVET，由 ITU-T/VCEG 和 ISO-IEC/MPEG 两大组织联合组成）于 2018 年 4 月正式命名的新一代视频编码标准，实现更高的压缩效率。

AVS3 是我国广电领域最新一代具有完全自主知识产权的数字音视频编码标准，由原有 AVS、AVS+、AVS2 标准发展而来，目标是继续提升传统混合编码框架的性能，实现比现有超高清标准 AVS2 提升一倍以上编码效率。

AV1 标准由行业联合体开放媒体联盟（Alliance for Open Media）开发和维护，是一种完全开放的、免专利税的视频编码标准。2018 年 6 月正式推出以来，凭借其传输质量高、网络适应性好、硬件要求低、完全免费等极具竞争力的优点，已得到 YouTube、Netflix、Amazon 等互联网巨头的积极响应。

（2）传输分发

全景视频传输方法可分为全视角传输和视角自适应传输两大类。其中，后者通过动态自适应流媒体技术有效解决了全景视频的带宽资源浪费、延时丢包等关键问题，已经成为目前全景视频传输的主要解决方案，常见传输协议有 HLS、DASH、MMT 等。

HLS（HTTP Live Streaming）最早由苹果公司提出，具有可靠性高、适应性强、可控性好等优点，可轻松实现网络直播和点播。缺点是实时性较差、视频切片太小造成碎片增多而影响观看体验。

DASH（Dynamic Adaptive Streaming over HTT-P）和 MMT（MPEG media transport）是基于全向媒体格式（Omnidirectional Media Format，OMAF）框架下提出的两种传输协议，能够有效改善画面卡顿、缓冲时间过长等情况，提供更高质量的观看体验。

第二节　全景技术制作

一、全景技术软件

1. 全景图拼接软件：PTGui Pro 和造景师

PTGui Pro 是荷兰 New House 公司制作的一个用户界面软件，如图 9-9 所示，通过为全景制作工具（Panorama Tools）提供可视化界面来实现对图像的拼接，从而创造出高质量的全景图像。

造景师可用于拼合高质量的 360°球形或柱形全景图，主要用于房产楼盘、旅游景点、宾馆酒店、校园风光等场景的三维虚拟漫游效果的网上展示。同时支持鱼眼照片和普通照片的全景拼合，以及全屏模式、批量拼合、自动识别图像信息、全景图像明暗自动融合等功能，如图 9-10 所示。

2. 后期处理软件：Adobe Photoshop

Adobe Photoshop 简称“PS”，是由 Adobe Systems 公司开发和发行的图像处理软件。PS 主要处理像素组成的数字图像，使用内置于软件中的多个图像编辑工具和插件，功能种类繁多，在图像、图形、文字、视频、出版等各方面都有涉及。PS 支持微软 Windows 操作系统和苹果 Mac OS 操作系统，此外还提供了简化版的 PS 应用，在图形处理软件中占据相当大的市场。

3. 交互制作工具：720yun 和杰图漫游大师

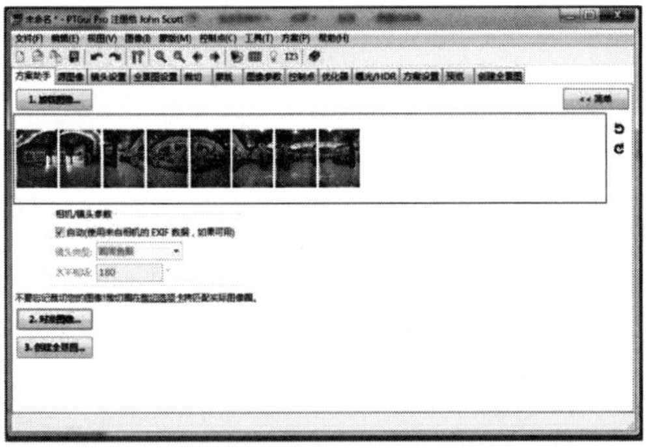

图 9-9 PTGui Pro 工作界面

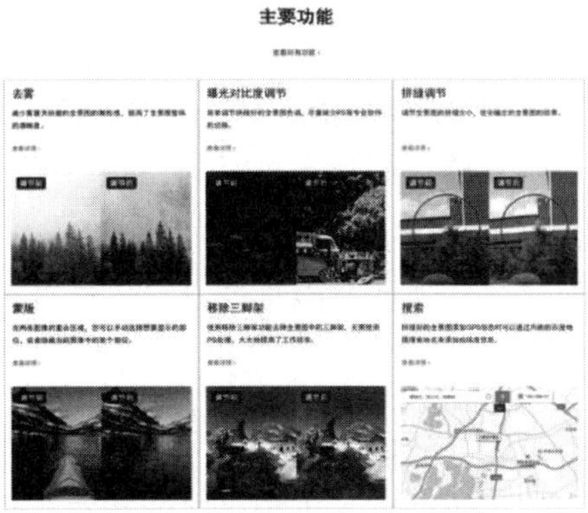

图 9-10 造景师主要功能预览

720yun 于 2014 年 1 月由昆明微想智森科技股份有限公司在云南昆明创立，可为摄影师提供专业的全景制作工具，如图 9-11 所示。截至 2017 年 4 月，聚集了全球 13 万＋优秀全景内容创作者，同时与腾讯、网易、华为、视觉中国、爱奇艺、优酷、暴风、乐居、汽车之家等主流互联网企业达成合作，建立了多元化的内容推送分发渠道。

杰图漫游大师是一款三维全景漫游展示制作软件，它可以实现从一个场景走入另一个场景的虚拟漫游效果，并且可以在场景中加入图片、文字、视频、Flash 等多媒体元素，还可以发布 Flash VR、exe、SWF 格式以及在移动设备上观看的 HTML5 格式，如图 9-12 所示。

图 9-11 720yun 官网

图 9-12 杰图漫游大师主要功能

二、全景技术制作流程

全景技术制作流程包括前期准备阶段、拍摄图像素材、筛选处理素材、全景图拼接、全景图后期处理、制作交互与测试发布，如图 9-13 所示。

图 9-13 全景制作流程

1. 前期准备阶段

（1）这一阶段需要搜集全景漫游技术和图像拼接的相关文献资料，学习并掌握一些基础知识，以便为之后的拍摄与制作做好准备。

（2）进行实地考察，确定取景点。

（3）学习摄影知识。

2. 拍摄图像素材

（1）拍摄图片素材时的注意事项

① PTGui Pro 的算法是基于特征点的匹配算法，所以拍摄素材时一定要注意需要拼接的照片一定要有重合部分，如此才能对图像进行拼接。

② 拍摄过程中要保持三脚架稳定，不能使三脚架歪斜；要保持云台在水平位置。

③ 在每一个取景点拍摄时，需要拍摄三张不同曝光度的照片，进行后期合成来获得正常曝光度的照片。

（2）使用无人机拍摄时的注意事项

① 拍摄前一定要提前了解风力，风速过大会使无人机发生悬停不稳甚至严重位移的后果，导致拍摄出来的照片不能拼接甚至直接使无人机坠毁。

② 需要注意拍摄的照片需要有一部分重合。首先使云台向下拍摄一张地面，然后分别以水平 22.5°、45°、67.5°、90°为准，水平 45°为准，一周拍摄 8 张照片，一共拍摄 33 张照片，最后对准初始角度在拍摄一张照片，一共拍摄 34 张照片来保证拼接的精准度。

③ 由于无人机每次飞行的续航时间一般为 30 分钟，所以一定要保证拍摄的熟练度，在 20 分钟内拍摄好 34 张照片，否则中间一旦间断，就需要重新拍摄，因为在空中无法精确定位上一次所在位置。

3. 筛选可用的素材、处理素材

一般要选择画面亮度合理、画面干净没有噪点、色彩不过分失真，对比度鲜明的照片，在挑选出相对较好的照片后，可以使用 Photoshop 图片处理软件对照片进行后期修饰。

三、全景技术制作实例

下面以天津科技大学泰达校区的实例说明全景技术的制作流程。

1. 拍摄素材

利用得图 F4 全景相机可以一键拍摄出一组鱼眼镜头照片，只需要分 3 次拍摄不同曝光度的照片来进行合成，以此获得一个正常曝光度的照片。

当准备好拍摄所需的设备之后，将三脚架放置在事先选择好的取景点上，接着将云台固定在三脚架上，将相机固定在云台上，打开相机的 WiFi 模式，使用手机上的得图 F4 2017 App 连接相机的 A、B、C、D 四个镜头，能够分别预览每个镜头所看到的图像，进行相机设置和拍摄时只能连接 A 镜头进行操作。拍照时保持其他设置不变，分别拍摄三种曝光度的照片来进行后期合成，以此来获得一张曝光正常的照片。

2. 全景图拼接

选择 PTGui Pro 进行全景图拼接，将需要拼接的照片导入到 PTGui Pro 中，如图 9-14 所示，无人机使用默认的设置，全景相机需要手动输入镜头信息，如图 9-15 所示。确认镜头设置之后，点击对准图像，让软件自动分析图像，自动对准并优化控制点，对图像进行自动拼接，拼接出的效果图可以从全景图编辑器中查看和调整。

软件自动拼接全景图之后，因无人机云台无法向上拍摄，导致全景图天空部分缺少、

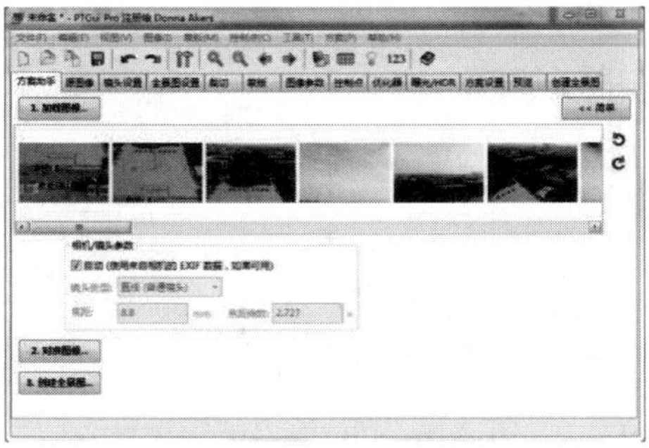

图 9-14　加载图像

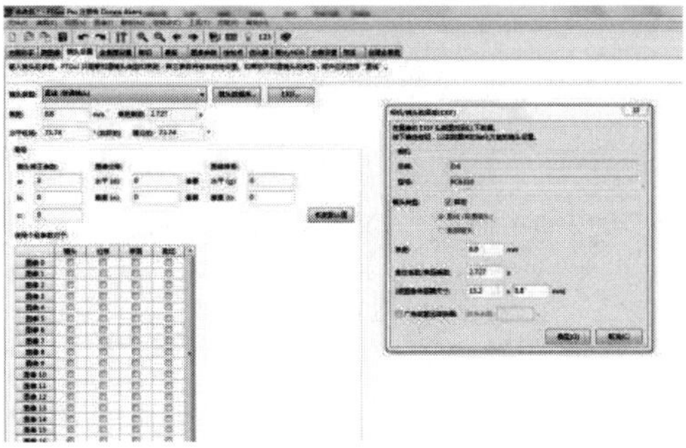

图 9-15　镜头设置

图像对齐不准、地面错位等瑕疵，如图 9-16 所示。

为解决图像对齐不准，可选择【控制点】工具，手动调整并添加控制点。每两张照片之间至少要添加三个控制点，控制点越多，图像对齐越精准，如图 9-17 所示。调整好控制点之后返回方案助手，再次点击对准图像，让软件按照调整后的控制点进行拼接，如图 9-18 所示。

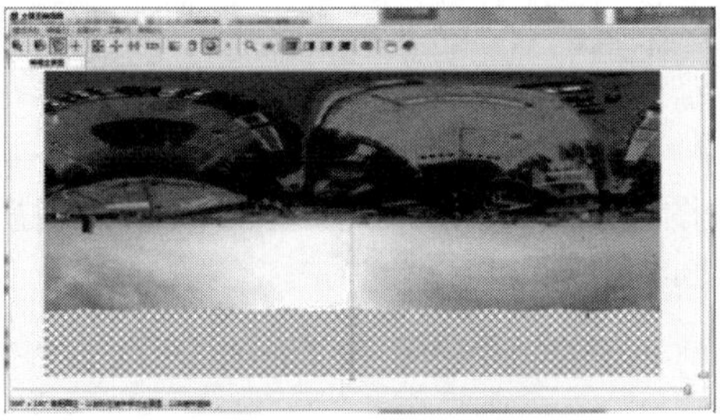

图 9-16　拼接效果预览

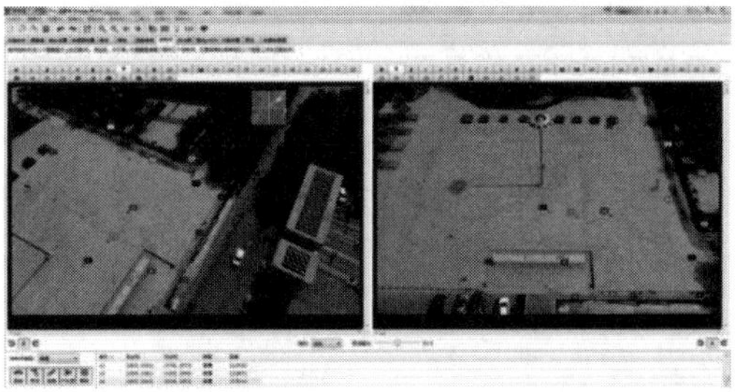

图 9-17　手动添加控制点

经过上述操作后，如仍存在错位现象，则需要在操作面板选择【控制点表格】，在最下方查看控制点的距离，删除距离数值特别大的控制点后进入【优化器】，选择“高级”，【水平/垂直控制点】选择“分开两次优化”，运行优化器，即可消除大的错位现象。

3. 补地操作

全景图拼接完成后可使用 Photoshop 进行图片后期处理，主要处理 PTGui Pro 中无法修正的错位现象、全景图的对比度、色彩饱和度和阴影/高光等，可使用 Flexify 2 滤镜插件来对天空和地面进行修补。

下载 Flexify 2 滤镜插件后将插件文件夹拷贝到 Photoshop 目录下的 Plug-ins 文件夹内即可。在菜单栏里选择【滤镜（T）】、【全景补地】、【Flexify 2】，在 Flexify 2 的设置界面中，勾选透明间隙，调整输入为“9 等距圆柱【球面】”，调整输出为“8 补天 & 补地转换”，效果选择“1 常规”，转换后的效果图在右侧可以看到，如图 9-19 所示。

转换完成后，使用套索工具选取地面缺失部分和三脚架及三脚架的阴影，选择【编辑（E）】—【填充】工具，内容选择“内容识别”，其他属性默认，如图 9-20 所示。使用内容填充工具能够修复纹路不太复杂的图案，但图案纹路较为复杂则需要使用仿刻图章、模糊工具、液化工具等工具来进行修补，修补好的地面，如图 9-21 所示。

修补好地面后，需要再一次运行 Flexify 2 滤镜，输入需要调整为“8 补天 & 补地转

图 9-18 调整控制点后对准图像

图 9-19 Flexify 2 滤镜设置

图 9-20 填充设置

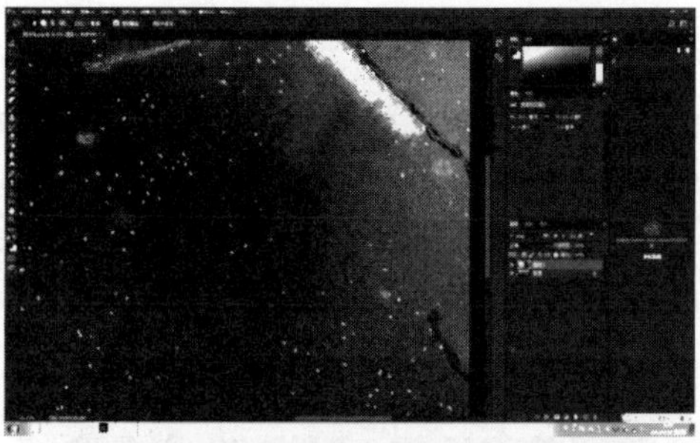

图 9-21 地面修补完成

换”，输出需要调整为“9 等距圆柱【球面】”，如图 9-22 所示。最后，在 Flexify 2 滤镜运行后，将两个图层合并，一张成品全景图就制作好了，如图 9-23 所示。

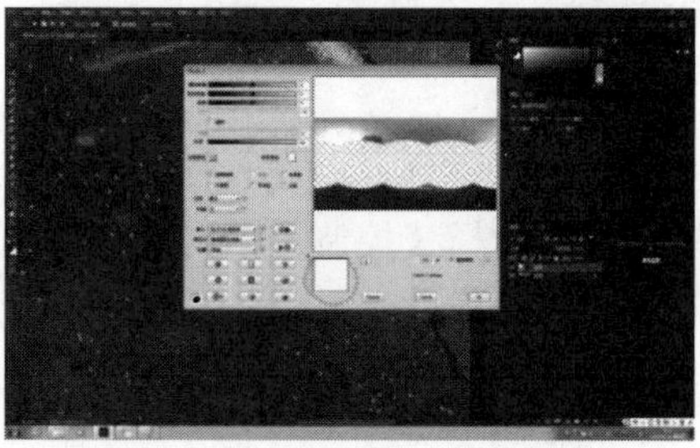

图 9-22 Flexify 2 滤镜设置

图 9-23 修补完成的全景图

4. 航拍全景图补天

使用无人机航拍照片拼接出的全景图是缺少天空部分的，而且天空很是灰暗，并不澄澈，需要寻找一些较好的补天素材来对天空进行一个“覆盖”，将补天素材的“宽度”数据与航拍全景图同步，形成一个新的图层，如图 9-24 所示。在补天素材上新建一个图层蒙版，在图层蒙版上使用【渐变工具】做出渐变效果，可适当的纵向拉长补天素材，遮盖部分远处的景物，如图 9-25 所示。

使用橡皮擦工具，调节大小、硬度和流量，在图层蒙版上使用橡皮擦工具处理地平线处，完成航拍全景图的制作，如图 9-26 所示。

5. 制作交互

借助 720yun 客户端实现天津科技大学泰达校区的全景漫游系统。这一阶段的制作内容包括：初始视角设定、视角范围（FOV）设置、热点添加、场景切换、背景音乐、文

图 9-24　补天素材导入

图 9-25　使用渐变工具

本编辑、全局开关、作品简介等。

（1）视角及视角范围（FOV）设置

选择【视角】工具可对每一张全景图的初始视角、视角范围（FOV）进行设置，还可以限制垂直视角，如图 9-27 所示。使用鼠标拖动即可改变初始视角，选定想要的初始视角后点击视角框最下方的“把当前视角设为初始视角”即可。在界面右侧可以设置最大最小视角范围和初始视角范围，数值越大视野越大。同时垂直视角限制也可以更改，数值是从- 90 到 90，- 90 是垂直向下，90 是垂直向上，一般垂直视角不需要改变，限定垂直视角容易使观看者感到束缚感，破坏整体的真实感。

图 9-26　航拍全景图成品

图 9-27　视角设置界面

（2）热点添加与场景切换

使用【热点】和【场景切换】工具能够实现用户在不同场景之间自由浏览。点击【热点】—【添加热点】工具，选择所需图标样式，在热点类型中选择“切换”，选择对应的场景，点击完成，然后在界面中拖动热点图标到对应位置即可，在每个场景中添加完热点后如图 9-28 所示。

同时也可添加文本热点，只需在热点类型中选择“文本”，填写标题和文本即可，如

图 9-28　添加完热点的效果图

图 9-29　文本热点

图 9-29 所示。

（3）设置背景音乐

点击【音乐】—【选择音乐】工具，选择“从本地添加”或“从素材库添加”。同时也可添加语音解说，添加的背景音乐和语音解说可以选择应用到本组场景或所有场景。

（4）发布

在设置好所有场景的视角、添加完毕所有场景热点之后，在界面右侧的“基本”中调整“作品概览”和“全局开关”，“作品概览”中可以替换作品封面，修改作品标题和作品简介，“全局开关”中可选择是否开启“小行星开场”“手机陀螺仪”“自动巡游”“场景选择”等设置。

在界面选择【上传】工具，点击上传云端，720yun 客户端会自动将整个全景上传到云端，上传后 720yun 会提供该漫游系统的作品二维码和作品网址，用户可以通过手机扫描二维码来进行观看，也可以通过电脑打开网址进行观看，如图 9-30 所示。

图 9-30　天津科技大学校园全景二维码（http：//www. tust. edu. cn/）

参考文献

［1］　王晨. 基于全景技术的校园 H 维实景展示应用研究［D］. 天津科技大学，2016.

［2］　高志远. 吕春艳. 全景视频拍摄技术在非物质文化遗产传承与保护中的应用［J］. 科技传播，2019，11（04）：94-95.

［3］　张伟. 全景视频技术及应用研究综述［J］. 视听界（广播电视技术），2019（01）：17-20.

［4］　720yun 官网：https：//720yun. com/u/a3528wfgaug.

［5］　张莹. 基于 WEB 的虚拟仿真校园开发设计与实现［D］. 天津大学，2012.

第十章　增强虚拟现实技术

第一节　概　　述

一、虚拟现实技术定义

虚拟现实（Virtual Reality，VR）是近年来出现的高新技术，也称灵境技术或人工环境，是利用计算机模拟产生一个三维空间虚拟世界的技术，为使用者提供视觉、听觉、触觉等感官的模拟体验，让使用者身临其境、自由地观察三维空间内的场景。

概括地说，虚拟现实是人们通过计算机对复杂数据进行操作与交互的一种全新可视化方式。

二、增强现实技术定义

增强现实（Augmented Reality，AR）技术是将计算机生成的虚拟信息叠加到用户所在的真实世界的一种新兴技术，提供了人类与世界沟通的新方式。关于增强现实技术目前有两种定义，一是将真实环境与虚拟环境放置在两端，其中靠近真实环境的叫增强现实，靠近虚拟环境的叫增强虚拟，位于中间的叫混合现实；二是以虚实结合、实时交互、三维注册为特点，利用附加的图片、文字信息对真实世界进行增强的技术。

三、混合现实技术定义

混合现实技术是继虚拟现实、增强现实之后，出现的全新数字全息影像技术，也称 hybrid reality。MR 比 AR 更进一步，对环境进行识别，不只是简单的在相机的图像上叠加了虚拟图像，而是将计算机生成的图像锚定在真实世界的某一个点上。图 10-1 显示了虚拟现实、增强现实与混合现实之间的关系，图 10-2 显示了一个典型混合现实技术结构。

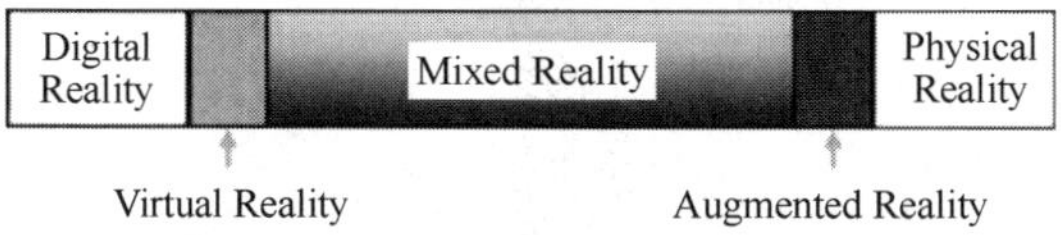

图 10-1　虚拟现实、增强现实与混合现实

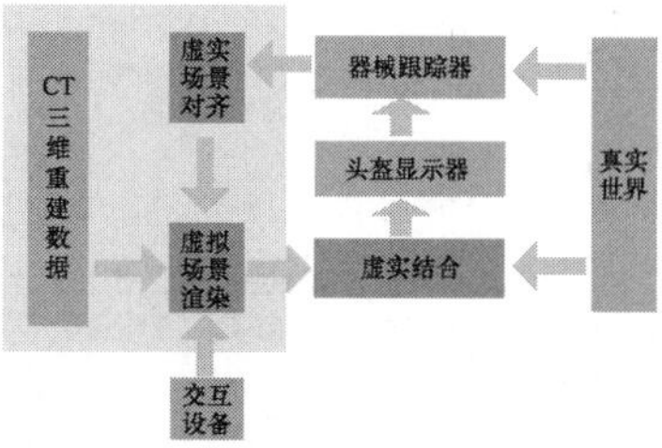

图 10-2　典型的混合现实技术结构

四、发展历程

1. 虚拟现实技术发展历程

（1）第一阶段（1963 年以前）有声形动态的模拟是蕴涵虚拟现实思想的阶段

1929 年，Edward Link 设计出用于训练飞行员的模拟器。

1956 年，Morton Heilig 开发出多通道仿真体验系统 Sensorama。

（2）第二阶段（1963—1972 年）虚拟现实萌芽阶段

1965 年，Ivan Sutherland 发表论文“Ultimate Display”（终极显示）。

1968 年，Ivan Sutherland 研制成功了带跟踪器的头盔式立体显示器（HMD）。

1972 年，NolanBushell 开发出第一个交互式电子游戏 Pong。

（3）第三阶段（1973—1989 年）虚拟现实概念的产生和理论初步形成阶段

1977 年，Dan Sandin 等研制出数据手套 SayreGlove。

1984 年，NASA AMES 研究中心开发出用于火星探测的虚拟环境视觉显示器。

1984 年，VPL 公司的 JaronLanier 首次提出“虚拟现实”的概念。

1987 年，JimHumphries 设计了双目全方位监视器（BOOM）的最早原型。

（4）第四阶段（1990 年至今）虚拟现实理论进一步的完善和应用阶段

1990 年，提出 VR 技术包括三维图形生成技术、多传感器交互技术和高分辨率显示技术；VPL 公司开发出第一套传感手套“DataGloves”，第一套 HMD“EyePhoncs”。

21 世纪以来，VR 技术高速发展，软件开发系统不断完善，有代表性的如 MultiGen Vega、Open Scene Graph、Virtools 等。

2. 增强现实技术发展历程

增强现实处于虚拟与真实之间，是虚拟信息与真实环境之间的桥梁。挖掘现实场景的内在属性信息并使之与现实场景融合完成匹配是增强现实的目标。增强现实的研究大致分为四个阶段，分别为萌芽阶段、初步发展阶段、快速发展阶段、井喷阶段，如图 10-3 所示。

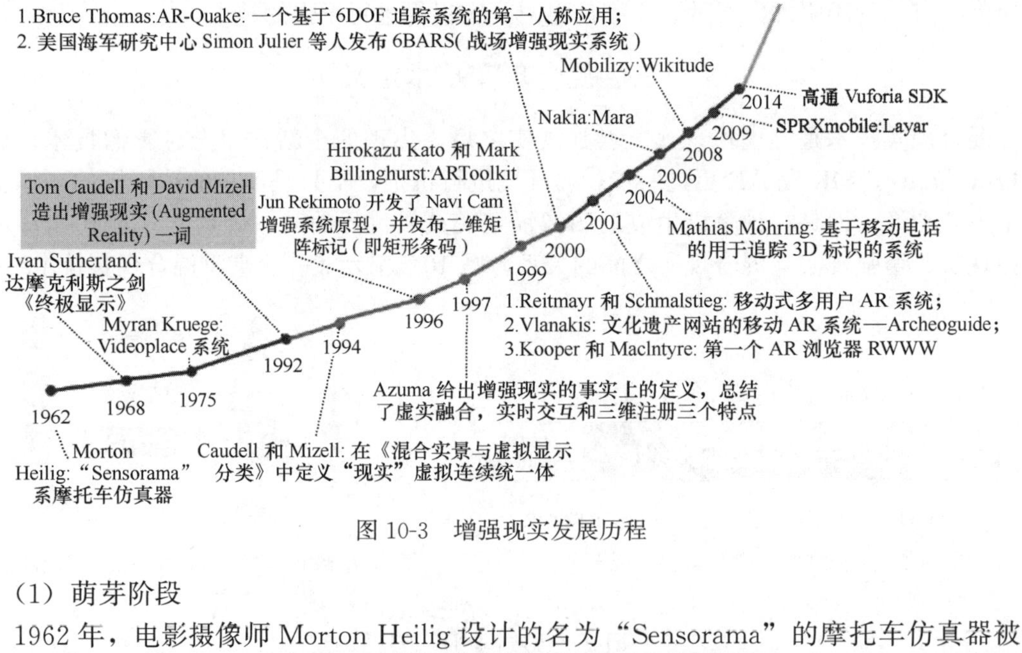

图 10-3　增强现实发展历程

（1）萌芽阶段

1962 年，电影摄像师 Morton Heilig 设计的名为“Sensorama”的摩托车仿真器被认为是已知最早的视听味觉等多种传感器融合的具备沉浸感的设备。Ivan Sutherland 于 1965 年写了一篇名为《终极显示》论文，被称为虚拟现实之父，也被认为是增强现实的先驱者。

（2）初步发展阶段

20 世纪 90 年代起，增强现实进入了初步发展的时期。这一阶段大量增强现实的基础理论和关键技术被提出，为后续的应用研究提供了基础。1992 年，波音公司的 Tom Caudell 和 David Mizell 为描述在真实环境中叠加计算机生成的虚拟信息这一技术，创造出"增强现实"一词。1996 年，Jun Rekimoto 开发了 NaviCam 增强系统原型，并发布二维矩阵标记，系统计算机通过二维矩阵码实物确定数字信息的呈现位置。这种标识物是最早的能让摄像机进行六自由度追踪的标记，至今仍在使用。1997 年，增强现实领域科研带头人 Ronald Azuma 给出了增强现实的定义，总结了增强现实的虚实融合、实时交互和三维注册三个特点。

（3）快速发展阶段

21 世纪起增强现实系统及应用进入了快速发展阶段，该阶段增强现实领域的代表人物和产品如表 10-1 所示。

表 10-1　　快速发展阶段的代表产品与说明

年份	代表人物	代表产品	说　明
2000	Bruce Thomas	AR-Quake	基于 GPS 和数字罗盘信息的六自由度追踪系统
	Simon Julier	BARS	可穿戴式战场增强现实系统
	Reitmayr	移动式增强现实系统	可实现多用户互动与沟通
2001	Vlahakis	Archeoguide	用于文化遗产网站的信息介绍
	Kooper	RWWW	第一个 AR 浏览器
2004	Mathias Möhring	追踪 3D 标识的 AR 系统	是首次应用于消费型手机的视频透视性
2006	Nokia	Mara	基于手机的多传感器 AR 导航应用
2008	Mobilizy	Wikitude	将 GPS 和数字罗盘数据集成与 Wikipedia
2009	SPRXmobile	Layar	Wikitude 的进化版应用

（4）井喷阶段

2014 年后，无论是国外还是国内增强现实相关应用数量和质量都有了显著的提高，为了提高用户使用适应性和调动开发者积极性，各商业公司不仅着重提高硬件设备，还不断完善软件开发包（SDK）。

五、基本特征

1. 虚拟现实技术的基本特征

（1）多感知性（Multi-Sensory）

多感知是指除了一般计算机技术所具有的视觉感知之外，还有听觉感知、力觉感知、触觉感知、运动感知，甚至包括味觉感知、嗅觉感知等。理想的虚拟现实技术应该具有一切人所具有的感知功能。由于相关技术，特别是传感技术的限制，目前虚拟现实技术所具有的感知功能仅限于视觉、听觉、力觉、触觉、运动等几种。

（2）浸没感（Immersion）

浸没感又称临场感，指用户感到作为主角存在于模拟环境中的真实程度。理想的模拟环境应该使用户难以分辨真假，使用户全身心地投入到计算机创建的三维虚拟环境中，该环境中的一切看上去是真的，听上去是真的，动起来是真的，甚至闻起来、尝起来等一切感觉都是真的，如同在现实世界中的感觉一样。

（3）交互性（Interactivity）

交互性指用户对模拟环境内物体的可操作程度和从环境得到反馈的自然程度（包括实时性）。例如，用户可以用手去直接抓取模拟环境中虚拟的物体，这时手有握着东西的感觉，并可以感觉物体的重量，视野中被抓的物体也能立刻随着手的移动而移动。

（4）构想性（Imagination）

构想性强调虚拟现实技术应具有广阔的可想象空间，可拓宽人类认知范围，不仅可再现真实存在的环境，也可以随意构想客观不存在的甚至是不可能发生的环境。

2. 增强现实技术的基本特征

（1）虚实结合

增强现实技术可以将显示器屏幕扩展到真实环境，使计算机窗口与图标叠映于现实对象，由眼睛凝视或手势指点进行操作，例如通过叠加虚拟景象对现实目标产生类似于X光透视的增强效果。

（2）实时交互

增强现实技术使交互从精确的位置扩展到整个环境，从简单的人面对屏幕交流发展到将自己融合于周围的空间与对象中。

（3）三维注册

根据用户在三维空间的运动调整计算机产生的增强信息。

六、关键技术分析

（一）虚拟现实关键技术

1. 图形渲染技术

GPU图形渲染流水线的主要工作可以被划分为两个部分：①把3D坐标转换为2D坐标；②把2D坐标转变为实际有颜色的像素。

GPU图形渲染流水线的具体实现可分为六个阶段，如图10-4所示。

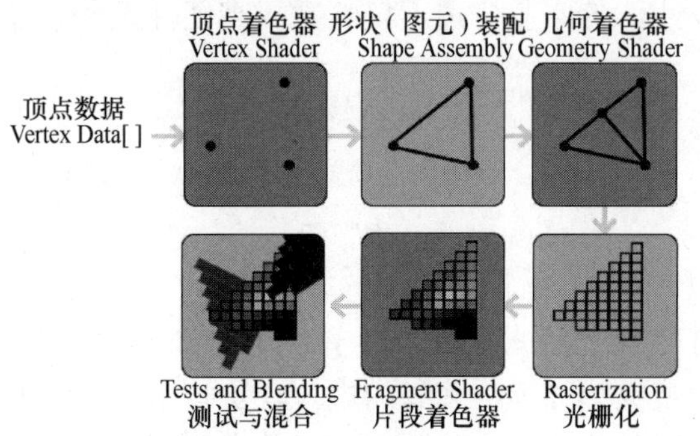

图10-4　GPU图形渲染过程

第一阶段，顶点着色器。该阶段的输入是顶点数据（Vertex Data），比如以数组的形式传递3个3D坐标用来表示一个三角形。顶点数据是一系列顶点的集合。顶点着色器主要的目的是把3D坐标转为另一种3D坐标，同时顶点着色器可以对顶点属性进行一些基本处理。

第二阶段，形状（图元）装配。该阶段将顶点着色器输出的所有顶点作为输入，并将所有的点装配成指定图元的形状，例子中则是一个三角形。图元（Primitive）用于表示如何渲染顶点数据，如点、线、三角形。

第三阶段，几何着色器。该阶段把图元形式的一系列顶点的集合作为输入，它可以通过产生新顶点构造出新的（或是其他的）图元来生成其他形状。例子中，它生成了另一个三角形。

第四阶段，光栅化。该阶段会把图元映射为最终屏幕上相应的像素，生成片段。片段（Fragment）是渲染一个像素所需要的所有数据。

第五阶段，片段着色器。该阶段首先会对输入的片段进行裁切（Clipping）。裁切会丢弃超出视图以外的所有像素，用来提升执行效率。

第六阶段，测试与混合。该阶段会检测片段的对应的深度值（z 坐标），判断这个像素位于其他物体的前面还是后面，决定是否应该丢弃。此外，该阶段还会检查 alpha 值（alpha 值定义了一个物体的透明度），从而对物体进行混合。因此，即使在片段着色器中计算出来了一个像素输出的颜色，在渲染多个三角形的时候，最后的像素颜色也可能完全不同。

2. 人机交互技术

人机交互技术（Human-Computer Interaction Techniques）就是指通常情况下的计算机输入以及输出，进而实现人与计算机对话实现需要实现的功能的技术。一般情况为相关信息提示、问题提示以及请示操作，人们再通过输入设备给计算机相关指示，完成界面交互，其特点如下：

① 观察点（Viewpoint）是用户做观察的起点。

② 导航（Navigation）用户改变观察点的能力。

③ 操作（Manipulation）用户对其周围对象起作用的能力。

④ 临境（Immersion）用户身临其境的感觉，主要是 VR 系统中沉浸式体验的标准名词。

3. 空间定位技术

空间定位是 VR 市场中一个非常关键的技术，当今排名前列的 VR 硬件设备厂商（HTC VIVE 和 Oculus）分别采用了不同的空间定位方案，主要有 Oculus 的 Constellation 系统红外摄像头定位和 HTC VIVE、大朋 VR 的灯塔激光定位系统。

（1）Oculus Constellation 定位系统

Oculus 采用的是基于 Camera 的定位方案，被称为 Constellation。在 Oculus 头盔和手柄上都布满了红外 sensor，如图 10-5 所示，以某个固定的模式在闪烁。

图 10-5 头盔上的传感器

通过特制的 Camera 以一个固定的频率（Oculus CV1 是 60fps）拍摄，得到一组图片。系统通过这些点在图片上的二维位置，以及已知的头盔或者手柄的三维模型，反推出点在三维空间中的位置。

（2）Lighthouse 激光定位系统

HTC、大朋等企业提供的灯塔激光定位技术，避免了 Camera 定位技术的高复杂度，具有定位精度高，反应速度快，可分布式处理等优势，能够允许用户在一定的空间内进行活动，对使用者来说限制小，能够适配需要走动起来的游戏，真正实现 Room Scale 级别的 VR 定位。

HTC 的灯塔定位系统中有两个基站，每个基站上面有两个马达，其中一个马达往水平方向扫射，另外一个朝垂直方向扫射，如图 10-6 所示。

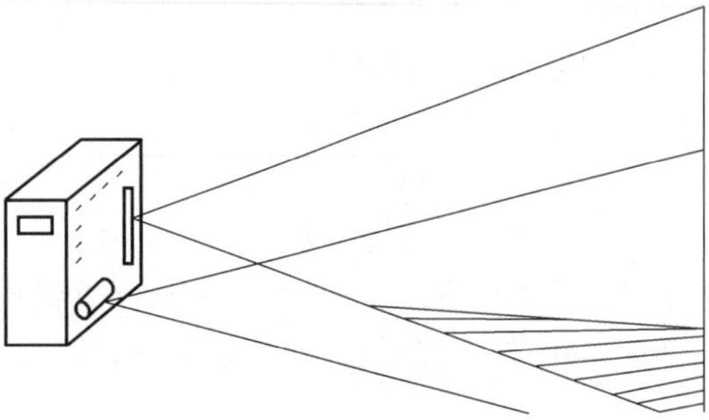

图 10-6　水平与竖直方向扫描

基站刷新的频率是 60Hz，基站 a 上面的马达 1 首先朝水平方向扫射，8.33ms 之后，第二个马达朝垂直方向上扫射（第二个 8.33ms），然后基站 a 关闭，接着基站 b 重复和基站 a 一样的工作，如表 10-2 所示。

这样只要在 16ms 中，有足够多的 sensor 点同时被垂直和水平方向上的光束扫到，这些 sensor 点相对于基站基准面的角度能够被计算出来，而被照射到的 sensor 点在投影平面上的坐标也能够获得。

表 10-2　　基站的扫描时间表

Time(ms)	0	8.33	16.67	24	33.33
LH A-X Axis	Sweep	—	—	—	Sweep
LH A-Y Axis	—	Sweep	—	—	—
LH B-X Axis	—	—	Sweep	—	—
LH B-Y Axis	—	—	—	Sweep	—

同时，静止时这些点在空间中的坐标是已有的，可以作为参考，这样就能够计算出，当前被照的点相对于基准点的旋转和平移，进一步的得出这些点的坐标。

（二）增强现实关键技术

1. 跟踪注册技术

摄像机位置的获取方法即为跟踪注册技术。从具体实现上来说，跟踪注册技术可以分为 3 类：基于传感器的跟踪注册技术、基于计算机视觉的跟踪注册技术及综合视觉与传感器的跟踪注册技术。

（1）基于传感器的跟踪注册技术

基于传感器的跟踪注册技术主要通过硬件传感器，如磁场传感器、惯性传感器、超声波传感器、光学传感器、机械传感器等对摄像机进行跟踪定位。利用内置的多种传感器即可完成跟踪注册，具有减少计算量等优点。但因采用 GPS 和电子罗盘等传感器完成跟踪注册，而这些传感器又容易受到外界环境因素的干扰，所以其在跟踪注册过程中存在传感器抖动的问题。如图 10-7 所示为基于传感器跟踪注册技术的浏览器。

(a)　(b)

图 10-7　基于传感器跟踪注册技术的浏览器

（a）Layar 浏览器　（b）Wikitude 世界浏览器

（2）基于计算机视觉的跟踪注册技术

基于计算机视觉的跟踪注册技术通过分析处理拍摄到的图像数据信息识别和定位真实场景环境，进而确定现实场景与虚拟信息之间的对应关系。在实现方式上可分为基于人工标志的方法和基于自然特征的方法。

基于人工标志的方法最具代表性的是 AR Toolkit 和 AR Tag，图 10-8 为 AR 人工标志示例。

基于自然特征的方法通过提取图像中的特征点，并计算场景中同一个三维点在二维图像上的对应关系，优化获得三维点在世界坐标系中的位置以及摄像机的位置，具有运算速度快、精度较高的优点。

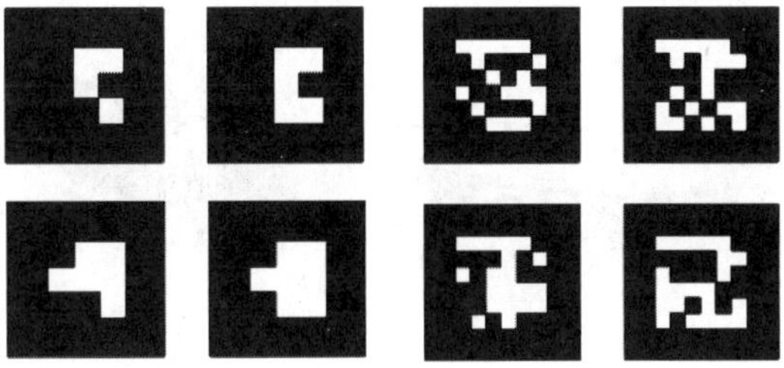

(a)　(b)

图 10-8　AR 人工标志示例

（a）AR Toolkit 人工标志示例　（b）AR Tag 人工标志示例

（3）综合视觉与传感器的跟踪注册技术

在一些增强现实的应用场景，基于计算机视觉与基于传感器的方法均不能获得理想的跟踪效果，因此可以考虑将二者结合起来，以获得更优的跟踪注册效果。苹果公司推出的 AR Kit 和 Google 公司推出的 AR Core 增强现实软件平台分别支持 iOS 和 Android 操作系统，为移动端智能设备上的增强现实应用提供了无限可能。图 10-9 展示了在 AR Kit 和 AR Core 平台上开发的移动设备上的增强现实应用示例。

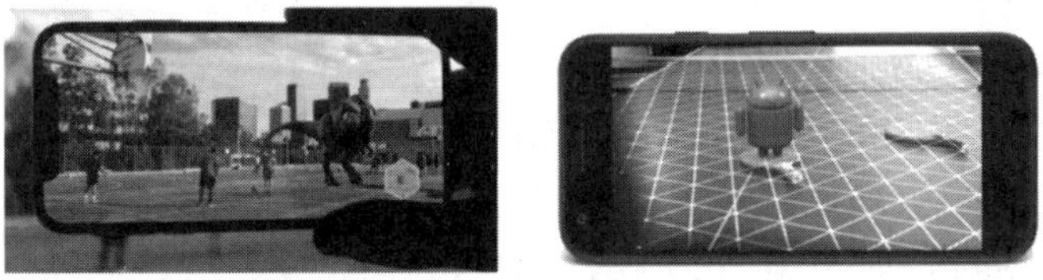

(a)　(b)

图 10-9　增强现实应用示例

（a）AR Kit　（b）AR Core

2. 显示技术

显示技术是增强现实系统中的重要组成部分，目前常用的显示设备有头戴式显示设备、计算机屏幕显示设备、手持式移动显示设备及投影显示设备等。

（1）头戴式显示设备

头戴式显示设备主要是透视式头盔显示器，这类设备的主要功能是将用户所在环境中的真实信息与计算机生成的虚拟信息融合，按真实环境的表现方式可将其分为视频透视式头盔显示器和光学透视式头盔显示器。

视频透视式头盔显示器通过头盔上一个或多个摄像机来获取真实世界的实时影像，利用其中的图像处理模块和虚拟渲染模块进行融合，最终将虚实融合后的效果在头盔显示器上显示出来。如图 10-10 为视频透视式头盔显示器。

(a)　(b)

图 10-10　视频透视式头盔显示器

（a）Holocene 增强现实眼镜　（b）Meta2 增强现实眼镜

光学透视式头戴显示器根据光的反射原理，通过多片光学镜片的组合，为用户产生虚拟物体和真实场景相互融合的画面。Google公司推出的Glasshouses就属于此类显示器，如图10-11（a）所示，其经过光学放大后将数据通过棱镜显示给用户，可以通过声音控制，实现拍照、视频通话、全球定位系统（GPS）定位、文字处理、收发邮件等多种功能。Magic Leap公司的增强现实设备Magic Leap One如图10-11（b）所示，利用外部摄像头和计算机视觉处理器实时追踪用户位置，同时在追踪过程中可以不断调整双眼的焦距，并将包含有深度信息的图像通过光场显示器显示出来。

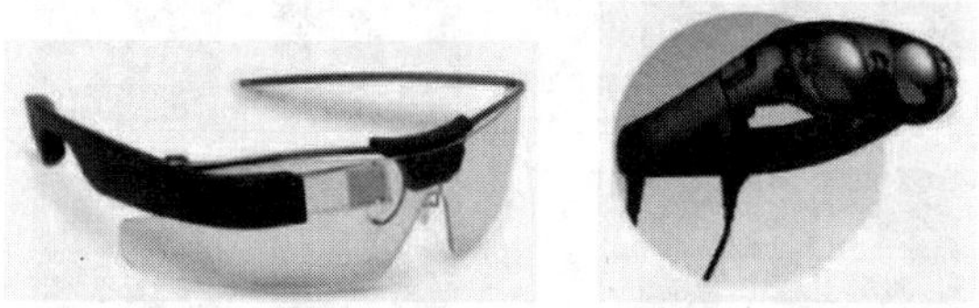

(a)　　(b)

图10-11　光学透视式头盔显示器

（a）Glasshouses　（b）Magic Leap One

（2）计算机屏幕显示设备

计算机屏幕显示设备作为传统的输出设备一般具有较高的分辨率，且体积较大。在增强现实应用中，这类设备更适用于将精细虚拟物体渲染并叠加于室内或大范围场景中。由于这类设备沉浸感较弱，价格较低，一般适用于低端或多用户的增强现实系统。

（3）手持式移动显示设备

手持式移动显示设备是一类允许用户手持的显示设备，现有的智能手持设备大都配备了摄像头、全球定位系统（GPS）和陀螺仪、加速度计等多种传感器，具备了高分辨率的大显示屏，这为移动增强现实提供了良好的开发平台。目前，随着DOS系统下的增强现实平台AR Kit和Android系统下的增强现实平台AR Core的发布，后续的多数新款智能移动终端将支持增强现实技术。

（4）投影显示设备

投影显示设备可以将增强现实影像投影到大范围环境，满足用户对大屏幕显示的需求。由于投影显示设备生成图像的焦点不会随用户视角发生变化，其更适用于室内增强现实环境。微软研究院的Room Alive项目，如图10-12所示，将Kinect、投影仪、摄像机和计算机结合起来，通过构建房间的三维图像将虚拟影像投影到整个房间，同时通过定位用户位置实现与虚拟世界的交互。

(a)　　(b)

图10-12　Room Alive项目

（a）Room Alive项目原理示意　（b）Room Alive项目效果图

3. 人机交互技术

人机交互方式很大程度上影响了用户的体验，一般来说，传统的交互方式主要有键盘、鼠标、触控设备、麦克风等，近年来还出现了一些更自然的基于语音、触控、眼动、手势和体感的交互方式。

（1）基于传统硬件设备的交互技术

鼠标、键盘、手柄等是增强现实系统中常见的交互工具，用户可以通过鼠标或键盘选中图像中的某个点或区域，完成对该点或区域处虚拟物体的缩放、拖拽等操作。这类方法简单易于操作，但需要外部输入设备的支持，不能为用户提供自然的交互体验，降低了增强现实系统的沉没感。

（2）基于语音识别的交互技术

人工智能的发展及计算机处理能力的增强，使得语音识别技术日趋成熟并被广泛应用于智能终端上，其中最具代表性的是苹果公司推出的 Siri 和微软公司推出的 Cortana，如图 10-13 所示，它们均支持自然语言输入，通过语音识别获取指令，根据用户需求返回最匹配的结果，实现自然的人机交互，很大程度上提升了用户的工作效率。

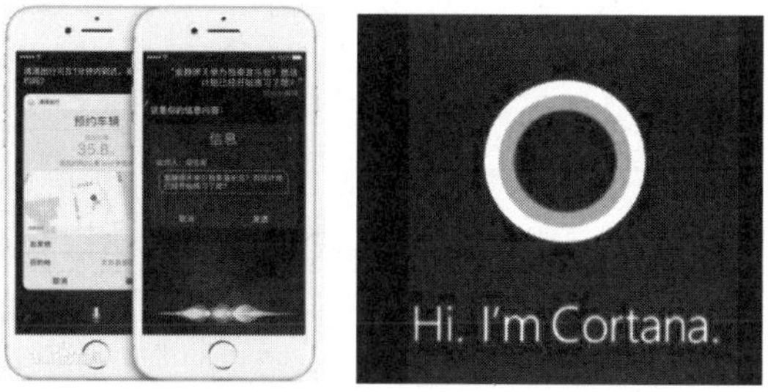

(a)　　(b)

图 10-13　语音识别交互

（a）Siri　（b）Cortana

（3）基于触控的交互技术

基于触控的交互技术是一种以人手为主的输入方式，它较传统的键盘鼠标输入更为人性化。基于触控的交互技术从单点触控发展到多点触控，实现了从单一手指点击到多点或多用户的交互转变，用户可以使用双手进行单点触控，也可以通过识别不同的手势实现单击、双击等操作。

（4）基于动作识别的交互技术

基于动作识别的交互技术通过对动作捕获系统获得的关键部位的位置进行计算、处理，分析出用户的动作行为并将其转化为输入指令，实现用户与计算机之间的交互。微软公司的 Holo Lens 通过手部追踪技术操作交互界面上的虚拟物体，如图 10-14 所示。这类交互方式不但降低了人机交互的成本，而且更符合人类的自然习惯，较传统的交互方式更为自然、直观，是目前人机交互领域关注的热点。

（5）基于眼动追踪的交互技术

基于眼动追踪的交互技术通过捕获人眼在注视不同方向时眼部周围的细微变化，分析确定人眼的注视点，并将其转化为电信号发送给计算机，实现人与计算机之间的互动，这一过程中无需手动输入。Magic Leap 公司的 Magic Leap One，如图 10-15 所示，在眼镜内部专门配备了用户追踪眼球动作的传感器，以实现通过跟踪眼睛控制计算机的目的。

图 10-14　HoloLens 收看视频和查看天气

图 10-15　Magic Leap One 产品展示图

第二节　增强虚拟现实系统

一、系 统 构 成

（一）虚拟现实的系统构成

1. 计算机

计算机在虚拟现实系统中处于核心地位，可以称为虚拟现实世界的心脏。主要负责从输入设备中读取数据、访问与任务相关的数据库，执行任务要求的实时计算，从而实时更新虚拟世界的状态，并把结果反馈给输出显示设备。

2. 输入、输出设备

输入设备是虚拟现实系统的输入接口，其功能是检测用户的输入信号，并通过传感器输入计算机。基于不同的功能和目的，输入设备除了包括传统的鼠标、键盘外，还包括手势输入的数据手套、身体姿态的数据衣、语音交互的麦克风等。

输出设备是虚拟现实系统的输出接口，是对输入的反馈，其功能是由计算机生成的信息通过传感器传给输出设备。输出设备以不同的感觉通道（视觉、听觉、触觉）反馈给用户。输出设备除了屏幕外，还包括声音反馈的立体声耳机、力反馈的数据手套以及大屏幕立体显示系统等。

3. 应用软件

为了实现虚拟现实系统，需要很多辅助软件的支持。这些辅助软件一般用于准备构建虚拟世界所需的素材。例如：在前期数据采集和图片整理时，需要使用 AutoCAD 和 Photoshop 等二维软件和建筑制图软件；在建模贴图时，需要使用 3DMax、MAYA 等主流三维软件；在准备音视频素材时，需要使用 Audition、Premiere 等软件；交互制作需要使用 Unity3D、Unreal Engine4 等软件。

4. 硬件设备

（1）显示设备

① 虚拟现实头显。虚拟现实头戴式显示器，如图 10-16 所示，是利用人的左右眼获取信息差异，引导用户产生一种身在虚拟环境中的感觉的一种头戴式立体显示器。其显示原理是左右眼屏幕分别显示左右眼的图像，人眼获取这种带有差异的信息后在脑海中产生立体感。

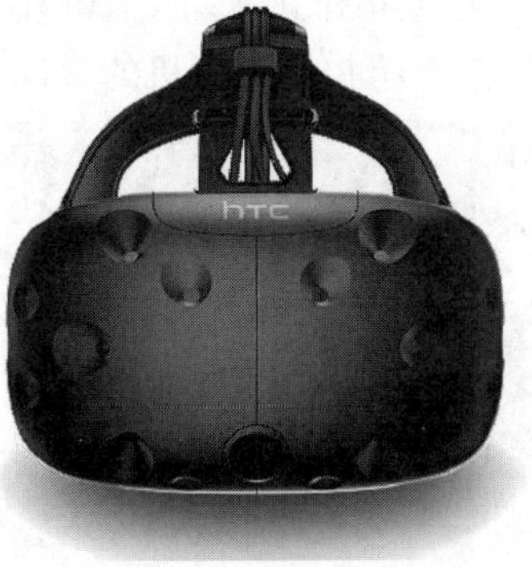

图 10-16　虚拟现实头显

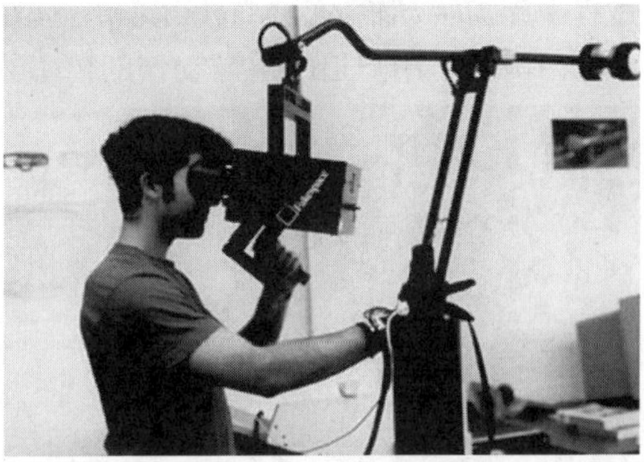

图 10-17　双目全方位显示器

② 双目全方位显示器。双目全方位显示器（BOOM），如图 10-17 所示，是一种偶联头部的立体显示设备，是一种特殊的头部显示设备。使用 BOOM 类似使用一个望远镜，它把两个独立的 CRT 显示器捆绑在一起，由两个相互垂直的机械臂支撑，这不仅让用户可以在半径 2m 的球面空间内用手自由操纵显示器的位置，还能将显示器的重量加以巧妙的平衡而使之始终保持水平，不受平台运动的影响。

③ CRT 终端-液晶光闸眼镜。CRT 终端-液晶光闸眼镜立体视觉系统，如图 10-18 所示，其工作原理是：计算机分别产生左右眼的两幅图像，经过合成处理之后，采用分时交替的方式显示在 CRT 终端上。用户则佩戴一副与计算机相连的液晶光闸眼镜，眼镜片在驱动信号的作用下，将以与图像显示同步的速率交替开和闭，即当计算机显示左眼图像时，右眼透镜将被屏蔽，显示右眼图像时，左眼透镜被屏蔽。根据双目视察与深度距离正比的关系，人的视觉生理系统可以自动的将这两幅视察图像合成一个立体图像。

④ CAVE 洞穴式虚拟现实显示系统。CAVE 投影系统是由 3 个面以上（含 3 面）硬质背投影墙组成的高度沉浸的虚拟演示环境，配合三维跟踪器，用户可以在被投影墙包围的系统近距离接触虚拟三维物体，或者随意漫游“真实”的虚拟环境，如图 10-19 所示。CAVE 系统一般应用于高标准的虚拟现实系统。

图 10-18　CRT 终端-液晶光闸眼镜

图 10-19　CAVE 洞穴式虚拟现实显示系统

CAVE 洞穴式虚拟现实显示系统可供多人参与，所有参与者均完全沉浸在一个被立体投影画面包围的高级虚拟仿真环境中，借助相应虚拟现实交互设备（如数据手套、位置跟踪器等），从而获得一种身临其境的高分辨率三维立体视听影像和 6 自由度交互感受。

（2）声音设备

① 三维立体声。三维声音不是立体声的概念，而是由计算机生成的、能由人工设定声源在空间中的三维位置的一种合成声音。这种声音技术不仅考虑到人的头部、躯干对声音反射所产生的影响，还对人的头部进行实时跟踪，是虚拟声音，能随着人的头部运动相应的变化，从而能够得到逼真的三维听觉效果。

② 语音识别。VR 的语音识别系统让计算机具备人类的听觉功能，使人-机以语言这种人类最自然的方式进行信息交换。必须根据人类的发声机理和听觉机制，给计算机配上“发声器官”和“听觉神经”。

VR 系统中的语音识别装置，主要用于合并其他参与者的感觉道（听觉道、视觉道）。语音识别系统在大量数据输入时，可以进行处理和调节，像人类在工作负担很重的时候将暂时关闭听觉道一样。不过在这种情况下，将影响语音识别技术的正常使用。

（3）交互设备

① VR 手柄。VR 手柄是虚拟现实常用的交互设备之一，能极大的提升用户的代入感，如图 10-20 所示。VR 手柄是手动控制器，拥有多个按钮，用户可根据自己需要选择不同的按钮进行交互开发。在虚拟现实世界中，手柄将被渲染出来，其位置和按钮状态将一直被扫描和追踪。在虚拟环境中，手柄就相当于我们的“双手”。

② 数据手套。数据手套设有弯曲传感器，如图 10-21 所示，弯曲传感器由柔性电路板、力敏元件、弹性封装材料组成，通过导线连接至信号处理电路；在柔性电路板上设有至少两根导线，以力敏材料包覆于柔性电路板，再在力敏材料上包覆一层弹性封装材料，柔性电路板留一端在外，以导线与外电路连接。把人手姿态准确实时地传递给虚拟环境，而且能够把与虚拟物体的接触信息反馈给操作者。使操作者以更加直接，更加自然，更加有效的方式与虚拟世界进行交互，大大增强了互动性和沉浸感。

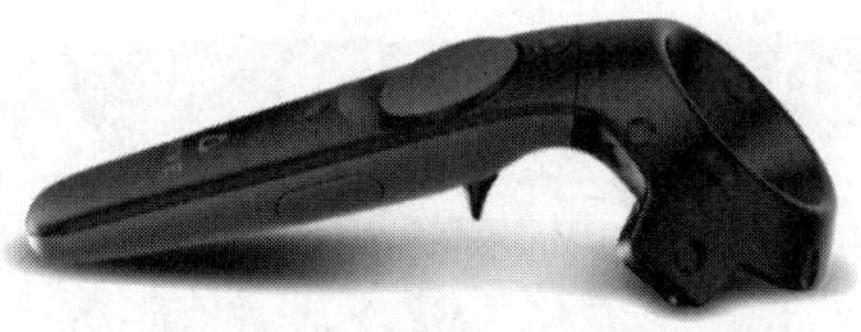

图 10-20　VR 手柄

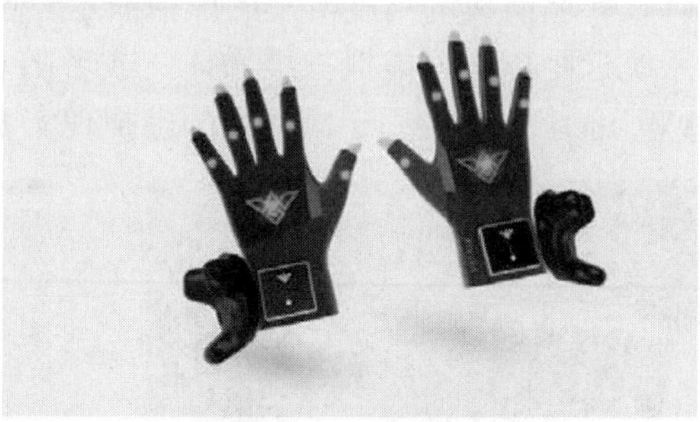

图 10-21　数据手套

③ 力矩球。力矩球（空间球 Space Ball）是一种可提供为 6 自由度的外部输入设备，它安装在一个小型的固定平台上，如图 10-22 所示。6 自由度是指宽度、高度、深度、俯仰角、转动角和偏转角，可以扭转、挤压、拉伸以及来回摇摆，用来控制虚拟场景做自由漫游，或者控制场景中某个物体的空间位置及其方向。

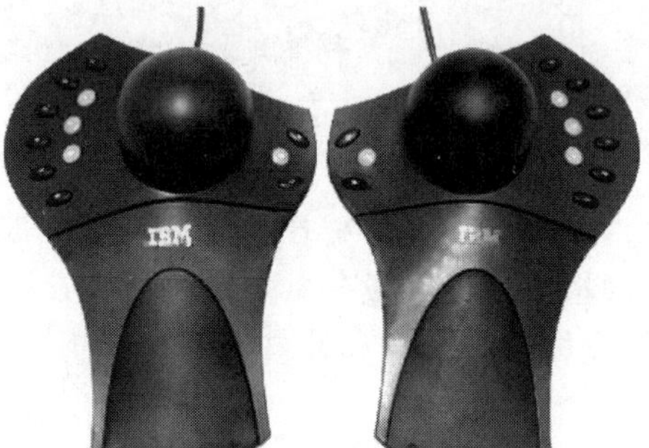

图 10-22　力矩球

④ 运动捕捉系统。在 VR 系统中为了实现人与 VR 系统的交互，必须确定参与者的头部、手、身体等位置的方向，准确地跟踪测量参与者的动作，将这些动作实时监测出来，以便将这些数据反馈给显示和控制系统。这些工作对 VR 系统是必不可少的，也正是运动捕捉技术的研究内容，如图 10-23 所示。

⑤ 数据衣。在 VR 系统中比较常用的运动捕捉是数据衣，如图 10-24 所示。这种衣服装备着许多触觉传感器，穿在身上，衣服里面的传感器能够根据身体的动作探测和跟踪人体的所有动作。数据衣对人体大约 50 个不同的关节进行测量，包括膝盖、手臂、躯干和脚。通过光电转换，身体的运动信息被计算机识别，反过来衣服也会反作用在身上产生压力和摩擦力，使人的感觉更加逼真。

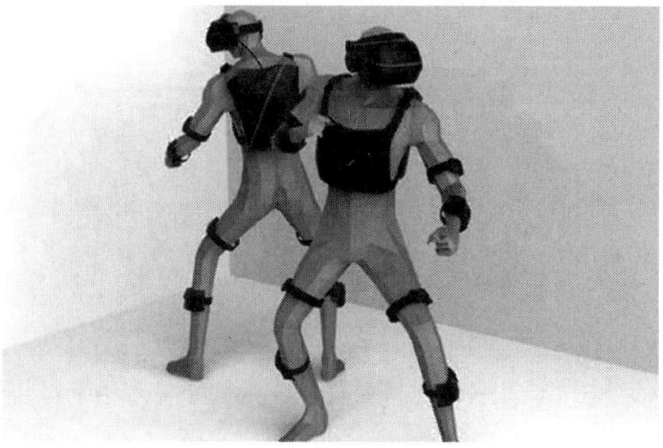

图 10-23 运动捕捉系统

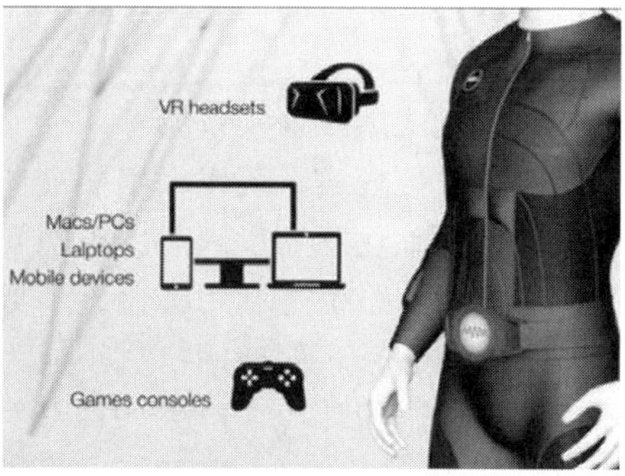

图 10-24 数据衣

（二）增强现实系统构成

1. 硬件系统

处理器主要包括 CPU 和 GPU，是评价系统是否具备一定的计算和处理能力，是评价增强现实系统性能的重要指标。目前移动设备的处理器件能已经到达多核处理器的高速度处理能力，基本满足对于移动终端的增强现实应用开发的先决条件。

显示模块是为智能终端进行信息采集和显示的模块，一般指显示屏、摄像头等硬件设备，是增强现实硬件中较为重要的组成部分。目前显示屏分辨率已到达到百万至千万级别，具备识别的基本能力。

传感器模块一般包括 GPS、电子罗盘、加速计、陀螺仪、重力感应器、位移传感器、光线感应器等。

交互模块为了展现增强现实的效果，硬件上应保证具备触摸屏交互、语音等交互方式，实现良好的人机交互效果，增强用户的体验感受。

网络模块具备网络数据传输的功能。随着无线通信技术和互联网技术的不断推进，一些增强现实应用采用云存储的方式来代替本地文件存储方式，数据处理需要利用远程服务器进行对接。

2. 软件系统

软件系统包括具备优质的识别目标，通常采用多特征的图像作为识别标志，以保障在较为复杂的场景中可以进行特征提取和识别。利用跟踪注册算法保证识别的精确性，利用摄像机标定算法将虚拟物体准确地加载到真实空间之中。利用三维现实技术，将虚拟的三维图像逼真的展现在真实环境中，有效的提升了用户的理解能力。

二、系 统 分 类

1. 虚拟现实系统的分类

（1）桌面式虚拟现实系统

桌面虚拟现实系统简称 PCVR，是一套基于普通 PC 平台的小型虚拟现实系统。它利用中低端图形工作站及立体显示器，产生虚拟场景。

桌面式 VR 系统仅使用个人计算机来产生三维空间的交互场景，它把计算机的屏幕作为用户观察虚拟环境的一个窗口，也被称为窗口虚拟现实系统。参与者需要使用手拿输入设备或位置跟踪器，来驾驭虚拟环境和操纵虚拟场景中的备种物体。Desktop VR 对硬件设备的要求很低，有的简单型的则只需要台式的计算机即可完成，顶多再加上空间追踪装置等辅助设备。

（2）沉浸式虚拟现实系统

沉浸式虚拟现实系统以大幅面立体投影为显示方式，为参与者提供多人参与、集体观看、具有高度临场感的投入型虚拟空间环境。

沉浸式 VR 系统是利用头盔显示器和数据手套等各种交互设备把用户的视觉、听觉和其他感觉封闭起来，而使用户真正成为 VR 系统内部的一个参与者，并能利用这些交互设备操作和驾驭虚拟环境，产生一种身临其境、全心投入和沉浸其中的感觉。常见的沉浸式系统有：基于头盔式显示器的系统、投影式虚拟现实系统、远程存在系统等。其原理是：首先把用户的各种感觉封闭起来，然后提供一个与原来不同的感官世界。

（3）分布式虚拟现实系统

分布式虚拟现实系统简称 DVR，是一个基于网络的可供异地多用户同时参与的分布式虚拟环境。

分布式 VR 系统是指基于网络的虚拟环境，它在沉浸式 VR 系统的基础上，将位于不同物理位置的多个用户或多个虚拟环境通过网络相连接，并共享信息，从而使用户的协同工作达到一个更高的境界。VR 系统之所以运行在分布式环境，一方面是它可以充分利用分布式计算机系统提供的强大计算能力；另一方面是因为有些应用本身具有分布特性。前面所述的那些 VR 技术虽然可以使动态的虚拟环境栩栩如生，但它们都无法解决资源共享的问题，应用 DVR 系统就可以满足这类需求。

（4）增强（混合）现实

增强（混合）现实是将计算机产生的虚拟物体或其他信息与用户所看到的真实环境进行融合的一种技术，具有虚实结合、实时交互、三维注册的特点。

增强式 VR 系统（也称为叠加式 VR 系统）允许用户对现实世界进行观察的同时，通过穿透型头戴式显示器将计算机虚拟图像叠加在现实世界之上，为操作员提供与其所看到的现实环境有关的、存储在计算机中的信息，从而增强操作员对真实环境的感受，因此又被称为补充现实系统。在增强式虚拟现实系统中，虚拟对象所提供的信息往往是用户无法凭借自身的感觉所能感知到的深层次的信息。增强式系统最常见的是：一只眼睛看到显示屏上的虚拟世界，另一只看到的则是真实的世界。

2. 增强现实系统的分类

（1）Monitor-based 系统

在基于计算机显示器的 AR 实现方案中，摄像机摄取的真实世界图像输入到计算机中，与计算机图形系统产生的虚拟景象合成，并输出到屏幕显示器，用户从屏幕上看到最终的增强场景图片，是一套最简单使用的 AR 实现方案，如图 10-25 所示为 Monitor-based 增强现实系统实现方案。由于这套方案的硬件要求很低，因此被实验室中的 AR 系统研究者们大量采用。

（2）Video see-through 系统

增强现实技术采用穿透式 HMD 实现视觉沉浸感。穿透式 HMD（video see through HMD），根据具体实现原理又划分为两大类，分别是基于视频合成技术的和基于光学原理的穿透式 HMD（optical see-through HMD），图 10-26 为 Video see-through 增强现实系

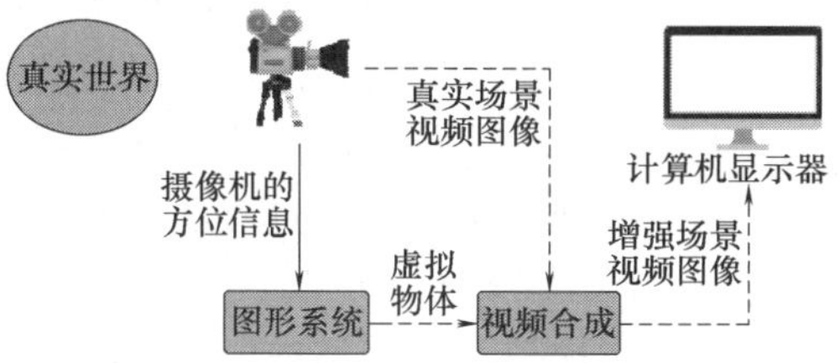

图 10-25　Monitor-based 增强现实系统实现方案

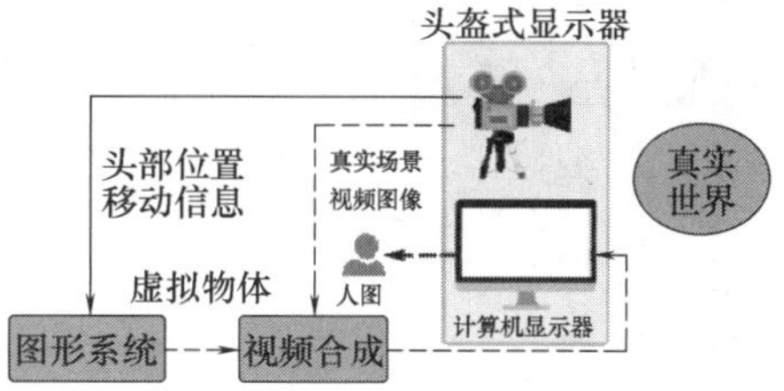

图 10-26　Video see-through 增强现实系统实现方案

统实现方案。

(3) Optical see-through 系统

在 Optical see-through HMD 实现方案中真实场景的图像经过一定的减光处理后，直接进入人眼，虚拟通道的信息经投影反射后再进入人眼，两者以光学的方法进行合成，如图 10-27 所示。

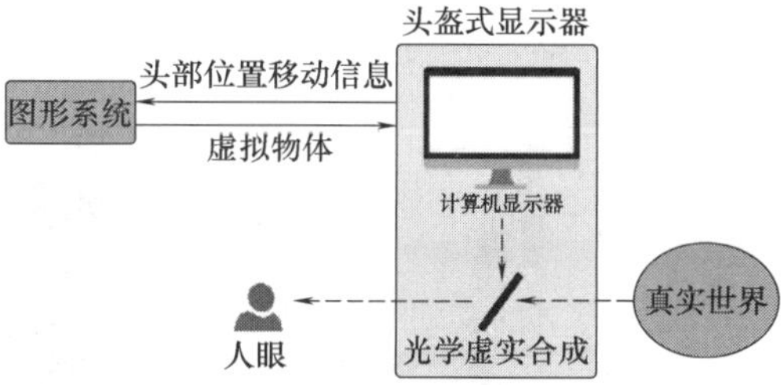

图 10-27　Optical see-through 增强现实系统实现方案

(4) 三种系统结构的性能比较

三种 AR 显示技术实现策略在性能上各有利弊，如图 10-28 所示为三种 AR 显示技术的实现原理图。在基于 Monitor-based 和 Video see-through 显示技术的 AR 实现中，都通过摄像机来获取真实场景的图像，在计算机中完成虚实图像的结合并输出。整个过程不可避免的存在定位系统延迟，这是动态 AR 应用中虚实注册错误的一个主要产生原因。但这时由于用户的视觉完全在计算机的控制之下，这种系统延迟可以通过计算机内部虚实两个通道的协调配合来进行补偿。而基于 Optical see-through 显示技术的 AR 实现中，真实场景的视频图像传送是实时的，不受计算机控制，因此不可能用控制视频显示速率的办法来补偿系统延迟。

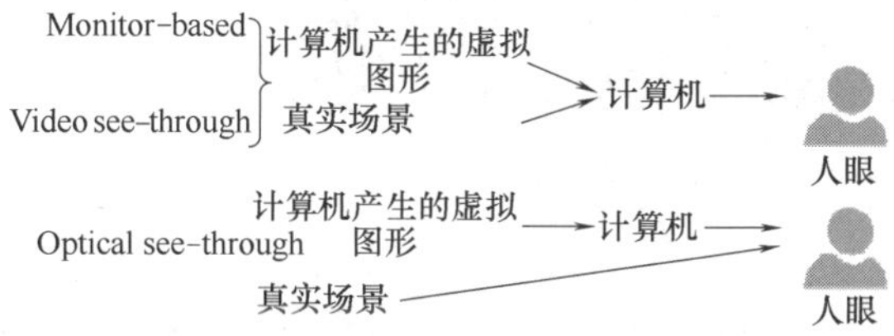

图 10-28　三种 AR 显示技术实现原理图

另外，在基于 Monitor-based 和 Video see-through 显示技术的 AR 实现中，可以利用计算机分析输入的视频图像，从真实场景的图像信息中抽取跟踪信息（基准点或图像特征），从而辅助动态 AR 中虚实景象的注册过程。而基于 Optical see-through 显示技术的 AR 实现中，可以用来辅助虚实注册信息的只有头盔上位置传感器。

三、系统应用分析

1. 虚拟现实技术的应用

(1) 虚拟现实在医学上的应用

在虚拟环境中，可以建立虚拟的人体模型，借助于跟踪球、HMD、感觉手套，医学专业的学生可以很容易了解人体内部各器官结构。同时可在虚拟实验室中，进行“尸体”

图 10-29　虚拟现实在医学上的应用

解剖和各种手术练习。用这项技术，由于不受标本、场地等的限制，所以培训费用大大降低。一些用于医学培训、实习和研究的虚拟现实系统，仿真程度非常高，其效果如图 10-29 所示。

（2）虚拟现实在室内设计上的应用

虚拟现实以视觉形式反映了设计者的思想，虚拟现实可以把用户的构思变成看得见的虚拟物体和环境，使以往只能借助传统的设计模式提升到数字化的即看即所得的完美境界，大大提高了设计和规划的质量与效率。运用虚拟现实技术，设计者可以完全按照自己的构思去构建装饰“虚拟”的房间，并可以任意变换自己在房间中的位置，去观察设计的效果，既节约了时间，又节省了费用，其效果如图 10-30 所示。

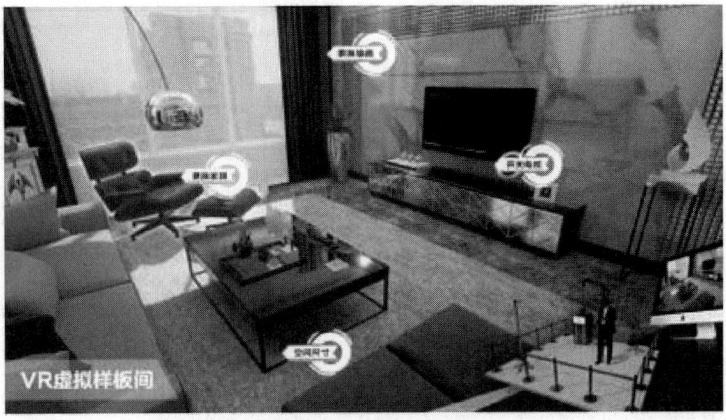

图 10-30　虚拟现实在室内设计上的应用

（3）虚拟现实在房产开发上的应用

在房地产销售领域，通过虚拟现实技术可对项目周边配套、红线以内建筑和总平、内部业态分布等进行详细剖析展示，由外而内表现项目的整体风格，并可通过鸟瞰、内部漫游、自动动画播放等形式对项目逐一表现，增强了讲解过程的完整性和趣味性，其效果如图 10-31 所示。

图 10-31　虚拟现实在房产开发上的应用

（4）虚拟现实在游戏中的应用

三维游戏既是虚拟现实技术重要的应用方向之一，也为虚拟现实技术的快速发展起了巨大的需求牵引作用。电脑游戏自产生以来，一直都在朝着虚拟现实的方向发展，通过虚拟现实技术的发展，游戏在保持实时性和交互性的同时，逼真度和沉浸感正在一步步地提高和加强，其效果如图 10-32 所示。

图 10-32　虚拟现实在游戏中的应用

（5）虚拟现实在教育中的应用

虚拟现实在教育技术领域营造了“自主学习”的环境，由传统的“以教促学”的学习方式代之为学习者通过自身与信息环境的相互作用来得到知识、技能的新型学习方式。它主要应用在科技研究、虚拟实训基地和虚拟仿真校园等方面，其效果如图 10-33 所示。

图 10-33　虚拟现实在教育中的应用

2. 增强现实技术的应用

随着 AR 技术的成熟，AR 与行业的融合越来越深入，从设计到营销，从教育到医疗，从出行到文化，AR 正在重新定义各产业的思维方式和运行方式。

（1）工业制造

通过头戴显示器将多种辅助信息显示给用户，包括虚拟仪表的面板、设备的内部结构、设备零件图等。以富士通公司为例，该公司已经将增强现实技术应用于自身的设备点检与 24×7 的服务运营中。工作人员可以在现场用触摸屏录入信息，创建电子表格并共享最近的信息，快速显示作业手册数据、故障历史中的库存水平，如图 10-34 所示。

图 10-34　工业 AR 内窥镜

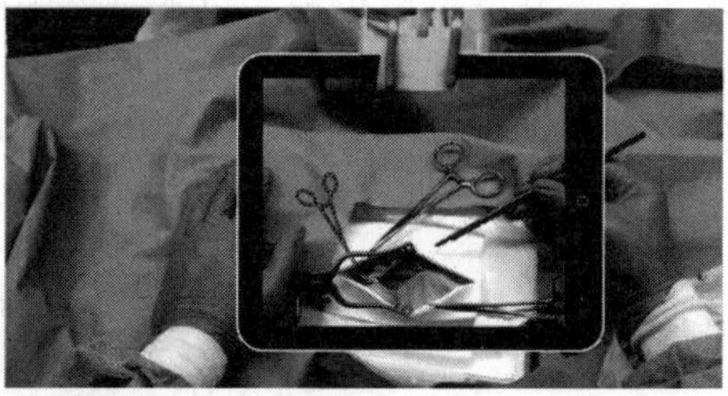

图 10-35　AR 在医疗上的应用

（2）医疗领域

医生可以利用增强现实技术，在患者需要进行手术的部位创造虚拟坐标，进行手术部位的精确定位，如图 10-35 所示。使用磁共振成像（Magnetic Resonance Imaging）、计算机断层扫描（Computed Tomography scan）、超声波图像诊断（ultrasound imaging）等非侵入式传感器，可以实时地收集到一个病人的三维影像数据集。

（3）军事领域

军队可以利用增强现实技术，创造出虚拟坐标以及所在地点的地理数据，帮助士兵进行方位的识别，获得实时所在地点的地理数据等重要军事数据。

（4）电视转播领域

通过增强现实技术可以在转播体育比赛的时候实时地将辅助信息（比如球员数据）叠加到转播画面中，使得观众可以得到更多的信息，如图 10-36 所示。

图 10-36　AR 电视转播

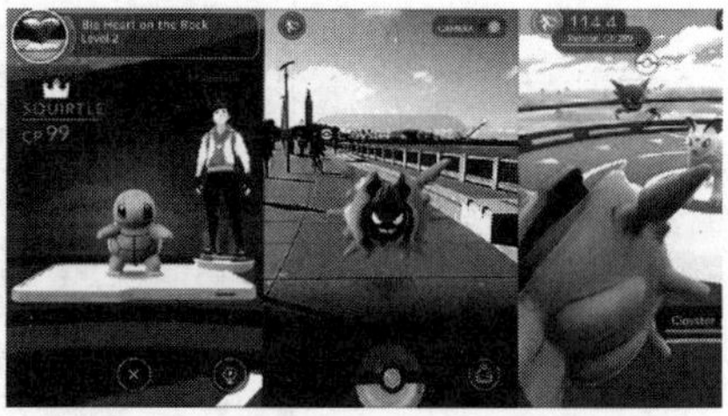

图 10-37　AR 游戏口袋妖怪 Go

（5）娱乐游戏领域

增强现实游戏可以让位于不同地点的玩家，结合 GPS 和陀螺仪，以真实世界为游戏背景，加入虚拟元素，使游戏虚实结合。由日本电子游戏业巨头任天堂和美国软件开发公司 Niantic 联合开发的智能手机游戏“口袋妖怪 Go”，如图 10-37 所示，巧妙地结合生活，实现游戏中的地图和现实世界相互关联，地图会根据玩家的位置实时更新游戏中精灵的位置。

（6）教育领域

增强现实技术可以将静态的文字、图片读物立体化，增加阅读的互动性、趣味性。JigSpace 是一款基于苹果 ARKit 工具开发的学习工具。学生们可以利用移动设备在桌子上探索物体的虚拟 3D 模型，了解各种物体的内部构造，如图 10-38 所示。通过将交互式 3D 模型投射在 AR 中，可以把抽象的概念和物体一步步拆分，让学生有最直观的感受。

（7）文化古迹

文化古迹的信息以增强现实的方式提供给参观者，用户不仅能获取古迹的文字解说，还能看到遗址上残缺部分的虚拟重构，如图 10-39 所示。

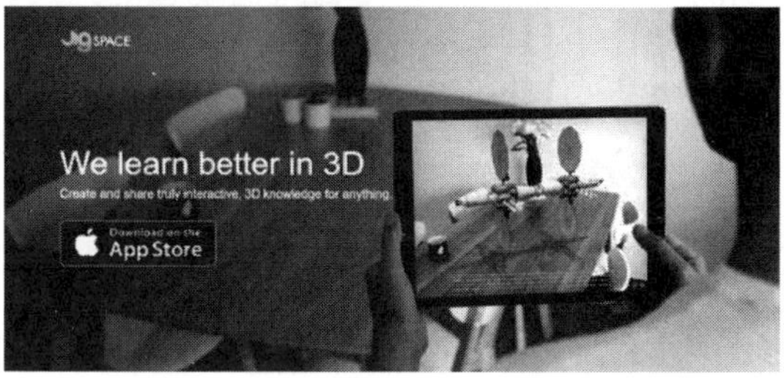

图 10-38　JigSpace

图 10-39　文物虚拟重建

（8）旅游展览领域

传统的旅游在一定程度上制约了旅游者与旅游空间的良性沟通，游客面临旅游过程中语言不通、景点不熟悉、找不到路等问题。AR 技术则可以弥补这些不足，成为游客私人订制的一体化导游助理，帮助其解决旅途过程中的所有问题，随时随地满足游客个性化、游戏化的旅游需求。日本 Sunshine 水族馆开发了一款结合 AR＋GPS 位置定位技术的 App，用户在东京的任何一个地点打开 App，就会有水族馆可爱的企鹅为用户做导航，指引用户到水族馆参观，如图 10-40 所示。

（9）零售购物

Dent Reality 开发的 App，可以让消费者实时查看有关零售店内产品的信息，并使用计算机视觉技术和店内跟踪来帮助顾客找到需要的商品，如图 10-41 所示。

图 10-40　Sunshine 水族馆 AR App

图 10-41　AR 在零售购物领域的应用

（10）企业培训

增强现实在技术培训领域的应用，已经引起了众多企业的关注。例如，霍尼韦尔国际公司已经推出混合现实工具用于员工培训，引导员工通过 HoloLens 眼镜进行培训，并测试真实工厂环境中的操作能力。

（11）虚拟试衣镜

美国增强现实技术开发商 Bevond 开发的虚拟试衣间允许购物者无需换装即可体验到服装试穿效果，解决了网站模特照片与现实穿衣效果差距大的问题，如图 10-42 所示。

（12）基于地理位置的广告营销

Facebook 推出可以让开发人员构建包含地理位置触发元素的 AR 应用程序，如图

10-43 所示。可以预见到，现实世界中的 AR 用户营销即将到来。

图 10-42　AR 虚拟试衣间

图 10-43　AR 在地理领域的应用

（13）室内设计

宜家基于 Apple ARKit 开发了 AR 应用 IKEA Place，消费者可以通过移动设备查看宜家产品放置在家中的效果，以做出更满意的选择，并具有保存或将其添加到购物车的功能，如图 10-44 所示。

图 10-44　AR 在室内设计领域的应用

图 10-45　HUD 抬头显示头盔设备

（14）抬头显示

抬头显示（HUD）是 AR 在汽车市场上的突破性应用，可以将汽车行驶信息及交通信息投射在挡风玻璃上，在行驶过程中，驾驶员不需要转移视线，如图 10-45 所示。宝马、沃尔沃、雪佛兰、雷克萨斯等众多车型都采用了 HUD 技术。

（15）AR 博物馆

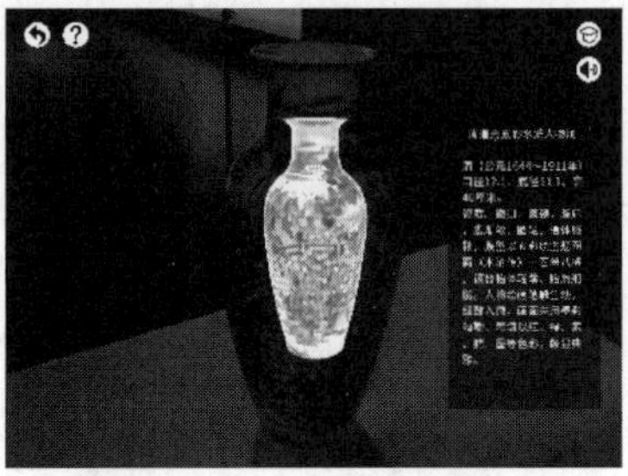

图 10-46　AR 博物馆应用

结合增强现实技术的特点，各大博物馆可以根据自身特色进行相应的定制化内容开发，将所有展览品实现数据化，对真实的文物进行记录及保护，方便公众对博物馆的内容进行查看，如图 10-46 所示。AR 博物馆系统还可以实现智能导游，利用虚拟人物带领人们参观博物馆并进行讲解。

第三节　增强虚拟现实技术

一、相关软件

1. VR 开发相关软件

（1）VRP 虚拟现实平台

VRP 虚拟现实平台（英文全称 Virtual Reality Platform，简称 VR-Platform 或

VRP），如图 10-47 所示，是由中视典数字科技独立研发的，是目前国内市场占有率最高的一款虚拟现实软件。

VRP 软件适用性强、操作简单、高度可视化、所见即所得，可广泛应用于院校教育、旅游教学、工业仿真、应急救援、展览展示、地产营销、家装设计、军事仿真、交互艺术等众多领域，为其提供切实可行的解决方案。

（2）720yun

720yun 介绍详见第九章第二节，它也能够支持 VR 全景内容的创作，如图 10-48 所示。

图 10-47　VRP

图 10-48　720yun

（3）Unity3D 引擎

Unity3D，如图 10-49 所示，是由 Unity Technologies 开发的一款创建诸如三维视频游戏、建筑可视化、实时三维动画等类型互动内容的多平台的综合型游戏开发工具，是一个全面整合的专业游戏引擎。

（4）Unreal Engine4

虚幻引擎 4（Unreal Engine4），如图 10-50 所示，是由游戏 EPIC 公司虚幻引擎的最新版本，提供了游戏开发者需要的大量的核心技术、数据生成工具和基础支持。整个虚幻引擎编辑器都可以在 VR 模式下运行，能够在“所见即所得”的环境中进行创作。

图 10-49　Unity3D 引擎

图 10-50　虚幻引擎

2. AR 开发相关软件

目前，国内外均有成熟的增强现实系统框架，用以支持增强现实应用的快速开发。国外较为知名的有 Vuforia 等，国内为 EasyAR、HiAR 及太虚 AR 等。

（1）Vuforia

Vuforia 是由高通公司提供的增强现实开发包，如图 10-51 所示，提供 iOS、Android、Windows 等多平台 SDK，支持 Unity 开发引擎，提供云识别等云服务，使用户可以轻松开发各种平台的增强现实应用。

（2）EasyAR

EasyAR 为中国视辰信息科技有限公司所开发的国内首个投入应用的增强现实引擎，如图 10-52 所示，目前提供 iOS、Android、Windows、MacOS 等多平台 SDK，兼容性较高，且提供 SLAM 技术、3D 物体跟踪、平面物品跟踪、云识别等多项服务，深受国内 AR 开发者喜爱。

图 10-51　Vuforia

图 10-52　EasyAR 官网

（3）其他开发工具

国内外还有许多个人及企业开发的增强现实开发包，ARToolKit 提供快速和准确的标记跟踪，能够快速开发出 AR 程序，如图 10-53 所示。国内亮风台公司发布 HiAR 增强现实开发平台，其中 HiAR SDK 拥有的跟踪识别技术可以原生支持多种格式 3D 动画模型渲染，且支持脚本语言。与此同时也支持原生多媒体 AR 和视频蒙版特效，并兼容全部主流的软硬件平台，如图 10-54 所示。

图 10-53　ARToolKit

HiAR

图 10-54　ARLab 官网

二、制 作 流 程

1. VR 项目开发流程

图 10-55　SteamVR Plugin 在 Unity 商店中的界面

使用 HTC VIVE 硬件，以 Unity3D 游戏引擎开发 VR 项目为例：

（1）Steam VR 插件的下载

在 Unity 商店中，搜索 SteamVR Plugin 下载导入。如图 10-55 所示为商店界面。

（2）设置虚拟相机

虚拟相机在软件中通过［CameraRig］进行设置，相当于 VR 在项目中摄像机的位置，也就是人能看到的位置，将其放在场景中，它的初始位置就是进入时的初始位置。其预制体如图 10-56 所示。

（3）场景搭建

在 3DMax、Maya 等建模软件建立好模型后导出成 FBX 格式，导入到 Unity 中调节位置、大小等参数，根据自己的喜好组合成虚拟的场景。

（4）交互制作

通过代码和引擎自带的组件控制人物与场景中物体的交互，交互的制作可以借助 VRTK（Virtual Reality Toolkit）插件来辅助开发，VRTK 插件同样可以免费下载。

HTC VIVE 手柄的按键如图 10-57 所示。手柄的按键按压事件可以通过 Device. GetPressDown/Device. GetPressUp/Device. GetPress 方法来分别获取按键的按下、松开和按住的事件。

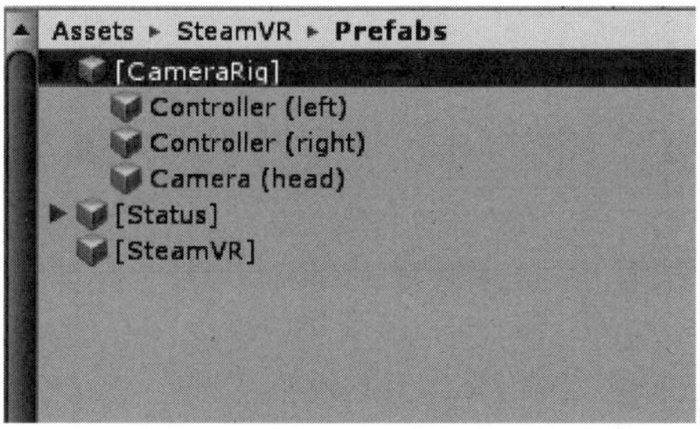

图 10-56　CameraRig 预制体

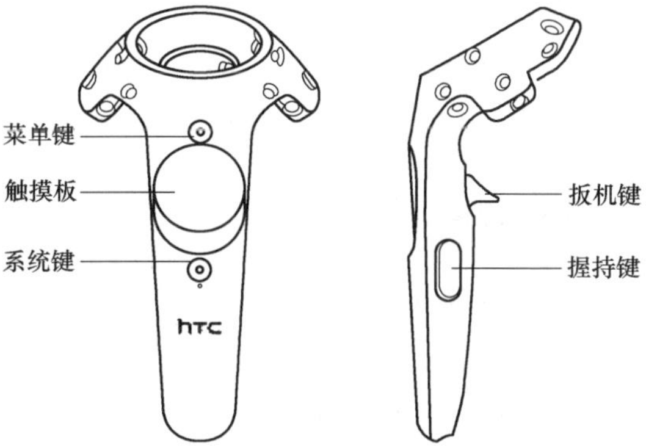

图 10-57　HTC 手柄控制器

（5）项目发布

在测试无误后，就可以对项目进行发布，在 Build Setting 中添加需要发布的场景，点击 Build 就可以发布项目到个人电脑上。发布界面如图 10-58 所示。

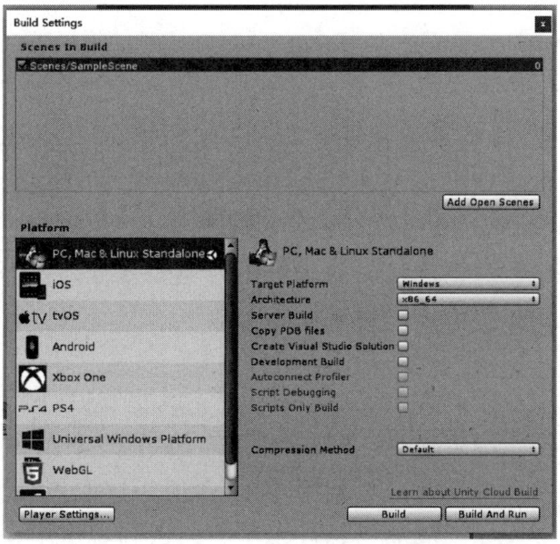

图 10-58　Unity 编译发布界面

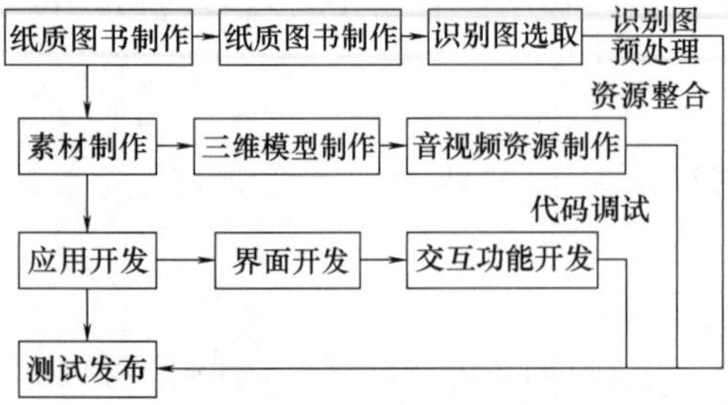

图 10-59　系统规划图

2. AR 项目开发流程

结合增强现实开发包实现图像识别分析，借助建模软件对所需模型进行构建与渲染，在 Unity 开发引擎中利用 JavaScript、C＃等脚本语言对交互功能进行编写实现，最终发布到 Android 平台进行调试和测试工作，实现增强现实系统的开发。如图 10-59 所示为系统规划图。

（1）图像预处理

利用 Vuforia 平台对图像进行预处理，该平台使用 OpenCV 的图像处理方式。利用摄像头的视频采集模块使用 OpenCV 提供的接口获取摄像头捕获的图像，首先获取视频途径，然后捕获一帧图像，最终将其显示在初始化模块中进行二值化等图像预处理。

（2）自然特征点跟踪注册以及计算机标定

利用 Vuforia 引擎检测和跟踪标识进行自然特征点分析，该部分主要的设计流程，如图 10-60 所示。

图 10-60　特征点的识别

（3）图像三维渲染

使用专业渲染引擎 Unity3D 进行虚实融合。实现三维注册后坐标转换、三维模型的完美展现，通过利用 C＃编写脚本，实现多种增强现实的功能和效果。

（4）应用程序发布

利用 Android SDK 和 JDK 搭建 Android 开发环境，发布在 Android 移动终端，并编写脚本语言生成 .apk 文件。

第四节　增强虚拟现实制作实例

一、博物馆虚拟漫游制作实例

1. 整体设计

（1）工具与方法

本案例使用 Unity 3D 作为系统开发工具，采用 3DMax 作为模型制作工具，并赋予材质和灯光，将完成的场景及展品的三维模型导出为 FBX 文件格式，并将其导入至 Unity 3D 项目文件中，以 C＃为脚本语言设计，实现博物馆场景虚拟交互系统设计。在本项目中，模型制作以博物馆建筑及馆内藏品的比例作为建模参考，对部分展品进行一比一的仿真再现。通过材质、灯光赋予模拟出现实展品的效果。

（2）交互设计

当本平台场景搭建完成后，在 Unity 3D 中需完成交互设计。本平台场景，有四个展厅，一号展厅为前厅，动作设置包括：“准心对焦”中国博物馆牌匾、牌匾闪烁、文字介绍；二号展厅内动作设置人机交互，可利用 Gear 触摸板选取展品至眼前，并可进行旋转、放大、缩小；三号、四号展厅内展品为悬挂于墙上的古画，这里动作设置为：参观者（玩家）环顾四周，即参观者旋转便可参观展厅内藏品。场馆平面图如图 10-61 所示。

博物馆漫游平台运行示意图如图10-62所示。

2. 系统实现

(1)“准心对焦”

进入虚拟博物馆展示平台，画面开始动作为：“准心对焦”中国博物馆牌匾，牌匾闪烁，待进度条读取完毕，牌匾不再闪烁，牌匾上特效显示白色文字，一段时间后，文字消失。具体过程是：

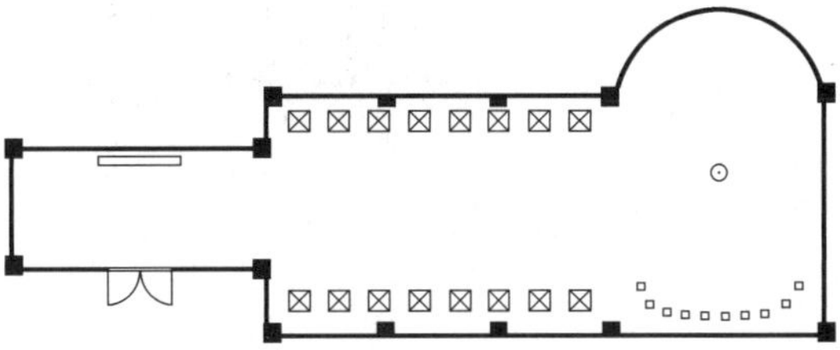

图 10-61　博物馆平面图

① 准心进度条读取。如图 10-63 所示，摄像机（镜头）就相当于射线点，射线点即我们的视线，这个从 Gear SDK 中调用即可，当我们注视在 object（物体）上时触发准心进度读取动画，进度加载动画大约 3s 时间完成，随即可触发其他逻辑（牌匾闪烁）。

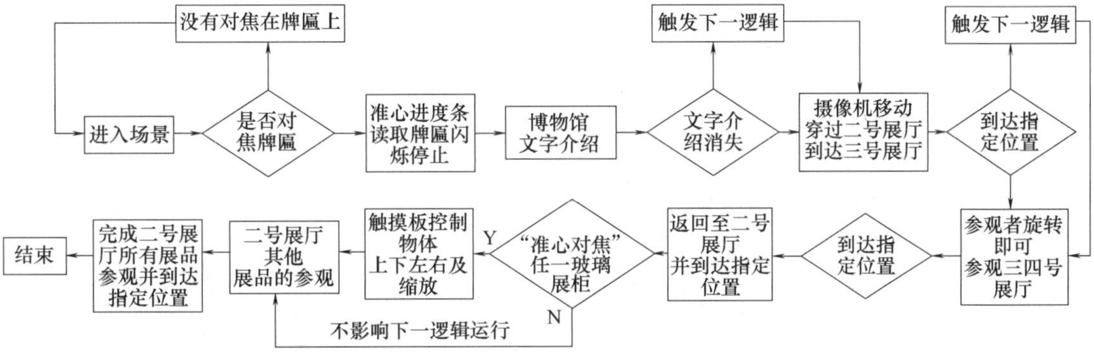

图 10-62　博物馆漫游平台运行示意图

② 牌匾闪烁。为了使得牌匾闪烁的效果看起来更为真实，在本系统中将牌匾闪烁的频率设置为随机，每次闪烁的开始和结束的间隔，根据系统给出的时间参数来取。具体设计流程如图 10-64 所示。

图 10-63　准心进度条

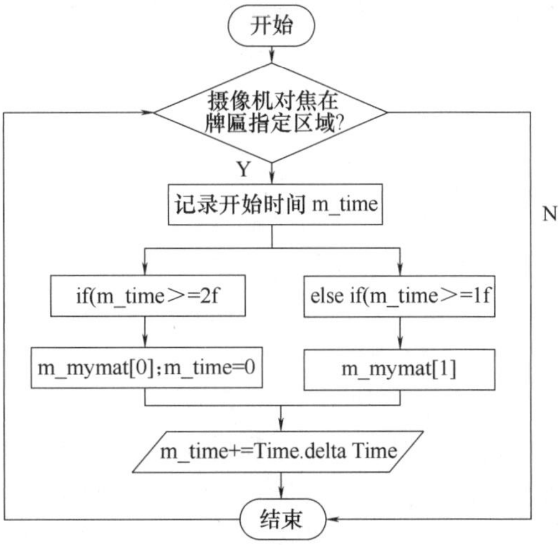

图 10-64　牌匾闪烁流程图

图 10-65　文字介绍效果

③ 出现介绍文字。当准心进度条读取完毕同时牌匾停止闪烁，随即出现博物馆文字介绍，一段时间后文字淡出直至消失。文字介绍的显示时长为 6s。当文字消失，随即进入下一逻辑。文字显示效果如图 10-65 所示。

（2）相关物体物理属性变化及触发事件实现

在本平台的漫游过程中，部分区域内可使用 Gear VR 触摸板进行交互，具体内容包括：使用触摸板可控制物体的向上、向下、向左、向右的位置属性，双击触摸板，可实现物体的前进放大、后退缩小以及物品归位。触摸板的使用系统代码可从 Gear SDK 中调用，触摸板使用具体效果如图 10-66 所示。

（3）退出展览

本项目中设计的退出方式为："准心对焦"在如图 10-67 所示的物体上，大约 2s 后，退出展览。其具体思路是，当我们参观完展厅内所有展品，回到指定位置，再次"准心对焦"在博物馆内木箱上，摄像机开始移动，并最终返回至平台开头时的位置，参观者可以选择再次参观，也可结束参观。

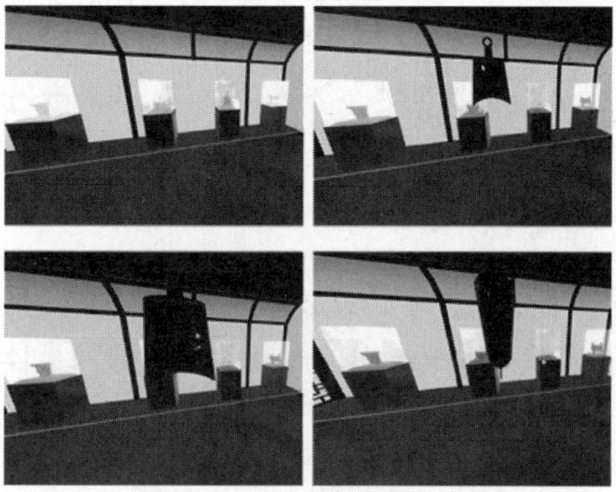

图 10-66　触摸板控制效果

图 10-67　退出展览交互物品

二、AR 展示制作实例

下面以天津科技大学制作的 AR 互动童书为例，来说明增强现实系统的开发流程。

利用虚拟三维模型与真实环境相结合来增强现实情境中的视觉感知能力，使儿童的阅读具有趣味、交互、逼真、沉浸、创造等特征，为儿童启蒙认知学习起到重要的作用，具有广泛的应用发展空间。

1. 纸质图书的制作

本图书的内容是动物科普类图书，因此将其命名为《动物乐园》，图书封面用可爱而生动的卡通动物来突出图书的内容，并标有图书的阅读人群的年龄为 2～6 岁。封面及封底的设计如图 10-68 所示。

动物展示页面主要展示该动物的卡通形象，后期结合增强现实技术，通过图像的采集和识别，实现三维模型的显示功能，如图 10-69 所示。动物的信息介绍页面主要是文字的识别模块，介绍了该动物的中英文名称，下面是动物的基本介绍，如图 10-70 所示。

视频识别页面能够通过扫描该页面生成动画片，点击实现播放，如图 10-71 所示。在图书的设计上为了便于儿童及家长的理解，在图书的扉页进行了使用说明，如图 10-72 所示。

图 10-68　封面及封底

图 10-69　识别页面

图 10-70　介绍页面

图 10-71　视频识别页面

图 10-72　操作方法页面

2. 多媒体资源的制作

（1）声音处理

音频模块的处理包括：朗读音频的制作，背景音乐的制作和处理。朗读音频的制作主要是利用了朗读女软件，可以根据具体文字自动生成机器读音。在中英文名称的朗读配音上采取对话配音方式，分别设定为中文女和英文女的标准发音，进行同时双语配音录制。

（2）视频处理

在视频处理上采用了目前主流的非线性数字视频编辑软件 Adobe Premiere，该软件具有音频视频同步处理的能力，可视化的编辑界面可完成视频的剪辑、加工、叠加融合等多方面的技术支持，利用滤镜功能、帧处理功能可以实现多种特殊效果。

（3）三维模型制作

利用 3ds Max 进行模型的构建与优化，进行贴图处理减少面数，有助于减少系统缓存。3ds Max 相对于其他专业的三维建模软件，拥有更多的素材选择、制作纹理、动画构建、模型建立和渲染效果。

3. 配置环境

安装 Microsoft Visual Studio2015，利用该工具来实现程序开发的脚本编辑环境。

① 安装 Unity3D version5. 4. 1。安装时需要选定其所需的发布平台，可实现跨平台发布的功能，该软件运行在 Windows 和 Mac OS X 下，可发布游戏至 Windows、Mac、iPhone 和 Android 平台，可以选择多平台的工具包集成安装，这样为后期能顺利发布做好前期准备。

② 搭建 Java 开发环境。通过下载并安装 JDK，在 Windows 10 系统配置中添加系统变量，输入变量名及变量值，通过系统的命令提示符调试，确保 Java 环境的正常配置，如图 10-73 所示。

③ 搭建安卓开发环境。通过下载 Android SDK，进行安装配置，准确的设定好安装

路径，并在 Android SDK Manger 中安装安卓版本平台和开发工具等，如图 10-74 所示。

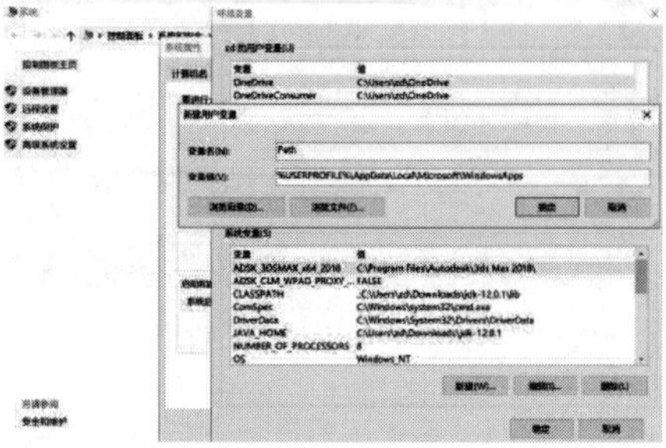

图 10-73　Java 环境搭建

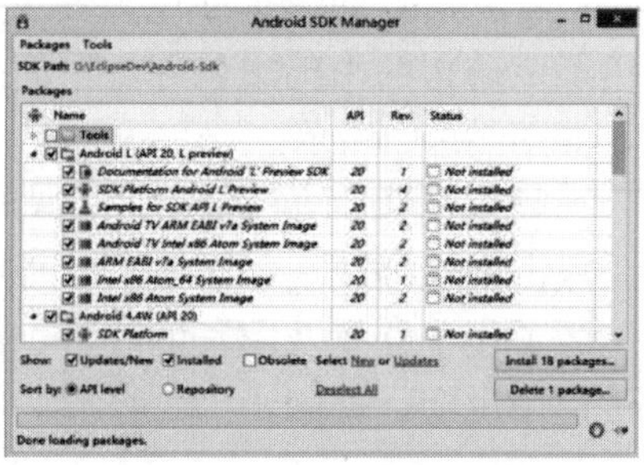

图 10-74　安卓开发环境

④ Vuforia SDK 配置。需下载 Unity3D 开发的 Vuforia SDK，在 Unity3D 开发工具中导入其 SDK，可以申请 Vuforia 个人免费开发者账号，获取 Vuforia 应用的开发权限。

4. 识别图的选择和预处理

利用 Vuforia 进行识别图像的预处理以及三维注册的。在设定识别图的时候应注意以下几点：

① 识别图图像应该轮廓分明，具有较高的对比度。

② 识别图应具有较高的分辨率。

③ 识别图图像应该具有较为鲜明的轮廓特征。

此外，识别图还应选择布局均匀的图像，避免图像分布过于不平衡。图像中有重复率高的图形也可能影响检测性能，如棋盘，因此应选择无重复基序图像。登陆 Vuforia 的官网，注册开发者账号，在其平台进行识别图的图像分析，如图 10-75 所示。为了保证识别图的准确识别，其分析的识别精度最好保证在两星以上。下载识别图的解析数据包以便于后期在 Unity3D 中的调用。

5. 三维模型识别功能

三维模型识别功能是利用摄像头进行图像采集，将采集到的图像进行算法分析，一旦和数据库中存在的识别图相匹配时，三维模型组件将被调用且出现在画面中。利用开发工具中的 ARCamera 取代系统自带的 Camera，ARCamera 中需要填入 vuforia 的许可密钥，用户只需使用摄像头扫描相应识别图即可出现三维模型，如图 10-76 所示。

图 10-75　特征点检测

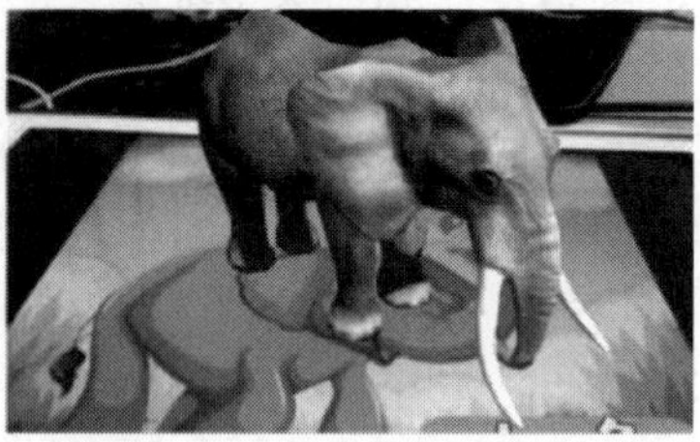

图 10-76　三维模型的呈现

6. 模型的旋转功能

模型的旋转功能实现根据手势的滑动使物体能够将其 180°展现出来，使应用具有很强的交互性。需要新建一个 UI 控件 Image，将其材质透明化并且平铺于二维界面，再新建C#脚本进行程序的编写其旋转功能脚本。

7. 脱卡的功能

脱卡的功能是指在摄像机脱离物体时，画面依旧有三维物体出现，此时物体的位置不再由摄像机标定而显现，而是以屏幕的中心位置出现，并且具有旋转的功能，该功能避免了长时间用移动终端扫描的不便捷性。

8. 文字的识别功能

文字识别功能是实现摄像机对文字的扫描，实现音频的播放。Unity3D软件支持的音频格式是MP3和WAV格式，所有资源的导入都需要命名为英文字母，不能包含中文字符，否则会出现无法识别的问题。调用ImageTarget预设控件，新建一个空物体作为其子对象，并加载至ImageTarget相关联，创建声音控制脚本，进行代码的编写。

9. 视频的识别功能

视频的播放功能主要是响应识别后在特定的位置出现视频的效果，具有点击播放，点击暂定的交互效果，如图10-77所示。

图10-77　视频的识别

10. 场景的制作

场景主要是App菜单界面和识别界面。以二维GUI设计为主，按钮相对简单，有引导性。图标的图片导入后应该将其设定为精灵格式，这样才能以材质的形式加载到控件上，具体界面如10-78所示。

图10-78　界面

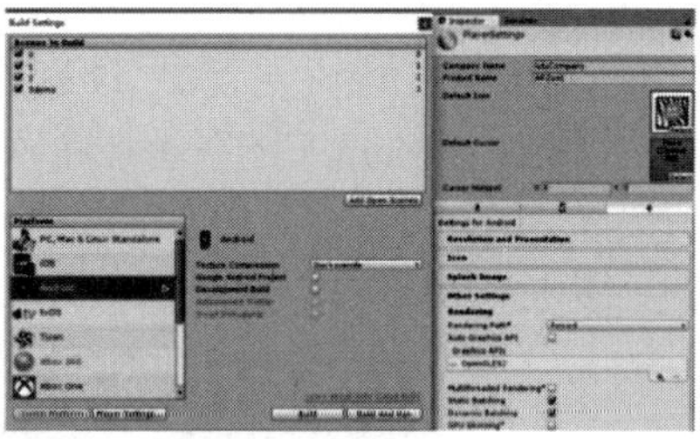

图10-79　发布界面

11. App的发布及测试

配置好安卓开发包的配置路径后，点击Build Settings，进行与安卓平台程序文件匹配的过程。随后选择并添加最终所需要的应用场景，将其按顺序依次添加，发布界面，如图10-79所示。

三、沉浸式实验室火灾安全教育系统制作实例

1. 多媒体资源的采集与制作

（1）音频制作

音频制作主要是制作背景音乐。获取途径主要是音频网站上下载免版权的素材，多采用节奏偏快、有紧张气氛的音乐。将音频导入Audition软件中，截取其中最适合的音乐片段，处理加工后转为MP3格式。

（2）UI 界面制作

UI 界面制作主要针对场景中提示框和题库的背景面板。采用 Photoshop 进行面板图片设计，导入 Unity 中，利用 UGUI 插件完成界面设计，然后添加动态效果和音效，实现更好的体验效果。

2. 三维模型的构建与优化

（1）模型制作

对于实战演练模块中的实验室场景建模，本研究应用的是比较主流且与 Unity 3D 引擎兼容性较强的 3Dmax 软件，它具有模型设计、贴图渲染以及动画制作等功能。本研究建模主要围绕简单的建筑群以及机械仿真，涉及基本体的建模以及简单的骨骼动画制作。由于场景中的器材过多，因此制作完成后还需要对其进行一定的优化，包括在保证模型外观的基础上进行面数的删减，减少模型内存进而避免资源浪费。

（2）材质贴图渲染

建模主要是构建了模型外观，为了实现逼真的效果，需要进行贴图操作。贴图采用 3Dmax 自带的渲染器进行渲染。

3. 开发环境的部署

基于 HTC Vive 设备开发虚拟现技术下的实验室安全教育系统需要搭建工作基站，以及 Unity 内部的虚拟环境。

（1）工作基站的搭建

首先需要注意的是版本的配套，这里的配套指的是 Steam VR Plugin、VRTK 和 Unity 三者的版本兼容。关于 HTC 的硬件搭建，每套设备上都自带安装向导，可以按照图示依次安装，或者通过查找相关视频进行安装操作。

硬件搭建完毕后，下载 HTC Vive 相关应用，主要包含两个软件：Steam VR 和 Steam 平台。Steam VR 平台在每次运行虚拟环境之前必须先打开，因为它是 Vive 的驱动和设置必备的应用，而 Steam 平台则用来下载应用。下载 SteamVR 平台，安装、注册并登录，然后打开 HTC 进行虚拟环境的初始位置以及高度等基础设置，如图 10-80 所示。

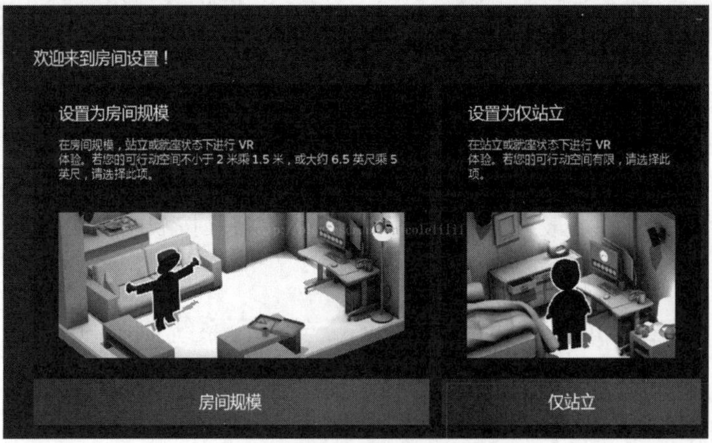

图 10-80　虚拟环境初始参数设置

（2）虚拟环境的搭建

首先需要导入 SteamVR Plugin，该工具是 Unity3D 开发 VR 的基础，导入后在 Unity3D 的 Project 窗口就会生成一个 SteamVR 的文件夹，里面包含 SteamVR 的所有组件，将 Prefabs 文件夹下的"CameraRig"拖入场景中，并删除场景默认的"Main Camera"，即可完成 VR 摄像机的部署，效果如图 10-81 所示。其次导入 VRTK 的 SDK，在为手柄添加组件的时候，将直接调用 VRTK 文件夹中的组件进行开发。

图 10-81　CameraRig 部署图

场景的环境搭建完毕后还要搭建 SDK 环境，给拖入面板的"CameraRig"预制体挂载 Steam VR_Controller Manager，以实现 HTC Vive 设备的控制管理，一般还会挂载 Steam VR_Play Area 脚本给后续的瞬移设定范围。

在面板创建一个空物体命名【VRTK】，挂载 VRTK_SDK Manager 脚本，再创建两个子物体，后续实现各种手柄交互功能再挂载在此物体上。【VRTK】的管理脚本如图 10-82 所示。

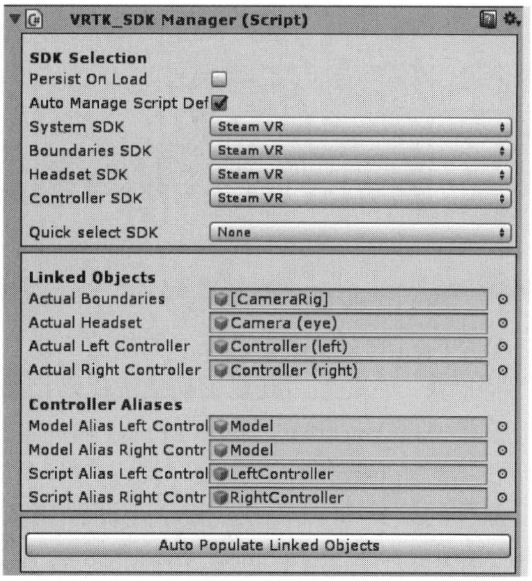

图 10-82　[VRTK] 面板挂载的管理脚本

4. 知识题库交互功能的实现

知识题库模块主要凭借高校总结的一些实验室安全知识，针对性地收集了三种火灾安全问题题库：防火安全、危险化学品安全和用电安全。每种题库利用不同的计分方式：错误提示、归纳对错和统计分数。通过 HTC 的手柄发送射线进行 UI 交互，以知识问答的形式加深玩家对火灾安全防火的认知。

(1) 知识题库

知识题库包含实验室中常见的一些火灾知识问答，每个题库包括三个选择题以及三个判断题。

(2) 手柄射线交互

调用 Virtual Reality Toolkit 工具集中的 VRTK_Pointer 和 VRTK_Straight Pointer Renderer，这两个脚本主要作用是控制手柄发送射线。继续挂载 VRTK_UI Pointer 脚本

就能实现交互功能，该面板中会有事件触发按键，以及挂载事件脚本。

（3）计分方式

一般的题库总结分为很多种情况，本系统采用三种不同的计分方式：错误提示、归纳对错和统计分数。其中错误提示代表在回答问题过程中如果回答错误，就会弹出错误界面，告知错误；归纳对错代表题库中所有问题回答完毕后会在最后的总结界面告知用户具体错误的题目序号和错误数；统计分数代表所有题目回答完毕后进行评分，从 0 分计算，每题积 1 分，然后将最终得分显示在界面上。

5. 实战演练交互功能的实现

（1）瞬移功能

在虚拟环境中的移动方式多采用瞬移而不用实际移动方式，一方面是因为活动面积的限制，更多的则是因为实际移动的方式会引起头显中摄像机的不稳定，当目标移动过快的时候，对头部摄像机进行追踪会有一定的时间差，会给体验者带来一定的眩晕感。

在本系统中的瞬移就是使用手柄选取一个位置，通过扳机键进行瞬间移动。目前在 Steam VR 平台中，各大游戏制作以及漫游作品均采用瞬移方式进行体验。瞬移的实现是通过对地形进行路径烘焙（Navigation）后渲染出可行路径，然后添加限制条件，再利用射线原理触发瞬移，VRTK 的瞬移功能配置如图 10-83 所示。

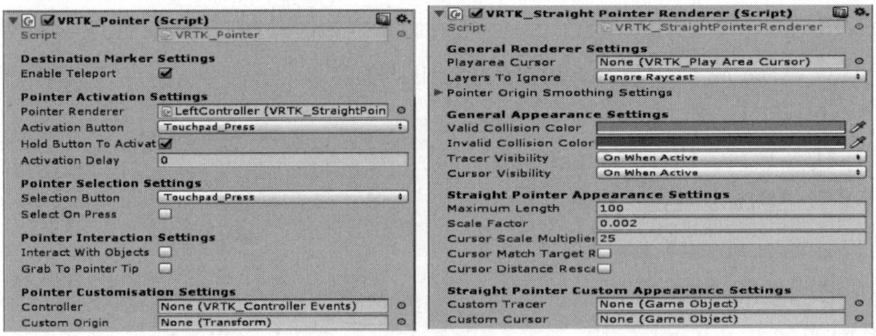

图 10-83　瞬移功能配置

（2）模型抓取功能

模型的抓取交互是本系统的实战演练模块的主要交互手段之一，它的实现方式主要基于手柄拾取，首先编写获取手柄按键代码，然后写入拾取代码，或者可以选中要拾取的物体，直接使用 VRTK 的 Setup Object 插件，将会自动挂载 VRTK 中自带的脚本，也可以实现模型的抓取操作。

具体的设置如图 10-84 所示，设置完成后引擎会自动在面板窗口生成一个名为“VRTK_Interactable Object”的脚本。然后给需要抓取的物体添加碰撞体，实现物体的抓取，其效果如图 10-85 所示。

（3）游戏逻辑功能

整个实验室安全教育系统分为知识题库和实战演练。知识题库模块主要采用的是界面切换交互，在 Unity 中创建 Canvas 画布，将画布的渲染模式改为 World Space（世界空间）。为了将 UI 界面基于 HTC 的手柄进行交互，需要在画布上挂载 VRTK 的 UI Canvas 脚本，实现射线识别与交互，如图 10-86 所示为 UI 界面。

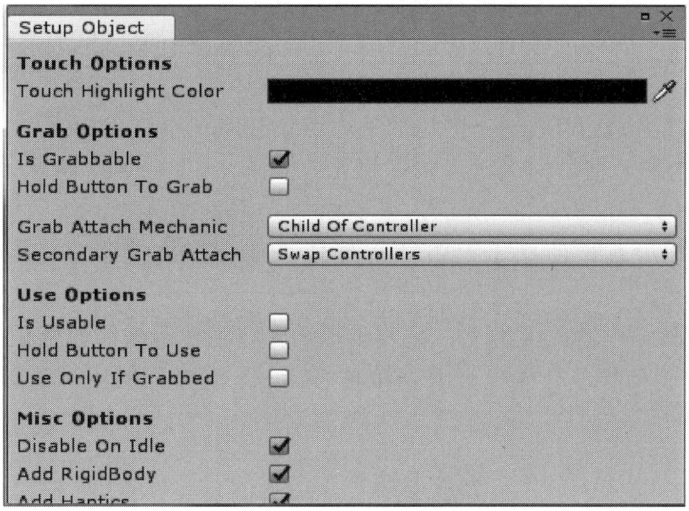

图 10-84　拾取设置面板

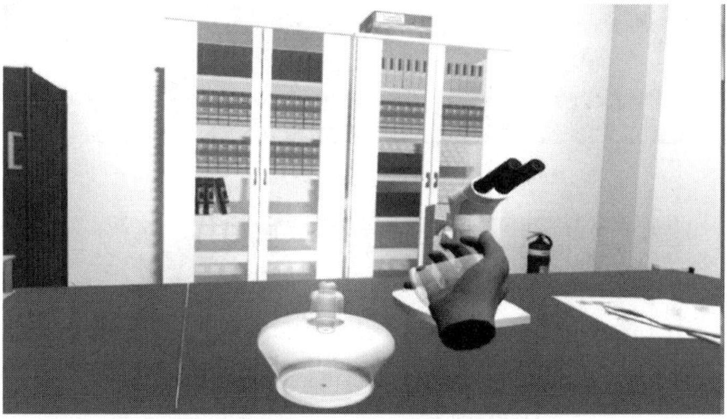

图 10-85　抓取功能实现

图 10-86　UI 界面

实战演练模块主要有两个实验室场景，实验室一共有三个灭火逻辑，倒计时检测以及通关限制几大交互。灭火过程中，火焰触碰到指定物体会消失。将火焰粒子区分制作，归于同一父级，然后用脚本控制各个子物体粒子效果逐渐消失。

① 第一大逻辑。通过 Trigger 键拾取毛巾移动开来观察掩盖的灭火方法，然后按照显示的方法操作，拾取酒精灯帽进行酒精灯熄灭的操作，如图 10-87 所示。

② 第二大逻辑。如图 10-88 所示，将毛巾放入水盆中蘸湿，然后使用湿毛巾把桌子上的火势扑灭。如果直接使用干毛巾进行操作，则会弹出提示框，警示体验者将毛巾蘸湿。

③ 第三大逻辑。电器灭火类型，主要步骤为先将主电源关闭，然后通过碰撞体检测，按住 Grip 键拾取灭火器，对准着火电器按住 Trigger 键打开灭火器进行火势扑灭，如图 10-89 所示。

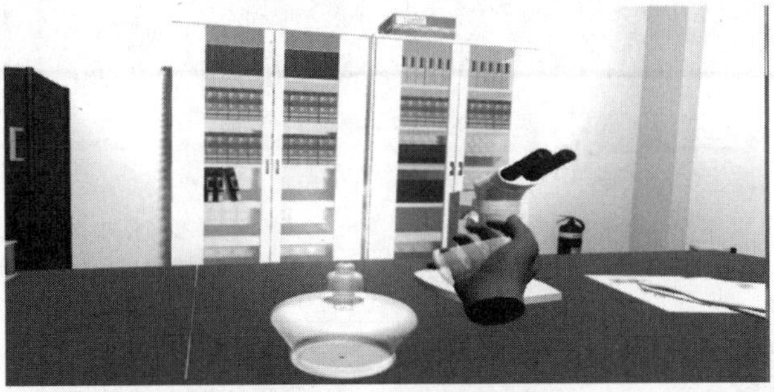

图 10-87　熄灭酒精灯

图 10-88　湿毛巾灭火

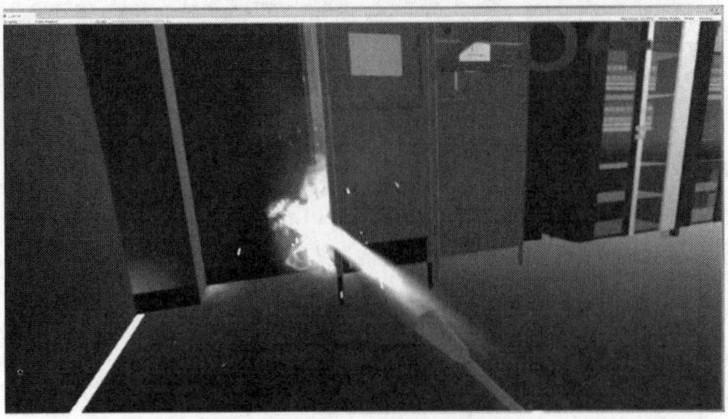

图 10-89　灭火器灭火

参考文献

［1］戚纯. 基于混合现实技术的数字博物馆应用研究［D］. 天津大学，2017.

［2］吕利婷. 基于混合现实的搞笑泛在学习研究［D］. 郑州大学，2018.

［3］王爱军，李中永，颜世波. 基于 Unity 3D 的博物馆虚拟漫游系统设计［J］. 湖南工程学院学报，2019，1（29）：49-53.

［4］Baochuquan. 计算机那些事（7）——图形图像渲染原理. 简书 https：//www. jianshu. com/p/74f9a225f642.

［5］zxd. 详解两大 VR 空间定位技术：Oculus Constellation 和灯塔激光定位技术. VR 网 https：//news. hiavr. com/news/detail/40167. html? type=1.

［6］Rodolfo. VR 系统的组成. 博客园 https：//www. cnblogs. com/Rodolfo/p/5455701. html.

［7］百度百科：虚拟现实硬件 https：//baike. baidu. com/item/%E8%99%9A%E6%8B%9F%E7%8E%B0%E5%AE%9E%E7%A1%AC%E4%BB%B6/7482551.

［8］百度百科：虚拟现实 https：//baike. baidu. com/item/%E8%99%9A%E6%8B%9F%E7%8E%B0%E5%AE%9E.

［9］百度百科：VRP（虚拟现实平台）　https：//baike. baidu. com/item/vrp/5799712.

［10］百度百科：720yun　https：//baike. baidu. com/item/720yun.

［11］百度百科：Unity3D　https：//baike. baidu. com/item/Unity3D.

［12］UE4 官网：什么是 UE4　https：//www. unrealengine. com/zh-CN/.

［13］顾长海. 增强现实（AR）技术应用与发展趋势［J］. 中国安防，2018（08）：81-85.

［14］王宇希，张凤军，刘越. 增强现实技术研究现状及发展趋势［J］. 科技导报，2018，36（10）：75-83.

［15］刘安森. 纸质地图的增强现实表达设计与实现［D］. 战略支援部队信息工程大学，2018.

［16］刘佳，王强，张小瑞，等. 移动增强现实跟踪注册技术概述［J］. 南京信息工程大学学报（自然科学版），2018，10（02）：203-212

［17］胡天宇，张权福，沈永捷，等. 增强现实技术综述［J］. 电脑知识与技术，2017，13（34）：194-196.

［18］别来无恙_wang 的博客 https：//36kr. com/p/215928

［19］郑宁斐. 增强现实中关键技术的研究［D］. 西安电子科技大学，2007.

［20］e-works 涂彬. 增强现实 AR 技术在工业制造五大应用模式. 环球网 http：//smart. huanqiu. com/roll/2016-11/9739855. html? agt=15438

第十一章　智 能 出 版

第一节　概　　述

一、智能出版表现形式

关于什么是智能化，目前学界和社会各界并没有统一的说法。我们认为智能出版包括四个要素：泛互联范式、立体出版、协同生产、精准营销。在这四个要素中，立体出版与出版价值链问题有关，协同生产和精准营销与出版供需链问题有关，泛互联网与出版空间链有关，如图 11-1 所示。

1. 基于泛互联范式的智能出版

泛互联网包括互联网、移动互联网、物联网等网络形态，基于互联网和移动互联网的出版业态已然形成，出版的物联网也正在走进我们的生活中。

天朗时代科技有限公司的 MPR 复合数字出版技术面向纸质媒介，通过在纸张中镶嵌关联有数字化信息的 MPR 编码，以专业识读器进行辅助，与手机、电视、平板电脑、音频播放器、投影仪等终端连接，进而把传统的纸质图书转变为具有数字化信息的新型图书，包括人民教育出版社在内的数十家出版社运用了 MPR 技术来制作新型的智能化图书。

2. 基于立体出版的智能出版

立体出版是指出版物的多媒体呈现，发挥不同媒介的优势功能，实现不同媒介对同一出版内容的融合，促进读者用户与商家的互动。因此，移动互联和立体出版在以内容为核心的架构上，增加关系要素，将数字阅读平台与社交网络平台相结合，改变传统的依靠内容为建构主体的平台建构方式，增加用户主体架构。立体出版不能仅仅停留在读者用户静态阅读空间的层面，还要拓展为读者用户动态互动的空间层面，增强互动性和用户体验是立体出版的发展方向。

3. 基于协同生产的智能出版

出版的协同生产，就是要突破原有的只是少数编辑和少数专业作者从事出版的局面，而动员广大业余作者和公众也参与到出版业务中来。在自媒体和“微”时代，越来越多的人在出版自己的日志，而且他们的读者群或者粉丝有时还超过了一些平面的主流媒体，这得益于生产工具的普及，加上公众表现自我能力、展现自身价值的欲望，使平民大众正在由被动消费者转变成主动生产者。

4. 基于精准营销的智能出版

基于大数据的精准营销是运用数据挖掘和用户关系理解功能对用户市场进行了个性化细分，这种细分带有“微”的特征，通过微博、微信、论坛、QQ 群等平台捕捉“微热点”，“微热点”即从内容的角度进行分类。通过这些平台建立“微圈”和打造“微达人”，是从人的角度将用户群进行分类，也就是智能分组，最后通过这些平台进行“微营销”。

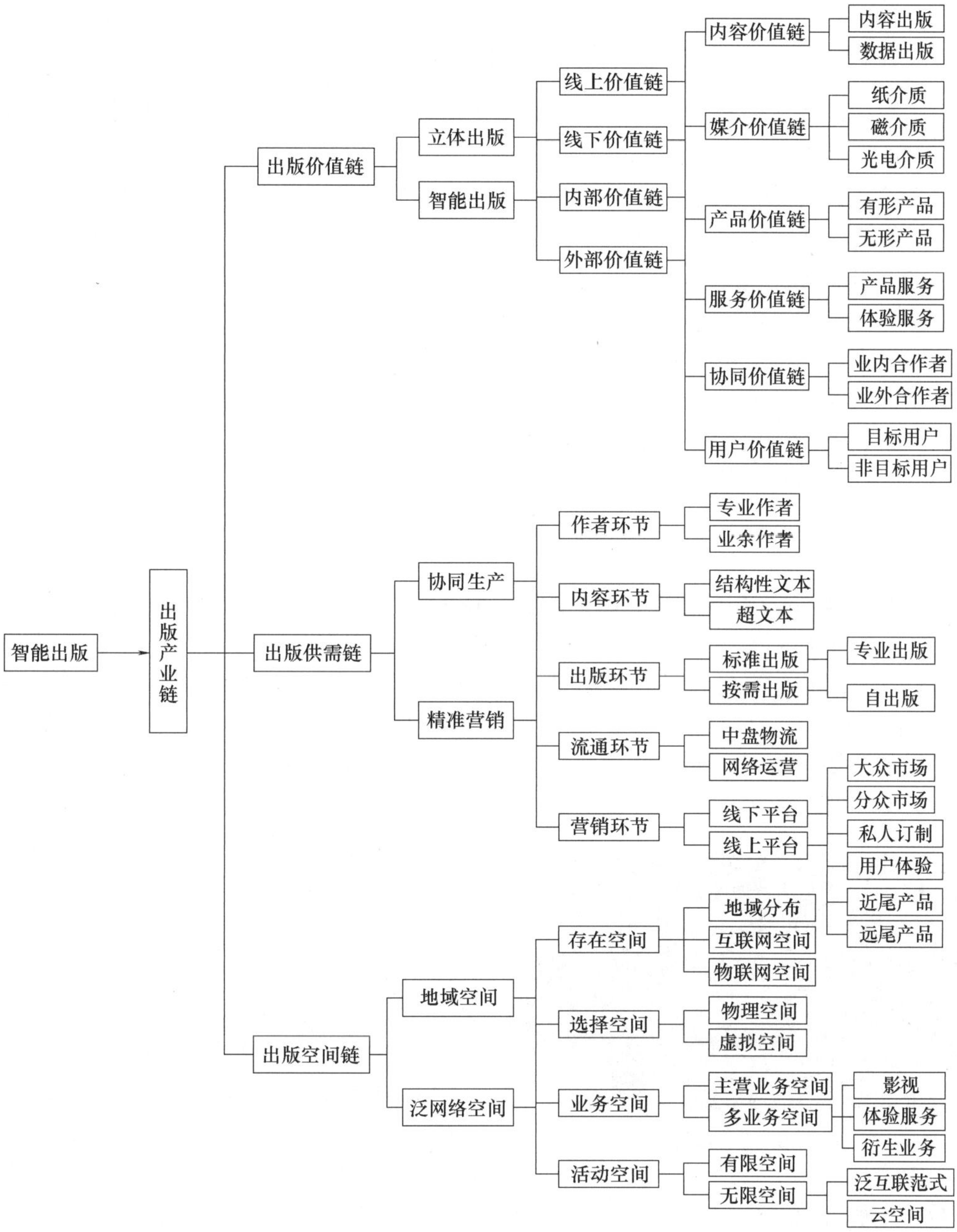

图 11-1　智能出版模型构想图

“微营销”既是营销手段的多元化，也是营销对象的细分化，目的是实现市场营销的精准化。“微营销”作为一种精准化营销模式，本质上是大数据时代“微传播”和“微时代”的产物。“微传播”是指传播主体、传播内容与传播方式都以“微”为特征，以个人声音为主导采用微话语表达，是微内容的网络化。“微时代”的出现，既是文化变革和权威解构的结果，也是微博、微信、QQ 等微传播渠道发展的产物。运用“微时代”和“微传播”的力量进行“微营销”既是大势所趋，也是出版产业摆脱目前市场困境的需要，也就是说应用大数据进行市场营销既有必要，也有可能。

二、智能出版特点

人工智能环境下的数字出版将成为未来出版业态的主流模式。在人工智能与新闻出版深度融合的发展态势下，业界明确提出和使用“智能出版”这一概念，并以“智能出版”概念专指“人工智能＋数字出版”这一基于数字出版流程再造的新业态。与传统的数字出版相比，智能出版主要具有以下三方面的特点：

1. 智能出版进一步解放并发展了出版生产力

人工智能具备与电子书编辑加工融合发展的潜能，内容编辑的时间成本借助人工智能技术可由一个月降为一天。在新闻资讯业，初级新闻产制由机器接管，记者、专栏作家、编辑等新闻从业者从疲于奔波和码字记录转变为深度报道和创新制作。新闻编辑借助大数据分析舆论热点和价值倾向，进而确定新闻选题，利用传感器采集信息，通过软件进行汇总分析，通过机器写出新闻故事，并最终由人审核和分发。同时，新闻出版的阅、视、听边界模糊化，人工智能环境下的数字流媒体可以实现文字阅览、视频展示、语音播报之间的同步转换。

2. 智能出版使人类不再是出版物的唯一作者

目前，人工智能不仅能够与人类合作完成小说，而且出版了纯机器写作的诗集——具有代表性和划时代意义的作品就是由基于神经网络、深度学习和大数据的微软小冰创作的《阳光失了玻璃窗》。人工智能也给新媒体行业带来变革，以网络视听节目的出版制作为例，传统的策划、编辑、导播、主持等工作环节被图像虚拟和音频合成的人工智能主播取代。2017 年 3 月 21 日，首档全程以人工智能为主线，并以人工智能命名的新闻栏目在东方卫视 Knews 网络及 App 平台直播，微软小冰以“互联网大数据播报员”的身份出现在融媒体直播节目“小冰摇摇吧”中。机器人利用大数据梳理热点话题，收集筛选网友评论、通过线上视频采访网友、全程与人类主持人搭档互动，如图 11-2 所示。

图 11-2　小冰摇摇吧

3. 智能出版使出版受众逐步转变为内容用户

变革最为深刻的是数字日报、数字杂志、数字广播等大众传媒，以大数据和内容分发为基础的人工智能使大众传媒受众碎片化。以数字日报为例，智能出版的数字日报是被大规模定制和个性化分发的个人日报，传统大众媒体的覆盖面被迅速削弱。今日头条等内容分发平台本质上是实现了精准分发的个人日报，如图 11-3 所示。通过人工智能分析，出版者可以追溯用户，一对一地为读者推送作品，进而理解用户偏好并更加深入地开发用户兴趣，提升用户黏性，营造新的

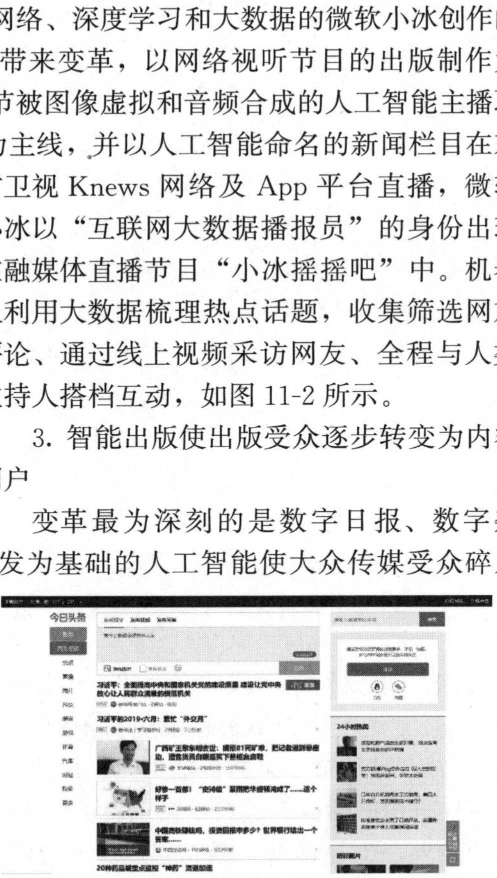

图 11-3　今日头条平台

产品需求和出版商机。

三、智能出版制作与实现

人工智能对出版流程的最大启迪在于适时构建一套自动化、智能化、系统化的出版流程，在同时支撑传统出版业务和数字出版业务的基础上不断实现出版流程革新再造，为用户提供更好的品质服务，为出版者创造更好的经济利益。在该出版产业链中，智能技术成为出版核心并渗透到媒体生产的全部环节，智能编辑部成为媒体机构的中心引擎，如图11-4所示。为更加深入地剖析智能出版的运作流程，下面以电子图书出版为例进行说明。

1. 出版导向与选题策划

人工智能作为技术工具协助编审人员进行把关，降低责任风险。选题策划的难点在于把握读者需求，通过人工智能分析实时热点、读者批注和在线评论、电子书浏览量、现有书目等海量数据进行抓取挖掘，结合自身出版优势协助决策者确定选题。

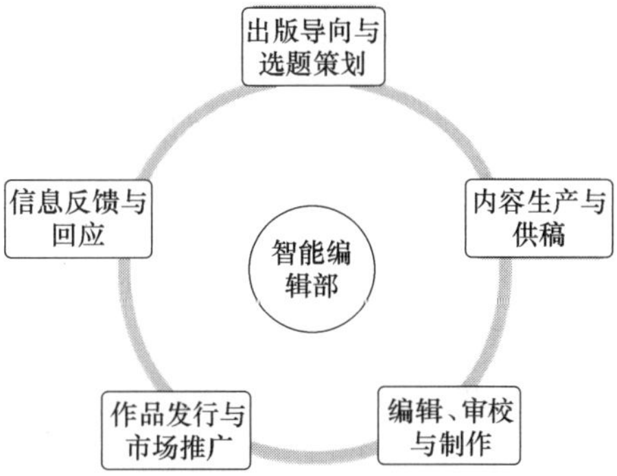

图 11-4　智能出版流程构成

2. 内容生产与提供

借助人工智能整合与选题相关的数据资源，形成数据库。通过对数据库中的海量百科词条进行多次整理和反复迭代学习，基于神经网络和复杂算法的类人脑机器可以迅速而高产地编制出教辅教材、诗文集、故事集、法律法规、百科全书、人物传记、行业知识、社科文史、地图、摄影集、绘本等。以龙源数字传媒集团旗下的人工智能平台“知识树”为例，该系统目前已能够完成在数千万篇文章中寻找已获取授权的内容，基于编辑所定义的部分内容自动编辑剩余内容，继而对接亚马逊等图书电商平台并将所编辑的内容输出到各种数字出版分发渠道等一系列图书编辑工作。内容创作人员可以通过语音录入进行深度加工和润色修改，实现人与人工智能的协同撰稿。

3. 编辑、审校和制作

文献查证、数据核验、敏感词排查等基础繁琐工作由机器来完成，编辑人员对内容的创作品质和内容逻辑进行把关。人工编辑的主要工作是更为核心和高端的，人工智能将成为编辑助理。在制作环节，图文互现、修图美编、文字排版等工作由算法机器来完成。根据受众情况，算法机器可针对同一书目创作出符合不同用户需求的精简版、外文版、少儿版、学术版等多种不同表达风格的版本。还可以协同其他硬件设备，借助全息投影、增强现实、智能语音等技术，提升电子书作品的内容呈现模式和消费体验。

4. 发行与市场推广

利用用户的基本信息（如学历、地域、知识域等）和动态信息（如留言评论、消费记录、心情等），人工智能对不同用户进行精确画像并与电子书作品进行在线匹配。根据不同风格的作品版本和不同的目标人群，人工智能制定出不同的营销方案并进行无人销售，如在Kindle等阅览平台上为研究生推荐该作品的学术版本。为保护版权和增强用户黏性，可采取对失信用户不推送、对未付费用户及试读用户逐页推送、对新用户和会员用户免费推送等多种方案。

5. 信息反馈与回应

在用户阅览的同时，后台实时追踪读者在阅读中的行为特征和直接反馈，结合这些数据信息，人工智能实时调整、修改和增补作品，甚至根据市场发行量和阅览趋势实时调整作品价格。根据作品的市场反响确定下部作品选题。在电子书出版前后，出版人员要对出版流程进行过程管理和流程协同再造，以优化下一步作品的出版流程，不断提升数字出版的智能性。

四、人工智能创新

1. 人工智能引领新闻出版业态创新

现今，由人工智能统领的各项高新技术对新闻出版业态重塑和赋能的格局进一步明朗化，在大数据、知识服务、人工智能、智库建设、标准规范和人才培养等方面产生了一系列新的变化。

（1）大数据的方兴未艾

大数据，如图 11-5 所示，作为第三次人工智能浪潮的基石之一，日渐受到新闻出版企业的重视。经过多年的发展，对于新闻出版大数据建设的以下共识正在达成：大数据的数据类型——条数据与块数据；内容数据、用户数据与交互数据的应用范围不断扩大；大数据构建的数据采集、数据加工、数据存储、数据标引、数据计算、数据建模、二次数据、数据服务等基本流程环节已基本确定；大数据对选题策划、编辑加工、精准营销、作者服务等方面的积极价值正在被不断挖掘和重视；大数据与深度学习的联手，共同催生了第三次人工智能的浪潮，大数据已经成为深化新闻出版转型升级、推动智能出版建设的必由之路和必要抓手。

图 11-5　大数据

在产业发展层面，新闻出版大数据的探索和总结从未停下脚步。首届中国新闻出版大数据高峰论坛会上公布了融智库“大数据分库”的首批专家，发布了首批中国新闻出版业大数据平台创新成果奖，海关出版社、人民法院出版社、中地数媒公司、北大方正电子公司等企业获得了该项荣誉。这次论坛也是对我国新闻出版大数据建设的首次集中检阅和成果展示。

（2）人工智能的产业融合

人工智能作为高频词，屡屡出现在社会各行各业，新闻出版业也不例外。《新一代人工智能发展规划》以人工智能为统领，将大数据、增强现实、虚拟仿真、智能机器人等多项高新技术进行了规划和描述，成为人工智能与各行各业相结合的指导性、方向性文件。

2. 人工智能在数字图书出版流程中的应用

人工智能在纸质图书出版流程中的应用，与数字图书出版密不可分。

在选题策划阶段，人工智能可以提高编辑们的工作效率。利用大数据积淀了庞大的书目信息库，包括内容信息、作者信息、销售信息、评价信息、读者信息、用户行为信息等，通过关键词检索功能，为编辑们的选题策划工作提供数据支持，从而有效地预测市场需求，精准市场定位。

在编辑校对阶段，编辑们的审校工作逐渐与人工智能相结合，人工智能自动处理一般性审校工作，人类智能侧重对特殊内容的审核把关，通过标注图书中出现敏感词汇、语句错误等，提高了审校工作的效率，使编辑们能够将精力更多地放在内容的原创性、重点性和独特性审核。

在营销推广阶段，人工智能可以采集图书的阅读数据、评论数据、销售数据、传播数据等进行市场分析，帮助出版社决策营销战略、提供解决方案、总结营销经验。当当、京东等电商销售平台，通过采集用户的“电子足迹”，借助大数据重塑内容分发机制，实现个性化推荐。

在内容消费阶段，将人工智能融合其他高新技术，全面提升阅读展现形式和内容呈现模式，这在数字图书市场被充分发挥。通过人工智能，借助全息成像、增强现实等技术，实现故事情节的全息投影，为读者带来全新的阅听感受。

第二节　智能出版发展趋势

一、市场发展分析

人工智能技术的渗透对于数字新闻出版业的生产方式和传播格局的改变是全方位和全环节的。在智能出版时代，媒体平台将逐渐整合，出版成本将迅速降低，出版效率将迅速提高，出版物数量将指数级增长。除此之外，智能出版自身将会进一步革新，营造新的未来出版生态。

1. 智能出版的发展促进人工智能与数字出版进一步融合

第一，智能出版将全面实现个体用户的内容定制，媒体与用户间一对一的连接方式将被进一步改变。智能出版模式以内容定制为主导，以内容分发为辅助。第二，媒体中的机器与个体的互动性将进一步加强。未来的智能出版将会把交互式机器人作为出版对象，人工智能将走向前台成为用户的直接浏览界面。第三，智能出版将实现更广泛的内容分析服务。

2. 未来的智能出版将更加贴近用户

智能出版是智慧产业链化的出版方式，是后数字出版业态。智能出版产业链真正实现了用户与出版商之间的同步互动，实现了以需求感知导向的自动创作。未来的智能出版将更加贴近用户，乃至实现用户沉浸。VR、AR、生物传感、物联网等技术将围绕人工智能技术综合应用于智能出版领域，内容被嵌入更为广阔的社会生活场景中，结合用户的生活习惯、行为偏好、所处环境等信息，随时、随地、随身地使用户沉浸于内容资源中，从而高水平地满足用户全方位的文化和信息需求。同时，未来的智能出版将进一步模糊出版与传播的边界。对于媒体来说，其发展重点不再是创造和传播，而在于数据与服务。出版商通过对用户数据库进行大数据挖掘建立用户模型，使智能出版具有深度学习的能力，从而更具变革性地创造出服务于个体的个人出版社和私人资讯秘书。例如，不同用户获取的语音信息将根据用户环境、用户偏好和用户心情发出不同的音色、音调和响度，使出版界面实现真正的用户友好。

3. 人工智能有望成为柔性 DRM（数字版权管理）

数字水印、数字签名、数字指纹等DRM将不再与内容或硬件绑定，而是与分发渠道相关。例如，人工智能通过分析用户权限决定是否对其推送特定的版权内容。而在用户提出版权内容需求时，又能够在提醒付费版权的前提下与支付宝等电子钱包进行绑定，扣除版权费用。与内容覆盖式和内容糅杂式的DRM技术相比，处于底层的分发算法无法被用户毁坏或破解，进而彻底解决数字版权保护的难题。当然，版权法领域突出的技术保护措施反规避立法与版权内容合理使用之间的冲突也将迎刃而解。

二、智能出版问题及对策

在智能出版时代，如何重塑数字出版业，进行出版流程再造成为最大的挑战。一些未被数字出版时代淘汰的新闻媒体刚刚追上互联网公司的步伐，却又面临着人工智能带来的行业危机。媒体行业极有可能遭遇智能出版的“降维打击”。应对人工智能带来的冲击，数字出版媒体应从以下几方面迎接挑战。

1. 积极转变思维，确定智能出版的发展战略

应对人工智能带来的技术变革，媒体行业要迭代更新，升级自我，将智能出版放在媒体创新战略的重中之重，将人工智能确定为未来出版行业的生态环境，以新的人工智能的思维而不仅是数字出版的传统互联网思维来重塑媒体的发展模式和规划路径。在思维革新的基础上大力运用人工智能技术，推动数字出版流程再造，不断解放和发展生产力，变革生产关系，如利用数据挖掘助力出版项目选题策划。

2. 利用好既有条件，走融合发展之路

与互联网公司相比，媒体行业缺乏技术、数据、资金等关键资源，媒体行业应当认清自身优势与不足，克服创新焦虑，冷静选择自身发展路径。例如，通过并购、合作、投资等方式主动参与到智能出版中来。当前，媒体行业应以传统出版为资源基础，以数字出版为核心支点，以智能出版为发展方向，推动传统出版、数字出版与智能出版在内容、渠道、平台、经营等方面的深度融合，找准后发时机，盘活用户和版权存量。此外，在企业出版智能化升级前一定要打好改革基础，如部分媒体企业仍未完成转企改制，市场效率低下与智能出版的要求不符，部分企业的传统出版与数字出版仍“各自为政”，未能实现两者协同发展和良性互动。

3. 坚持把做好内容作为媒体行业的核心竞争力

人工智能提升了出版效率，贴合了用户需求，却无法使内容更加深刻和准确。人工智能淘汰的是平庸的内容，具有独家版权和含金量的内容无法被替代。因此，在智能出版时代，出版企业一定要把追求品质的工匠精神作为永恒追求，更加重视人才储备、版权保护和内容创新。

4. 重视智能技术复合出版从业人员的培养

人工智能对出版从业者的知识结构和能力提出了新要求，既有出版从业人员要加强对人工智能相关知识的学习和掌握，提升人机协同能力。同时，传媒行业要积极调整人才结构，引进智能科学与技术、计算机科学、软件工程、自动化等相关专业人员和创新型人才，并对其加强出版传媒专业知识的培训。智能出版将从业者从繁琐、机械化的工作中解放出来，必然会淘汰一部分从事简单重复劳动的员工，企业要下大力气刮骨疗伤，做好这部分员工的转岗培训工作。

5. 传媒行业在积极拥抱人工智能的同时，也要警惕泡沫

面对步伐紧凑的科技创新和越来越热的人工智能风口，对技术了解不足的媒体业一定要审慎稳健、合理投资，这也是对传统媒体业的最为关键的建议。

参 考 文 献

[1] 张弛. 大数据时代中国出版产业链的重构 [D]. 华中科技大学，2015.
[2] 宋伟，刘禹希，王金金. 智能出版：开启后数字出版新业态 [J]. 传媒观察，2018 (08)：24-29.
[3] 张新新. 人工智能引领新闻出版转型升级 [J]. 科技与出版. 2019，38 (02)：44-54.

第十二章　数字出版标准化

第一节　概　　述

一、发 展 背 景

随着对标准化重视程度的不断加深，国家对于标准化工作的部署越来越详细，有关指示也越来越具体。一盘以标准化工作为核心，涉及全社会、全行业的大棋正在逐步布局和展开。

从新闻出版行业的标准化工作具体态势看，标准正在从追求数量到追求质量，从追求规模到追求精品，从追求概念到追求实践的方向不断发展转变。曾经在很长一段时间里，行业的标准化工作有些落后于行业现实发展水平，但随着近几年国家新闻出版广电总局下属的新闻出版标准化技术委员会、新闻出版信息标准化技术委员会、新闻出版版权标准化技术委员会、新闻出版印刷标准化技术委员会及新闻出版发行标准化技术委员会等标准化专业机构的努力，众多空白领域得到了填补，无论标准的行业认同性还是标准化工作的全行业普及力度都得到了极大加强。

根据国务院批准的《深化标准化工作改革方案》，标准化工作改革的第二阶段为 2017 年到 2018 年，主要是稳妥向新型标准体系过渡。在这一阶段，标准化工作的相关立法工作首先得到了极大的改善。

在有关中央领导同志的密切关注和直接领导下，《标准化法》《标准化技术委员会管理规定》等相关行业法律法规得以在一年内迅速完成立法意见征求并出台。这些标准化的法律法规在很大程度上，直接作用于标准化体系改革和标准化管理体系，作用于行业的标准化推广和落实。

通过立法途径，标准的实施监督机制得到了有效加强，标准在行业的顺利运行将得到更有效的保证，作用得以更稳定的发挥。

二、现状特点分析

1. 标准培训工作持续发力，人才梯队建设成体系

由行业标准技术委员会主导推动的标准化人才体系建设已初见成效。主要表现在以下四个方面：

一是从标准培训课程结构上看，基本实现了全面覆盖，培训内容更加趋于均衡合理。到 2018 年，标准内容已覆盖了十余个数字出版门类，实现多领域、多角度、全方位的标准无缝衔接。从数据库、数字化书报刊、数字音视频等全面内容分类到数字加工、制作等数字出版生产全流程，再到数字版权、数字版权平台管理等，标准化培训已经从行业需要出发，实现了对数字出版行业的综合立体支撑。

二是从培训师资力量看，通过系统性授课和课程梳理，已经组建成功由一批行业标准

化专家组成的高水平师资团队。同时以此为核心进行延伸，逐步汇集成国际标准带头人、标委会专家委员、行业常备专家、企业标准撰写专家四类标准化高级专业人员，形成了从国际级、顾问级、日常级、一般专家的四级人才梯队。为国际标准、国家标准、行业标准、团体标准等不同层面的标准化工作提供了充足的高端标准化人才储备。

三是从受训人员年龄上看，培训学员的年龄逐步降低，为标准化工作铺垫了行业未来。以往的行业培训专注于出版业中高级职称专业技术人员，随着培训范围的扩大，初入数字出版业的从业人员也得以实现早期标准化教育，使受训人员年龄逐步降低。

四是从受训人数上看，标准受训人数逐年增加，2018 年再创新高，达到近 2000 人，同比 2017 年培训人员提升 25%。其中，由标准化技术委员会培训的学员 500 余人，其余培训均由中国新闻出版研究院等相关国内权威科研机构、行业协会组织举办。说明行业内标准化意识正在不断加强并逐步形成行业性思维。

通过近几年坚持不懈的标准培训工作，已经为全社会培养了大量数字出版产业标准化人才，这为推动全行业数字化转型中各项工作的标准化升级打下坚实基础。

2. 从做多到做精，由数量到质量转型效果显著

2018 年，随着数字出版和标准化工作行政主管部门的内部调整，国家标准、行业标准的工作思路也相应出现了较大转变，表现为以下三点：一是标准申报程序更为严谨，以往国标、行标申报只需标准工作组形成一致意见即可，现在标准申报则必须经标准化技术委员会的全体委员投票决定。二是申报审批更为严格，行业标准报批增加了委员投票的环节，而以往则只需审查会专家意见。三是对行业应用成熟度进行了要求，以往行业标准申报只要程序正确，根据行业专家意见即可获批，现在则增加了对行业应用程度的要求，要求标准要有一定的行业使用度和适用度。这些举措减少了标准数量，却能够极大提升标准品质，使标准真正具有行业实用性，提升标准的实际行业应用频率。以国家新闻出版标准化技术委员会为例，2017 年该标委会共提出 6 项行业标准并获批，但 2018 年，该标委会提出 10 项行业标准，无一获得批准。

少而精、质量高是伴随行业技术不断发展进步对未来标准化工作提出的必然要求，标准立项审查门槛的升高实质上增加了标准含金量，使标准化工作力量能够更加集中对少量标准进行精耕细作，促进标准应用水平提高，真正加大标准对行业的指引、规范和提升作用。

3. 国家项目成为标准研制重要推动力

借鉴消化吸收国家项目科研成果已成为助力标准研制的重要手段，借助国家级项目实施开展基础，立项申报相关国家标准、行业标准，已经成为标准的重要来源和渠道。

如 2018 年科技部重点研发计划“国家质量基础的共性技术研究与应用”重点专项“数字出版技术标准研究”，在研究过程中已经产生出《新闻出版知识服务知识资源建设与服务工作指南》《新闻出版知识服务知识资源建设与服务基础术语》《新闻出版知识服务知识资源通用类型》《新闻出版知识服务知识关联通用规则》《新闻出版知识服务主题分类词表描述与建设规范》《新闻出版知识服务知识元描述通用规范》《新闻出版知识服务知识应用单元述通用规范》《新闻出版知识服务知识关联服务标识符》和《新闻出版知识服务知识对象标识符（KOI）》9 项国家标准，前 7 项标准已完成标准的征求意见稿，后 2 项则已完成标准草案撰写。

科技部“现代服务业共性关键技术研发及应用示范”重点研发计划专项“文化内容资源产权交易技术”，在“专业知识资源资产管理与交易服务技术集成应用”部分的研究过程中，共完成了《专业知识资源接入》《专业知识资源资产标识》《专业知识资源分类》《专业知识资源权利描述》《专业知识资源确权标识》5 个项目标准，准备申报行业标准。

国家级项目一般主要围绕行业发展亟待解决的版权保护、知识服务等关键问题或热点方向，其研究成果往往填补相关领域空白，基于国家项目研究成果转化的国家标准或行业标准通常能满足行业出现的迫切需求，具有现实意义。

4. 对症行业痼疾，实现标准化新突破

面对行业反响较大的问题，进行有针对性的标准相关研究，将标准研制难点重点问题前移，加强标准预备阶段的预研工作，是标准化流程严谨管理的必然要求，也是体现标准技术先进性和经济合理原则的客观需要。

2018 年，由中国新闻出版研究院组织，对社会关注的两个标准领域进行了深入研究。第一个领域是企业社会责任。国际标准化组织（ISO）发布的 ISO 26000《社会责任指南》国际标准，将视角从传统工程技术领域转向了国际社会政治经济和伦理道德领域，是一个里程碑式的标准。出版企业是国家文化建设的骨干力量，肩负着社会效益和经济效益双重任务，其生产经营活动关系到中华民族文化传承和国家文化安全，所以出版企业更应重视自身的社会责任。为此，中国新闻出版研究院立项展开《新闻出版企业社会责任评价体系研究》。通过向全国 32 家出版企业进行问卷调查，并现场走访 7 家出版单位，电话采访 5 家上市出版集团，完成了 2.3 万字的《出版企业社会责任标准研究报告》和《出版企业社会责任指南》标准草案，为出版企业社会责任标准的后期研制打下扎实基础。

第二个领域是声频产品，包括网络数字音乐和有声读物。我国数字声频产业蓬勃发展，但产业繁荣的背后却存在着有标不依、无标生产等乱象。为此，中国新闻出版研究院立项《声频数字产品质量报告》开展研究，通过对数字音乐网站和有声读物网站的声频产品进行抽样，以现有国家标准为依据进行了声产品质量方面的标准符合性检测及测试验证，对检测及验证结果进行梳理分析，发现了当前声频产业普遍存在的问题。通过对行业问题成因的深度剖析，结合行业实际提出了相关应对策略。报告研究过程中发现了现有国家标准适用性不足的问题，同时在声音出版质量检测方面，应增补对声频本地噪声、声道相位、响度等指标的要求，还要注意吸收最新的标准研制成果，使标准更加完善、实用。有计划、有步骤地平稳推进对周边领域相关标准的研制工作，逐步形成全面的声频产品标准系统。如针对单一声源的模拟全景声规范研制，针对更多种类声频产品的相关标准研制，针对周边软件、硬件和有关环境条件的标准研制工作等。

5. 继续夯实行业标准工作基础

标准基础应用平台的建设开发，能够进一步提高行业科技能力和标准化工作水平，健全新闻出版标准化工作机制，为行业标准化工作的展开提供更有力的支撑，有效推动新闻出版标准的贯彻和实施，是标准化走向行业实践的工作基础。

2018 年，中国新闻出版研究院组织建设了新闻出版标准化服务平台，共包括新闻出版行业基础数据库、新闻出版标准化服务平台、结构化文档标准符合性和内容准确性测试工具三大内容。新闻出版标准化服务平台为新闻出版领域相关单位提供标准服务，功能包括：用户管理；标准分类管理；标准相关性管理（标准文本上传、结构化）；基于内容的检索服务；标准服务计费计量标准实施调查、标准检测功能的链接等。

其主要功能有三项，一是标准功能。包括基于标准体系的标准分类管理、相关性管理、上传和结构化处理功能。支持管理用户对标准的状态管理以及增删改，可实现标准体系的动态维护。支持用户从标准层级、业务属性、所属标委会、标准所处流程环节等多个分类维度对标准进行分类选择，提供标准多维分类功能。二是标准相关性管理，能够以标准体系表中的“相关标表”及标准中的“规范性引用文件”和“参考文献”为依据，建立标准间的相关性关系。三是结构化文档标准符合性和内容准确性测试。能够检测原始PDF文件与数字化加工后的结构化XML文档的准确性，保证XML成品数据与原始PDF文件内容的一致性。可以比对数字化加工后的结构化文档和原始PDF文件内容，根据测试要求判定文档中内容是否一致；提取待测试加工后的结构化文档的格式及各项形式要素，根据测试要求判定文档是否规范；提取待测试加工后的结构化文档，根据测试要求判定文档是否有效；提取待测试的结构化文档内容要素，根据测试要求判定文档是否完整。

第二节　标准化发展

一、技术与应用

数字出版产业作为新兴的产业形态，在国家新闻出版广电总局及地方局的带领和指导下，近年来得到了飞速的发展。在此过程中，国家级、行业级、企业级各级标准的制定和实施起到了举足轻重的作用。基于数字出版工作需求的各种标准的制订和实施，为数字出版单位开展工作提供了捷径，规范了产品形态质量及市场，并成为不同数字出版类型企业之间的纽带。

1. 关键技术标准问题得以相继克服解决

目前出版社构建数字出版产品尚缺乏指导性的内容基础编排规范，造成产品形式单一、内容很难重组利用，无法建立有数的内容组织机制等问题，制约了数字内容的一次性开发，多维度多模式数字出版产品应用。

对此，各标委会针对这一问题提出了各自的解决方法。新闻出版信息标准化技术委员会申报立项了《数字出版产品内容标引规范》行业标准。该标准着重解决的是出版单位今后发展多样化数字出版产品时，内容加工制作的统一规则问题。

新闻出版标准化技术委员会制定的《新闻出版知识服务系列标准》，既能保障基础数字内容的规范化加工制作，为今后数字出版产品提供有力支，也是出版单位今后发展多样化数字出版产品的必要前提。该系列标准规范落地能力强，对现实出版工作具有指导意义。

2. 助力新兴产业领域标准化工作的开展

新闻出版标准化技术委员会组织广东大音音像出版社、盲文出版社、人民教育电子音像出版社、中国出版集团有声事业部、咪咕数字传媒有限公司等出版机构，开展《有声读物系列标准》的研制工作。有声读物是把平面文字演绎成播讲的一种出版物形式，作为音频网络出版物在2017年的发展速度很快，已经产生了喜马拉雅、懒人听书等一批在线平台，如图12-1所示。该标准的制定对于加强在线出版物的行业建设，统一有声读物制作技术标准，提高有声读物内容质量，加强音频数字出版物在线服务水平，强化行业规划和

(a) (b)

图 12-1 有声读物在线平台

（a）喜马拉雅 （b）懒人听书

管理都具有很重要的意义。

新闻出版标准化技术委员会在 2017 年组织地质出版社、深圳天朗时代科技有限公司等单位开展了《AR 技术在出版业中应用的标准化问题研究》，并在此基础上立项开展了（AR 出版物）的系列标准研制工作。国家“十三五”规划纲要明确指出：“要推动虚拟现实与互动影视等新兴前沿领域的创新和产业化。”此次标准制定正是深扣行业发展脉搏，具体落实国家规划精神的具体举措。标准将对通过单一资源关联形成的文本、图形、声音、影像，乃至三维动画等多元结合的出版形态内容进行规范，并尝试通过我国为主导提出的国际标准关联标识符 ISL 有效解决，AR 出版物之间的基本关联关系，实现对 AR 出版物的底层运行支撑。

3. 提升企业标准化工作水平

随着各专业技术委员会的发展和行业标准化经验的积累，对于全行业的社会化标准服务能力也在不断提升。

新闻出版标准化技术委员会在 2017 年完成了地质出版社《国土地质专业领域行业级数字内容运营平台管理标准研制》等两项标准的编制工作，同时承担了电子工业出版社《CNONIX 标准术语及标签规范》《CNONI 标准应用指南》2 项企业标准的研制。通过协助企业制定日常业务规范，理顺了企业内部标准化工作流程，对提升企业制定标准，用好标准的水平具有实际意义和价值。

二、存在问题

1. 数字标准内容不够统一

数字出版的发展使技术实现出现了很多流派，比如在排版格式中有版式、流式、版式和流式相结合等，这使得在面对同一个结果时需要制定不同的标准来规范其流程、技术或方法，特别是根据《标准化法》的规定，新闻出版行业基本只存在推荐性标准，使基于不同技术出发点的标准呈现出了一定的内容差异化，进而造成了出版单位在实际使用标准的过程中感到难以选择。以元数据为例，目前涉及数字出版物元数据的有《电子图书元数据》《中小学数字教材元数据》《元数据系列标准》《版权信息核心元数据》，还有电子课本的相关元数据等。如果某出版单位要出版一本数字教辅，毫无疑问，上述元数据标准都在参考之列，但究竟以哪项标准的元数据为准，这将对出版单位的实际应用带来考验。

出现这一问题的根本原因在于，长期以来新闻出版行业内的几大专业标准化技术委员会基本处于各自为战的状态，虽然有一整套互通互联的工作机制，但是却没有实现标准化工作内容的同步互通。特别是在标准制定的过程中，因为各种因素，各标委会内部的标准基本处于专家委员主导，标委会组织实施的双极工作机制，而缺少一套更高的标准化顶层整合体制。

2. 易用性较差

新闻出版行业已发布各类国家标准、行业标准共计 359 项。这些标准基本覆盖了新闻出版领域现有的全部流程和相关专业加工技术领域。但是，由于最上位的新闻出版标准体系尚未研制出台，上述几百项标准还处于分散的存在状态，没有形成标准树，加之标准内容没有公开，对于一般的出版单位而言，很难仅通过标准名称就能实现与实际的新闻出版工作流程的准确对应匹配，导致了易用性不足的问题。实际上，易用性问题也与各标准间内容设计问题有一定关联。比如，当对电子图书进行加工时，必须要参考以下 4 项标准，才能完整地了解到如何制作一本合格的电子图书，分别是《CY/T 101.8—2014 新闻出版内容资源加工规范第 8 部分：图书加工》《CY/T 100—2014 声像节目数字出版制作技术要求及检测方法》《CY/T 111—2015 电子图书基本质量要求》《CY/T 113—2015 电子图书阅读功能要求》。复杂的标准内容设定，让业务繁忙的相关出版业务人员较难理出标准的清晰头绪，难以做业务对位。

由于这些标准并不是一家专业技术委员会组织编制，而且涉及标准的版权所属问题，所以在各标委会组织出版单位进行业务培训时，不可能出现上述这种针对同一出版目标的交叉标准内容宣贯。这使现有标准易用性出现了较大问题。

建议针对现有已出台的标准和未来规划中的标准，尽快出台清晰完整的新闻出版标准体系表，同时统一授权专业的标准化机构，制定针对现有标准统一的《新闻出版行业标准应用指南》。

3. 仍有标准空白领域待填补

在新闻出版领域几家标准化技术委员会的努力下，数字出版领域已不存在大面积空白状态，但仍存在小部分领域的真空有待填补。较为突出的是少年儿童数字阅读领域，有关标准较为缺乏。生活在当下互联网、移动互联网高速发展时代的少年儿童群体，从婴幼儿时期就开始接触数字阅读产品，随着年龄的增长，其数字阅读率越来越高。然而，少年儿童因其身体各器官的生长发育尚未成熟，又缺乏自我保护意识，更容易受到数字阅读带来的负面影响，甚至对身心健康造成不可逆的伤害。因此，制定相关标准并确保标准应用实施，全面保障少年儿童身心安全刻不容缓。

4. 标准获取困难

标准化基层普及工作不足的一个主要问题还是出在了标准获取的问题上。目前，无论国家标准还是行业标准，获取渠道较为单一且都需要支付一定费用。网络时代下，上述获取渠道无疑较为狭窄。标准制定本身是一个相对公开、公益的过程，其传播应该秉承复制便利、广泛获取的方式。

早在 2015 年，国务院发布的《深化标准化工作改革方案》就要求“免费向社会公开强制性国家标准文本”“推动免费向社会公开公益类推荐性标准文本”。2017 年 2 月，国务院标准化协调推进部际联席会议办公室关于印发《推进国家标准公开工作实施方案》的通知，则明确了到2020年基本实现国家标准全部免费公开的工作目标，并且制定了两个阶段的工作任务，第一个阶段到2018年底，实现免费向社会公开强制性国家标准文本，现在这个任务已经基本实现，到2017年底，全部强制性国家标准共计3470项已经实现了系统公开。

虽然国家颁布了相应规定，且有明确的时间表，但目前行业标准尚无法免费获取。而通常由于标准化工作经费问题，很多标准的印刷数量尚达不到传统出版单位每单位一册的比例，更无法满足各出版单位内部相关人员人手一册学习应用的目的。而目前获取新闻出版行业标准的有效方式仍然要联系出版单位进行购买，而因标准印刷数量少，市场不大，出版单位也不会有很大库存，这甚至导致有些标准无法获取。这一问题严重阻碍了行业标准在各新闻出版单位中的落地实施。

5. 统计和研究不足

新闻出版行业的标准统计力度、相应研究力度均不足。主要表现在以下几个方面：第一，标准的应用成果统计工作尚处于缺位空白状态。从目前的情况看，新闻出版行业对于这个领域的工作尚未展开。这项工作的内容应包括新闻报刊的标准引用；科研报告论文的标准引用；各类政府工作报告的引用情况；标准间的引用情况。第二，标准对于行业发展支撑力的统计和相关研究极度缺乏。标准化工作的重要性在于其对行业发展、经济带动、经济提升的巨大支撑作用。在其他行业标准化工作与行业进步乃至经济发展之间的关系都有较为深度的研究和阐释。

加强标准化领域方面的统计和研究工作的立足点还是要放在专业标准化组织上，建议各标准化专业技术委员会能够在各自的专业标准化领域，充分发挥专业组织实施能力，通过多样化的方式，提升行业统计和研究水平。首先，可以通过委员会内的专家委员组织专题小组，对行业各细分领域的标准化工作开展长期指向性探索和反馈式研究。其次，可以通过召开标准专题座谈会、研讨会、评审会的机会，对专家的行业见解进行详细记录整理，借此定期开展阶段性研究。最后，应重视行业的意见收集和动态跟踪，组织兴趣企业共同研判和深入研究，并应紧跟各相关部委的主导动向，申请相关研究性软课题。

6. 有关法律仍待完善和加强

国务院标准化主管部门会同国务院有关部门制定团体标准发展指导意见和标准化良好行为规范，对团体标准进行必要的规范、引导和监督。同时指出了“选择市场化程度高、技术创新活跃、产品类标准较多的领域，先行开展团体标准试点工作。支持专利融入团体标准，推动技术进步”。这就为联盟标准、企业标准工作的市场开展指明了方向。按照《方案》表述，团体标准包括了联盟标准，并且明确了团体标准要大力推动实施。但是2017年通过立法修订的《标准化法》中的相关内容与《方案》的提法并不一致，未将联盟标准列入团体标准，而将其视为企业联盟共同制定执行的企业标准。同时，《标准化法》也没有对团队标准、联盟标准做出明确的界定，包括其制定和发布主体、规范对象、作用边界、知识产权约定等。这就可能给未来标准化工作的实施带来一定的障碍，特别是对于如何保证标准供给的合规性提出了挑战。因此，用什么样的法律举措去激发释放行业创新、产业活力是今后标准化方面立法和修订必须要注意的问题。

参考文献

［1］ 张立，王飚，李广宇．2018—2019中国数字出版产业年度报告［M］．北京：中国书籍出版社，2019.
［2］ 张立，王飚，李广宇．2017—2018中国数字出版产业年度报告［M］．北京：中国书籍出版社，2018.
［3］ 温强．标准及标准化在数字出版工作中的重要性［J］．科技与出版，2016（07）：72-75.

第十三章　数字版权

随着多媒体技术和互联网的迅猛发展，数字出版产品已成为一类日益重要的商品，成为新兴的出版产业。但是在产业发展过程中，也凸显出很多版权保护的问题，由于数字作品极易复制，每年计算机软件、音乐、VCD和电影等数字产品因为盗版损失达上百亿美元，如何防止数字产品被非法复制与传播，保护版权所有者的合法权益，已经成为进入信息化社会急需解决的问题。

第一节　概　　述

一、数字版权定义

数字版权是出版物所有者对其内容信息数字化制作及传播依法所享有的权利，也就是各类出版物、信息资料数字化后通过网络或其他新兴的数字媒体传播内容的权利，包括制作和发行各类电子书、电子杂志、手机出版物等的版权。

二、数字版权现状

1. 国内现状

根据中国政府法制信息网法律法规数据库查证，我国现有直接涉及数字出版的相关立法共计 11 部，我国数字出版立法主要呈现以下特征：

（1）在制定时间上呈现出时间跨度大和同一时间段较为集中的特点

最早一部立法是国务院于 1981 年颁布的《加强对外合作出版管理的暂行规定》，而最新生效的立法是国家新闻出版广电总局、中华人民共和国海关总署于 2017 年联合出台的《出版物进口备案管理办法》，二者相距 36 年。从立法出台的时间（含修订）看，2010 年之后，不论是中央还是地方，均对数字出版有所重视。

（2）在制定形式上规范数字出版的法律性文件种类较为丰富

从国务院及其部委颁布的《出版管理条例》等国家层面的立法到地方人民代表大会、政府颁布的《天津市电子出版物管理条例》等地方层面的规范，规范数字出版的法律性文件包括行政法规、国务院部门规章、地方性法规、地方政府规章等四种类型，基本上涵盖了所有立法种类，制定形式较为丰富。

（3）在制定内容上涉及数字出版的多个维度

在进出口方面，《出版物进口备案管理办法》将数字出版纳入其中，要求“进口电子出版物（成品）、数字文献数据库的，必须向国家新闻出版管理机关、海关履行备案、审批、报关等手续”；同时，目前出版行业的基本法——《出版管理条例》等相关法律文件也从宏观层面对数字出版进行了规范。

2. 国外现状

在国外，特别是数字化和网络技术比较发达的国家，数字出版已经发展到比较高的水平，对数字版权管理也相对比较重视，且较为体系化。

开放移动联盟 OMA（Open Mobile Alliance）数字版权保护技术不仅可以根据版权对象和封装的内容进行发送，同时可实现客户端和内容认证中心的双向认证。法国通过大幅降低税率，给予数字出版物与传统出版物同等待遇，使法国的数字出版产业在欧盟国家处于领先地位。

纵观国外数字出版立法可知，目前国外立法对数字出版产业的鼓励与支持主要采取了两种模式：

一是专门的产业政策立法模式。该模式以产业促进法为基础和核心，相关立法予以配套支持，代表性国家为日本、韩国。该立法模式的优势在于出台的产业促进法集中度高，针对性强，能够更好地使国家集中必要的资源、资金和技术力量，实现倾斜性投入和扶持，以实现超常发展。

二是分散的立法支持模式。该模式通过若干分散的立法进行保障和促进，代表性国家为美国、英国。日韩等国的产业政策立法模式基于经济学的“后发优势论”，强调对于产业非优势国家，完全依托市场机制，不可能改变自己的比较优势，因此需要政府力量支持产业发展。

3. 国内存在的问题

数字版权市场的保护对整个社会来说有着深远的意义，它有利于整个社会的得失平衡，有利于尊重权利人的劳动成果，有利于数字产品市场的良性发展。目前中国的数字版权状况在司法保护、行政保护、社会保护和技术方面均全面开展，但在数字版权保护的进程中仍存在着一些问题。

（1）立法思想：计划经济思维在数字出版立法中根深蒂固

目前我国涉及数字出版相关立法计划经济思维仍根深蒂固，过度扩张政府职权，对数字出版物的制作、出版、发行、进出口等事项设置了若干不必要的审批程序。

（2）立法内容：部分条文已不符合数字出版产业发展实际

在目前我国涉及数字出版的 11 部立法中，有 2 部立法自制定之日起已超过 10 年未修订，3 部立法超过 20 年未修订，这些“高龄立法”占比高达 45.56%。

（3）立法结构：缺乏单行法对数字出版产业发展进行集中支持

单行法是法典的对称，是指仅规定某一方面事项，或只适用于某些地区、某些主体的规范性法律文件。我国缺乏一部数字出版产业促进法这样的单行法作为引导该产业发展的基础性法律，现行相关立法不仅在鼓励和支持数字出版产业方面精准度不高、力度不够，甚至还存在立法滞后、脱离当前我国数字出版产业发展实际等问题。

（4）立法效能：对数字出版产业发展的保障支持极为有限

中国数字出版产业正处于转型升级的大背景下，法律作为调整经济社会发展最重要的社会规范，应对其给予强有力的保障支持。

目前我国涉及数字出版产业的相关立法对产业的保障支持力度不够，立法理念滞后。同时，部分法规长期未修订，与实践严重脱节，特别是由于缺乏集中统一的单行法，现行立法在支持数字出版产业快速健康发展中未能发挥其应有价值，制定数字出版促进法势在必行。

第二节　数字版权保护技术

数字版权管理（Digital Rights Management，DRM）是随着音视频节目在互联网上的广泛传播而发展起来的一种新技术，是目前对网络中传播的数字作品进行版权保护的主要手段。

数字版权保护方法主要有两类：一类是以数据加密和防拷贝为核心的DRM技术，另一类是数字水印技术和数字指纹技术。

一、数据加密技术

数据加密技术是指将一个信息经过加密钥匙及加密函数转换，变成无意义的密文，而接收方则将此密文经过解密函数、解密钥匙还原成原始信息的技术。数据加密技术要求只有在指定的用户或网络下，才能解除密码而获得原来的数据，这就需要给数据发送方和接受方以一些特殊的信息用于加解密，这就是所谓的密钥。按加密算法分为对称密钥和非对称密钥两种。

1. 对称密钥

对称密钥是指加密和解密时使用同一个密钥，即同一个算法。如DES和麻省理工学院的Kerberos算法。当一个信息要加密传送时，该信息用密钥加密构成密文，收到密文后用同一个密钥将密文解出来，形成原始信息供使用。这种密钥加密与解密方式是最简单的方式，通常加密方与解密方必须都具备此密钥，因此密钥的管理极为重要，一旦密钥丢失，密文将无密可保。

2. 非对称密钥

非对称密钥又称公开密钥，加密与解密时使用不同的密钥，即不同的算法，虽然两者之间存在一定的关系，但不会轻易互相推导出。通常公开加密密钥对外公开，用于信息的加密，而解密密钥仅有自己保留。发送方只需使用接收方发布的公开密钥对信息进行加密，然后传送给接收方，其他人因为没有该加密方式的解密密钥，因此即使接收到，也无法解密原始信息，但这种方式难以鉴别发送方的身份，任何得到公开密钥的人都可以生成和发送信息。

数字签名就是一种非对称密钥技术机制，同时提供了鉴别发送方身份的方法，以解决伪造、冒充、抵赖和篡改等问题。使用公开密钥方法的数字签名是数据加密与传输常用的方法，是附加于信息传输过程中，或与之有逻辑联系的电子形式的数据，可用来证明数据签名者同意数据电讯中所包含的信息内容。数字签名通常使用个人身份密码或个人身份号码（PIC/PIN）的数字签名方式，一个比较完善的数字签名应满足三个条件：①签名者不能否认其签名的文件与事实；②任何其他人不能伪造该签名；③接收方通过文件中的签名能认证发送方的身份，通过验证其签名来确认其真伪。

数字签名的过程如下：

在图13-1所示的数字签名的过程中，仅考虑从左到右的单方向加密、传送、解密过程。在发送端，发送方A使用A的私人密钥对信息数据加密，得到加密文件D_A（P），然后再使用接收方B的公开密钥E_B加密D_A（P），得到加密文件E_BD_A（P），然后传输加密

文件 E_BD_A（P）；在接收端，接收方 B 使用 B 的私人密钥解开 E_BD_A（P）获得加密文件 D_A（P），再通过 A 的公开密钥 E_A 解密获得最初的原始信息数据（P）。

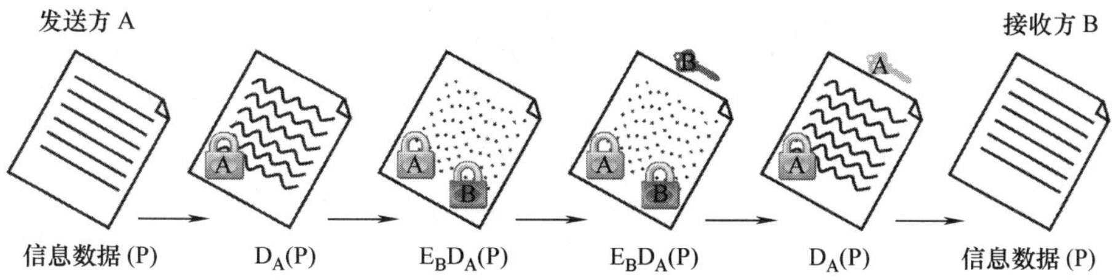

图 13-1　使用公开密钥的数字签名

其中的几个概念有：

A 的私人密钥 D_A：发送方 A 不曾公开的加密算法，但可通过 A 的公开密钥 E_A 进行解密，由于采用非对称密钥算法，因此加密和解密算法不同，只有发送方 A 自己清楚该加密算法。

A 的公开密钥 E_A：发送方 A 公开的用于解密其采用私人密钥加密的文件 D_A。

B 的公开密钥 E_B：接收方 B 公开的用于文件加密的算法。

B 的私人密钥 D_B：接收方 B 用于解密其采用公开密钥 E_B 加密的文件，仅接收方 B 自己清楚该解密算法。

通过该数字签名过程加密传输的信息数据，发送方 A 不能否认其发送的签名加密文件，因为 B 接收方通过 B 的私人密钥 D_B 获得的解密数据 D_A 是任何人都不能对原始文件加密实现的，只有 A 方才能进行加密得到 D_A；而除了 B 接收方能够使用私人密钥 D_B 解密 E_BD_A 获得 D_A 以外，任何人都不能解密 E_BD_A 而获得 D_A 加密文件数据。

二、防拷贝技术

防拷贝技术是指通过某种技术使得操作系统的拷贝方法甚至软件不能实现拷贝功能或复制后不能使用，是防止信息复制扩散的主要手段。主要的方法有硬件防拷贝、软件防拷贝和软硬件结合的方式，如图 13-2 所示，在 OMA DRM 框架中，授权用户即使复制受保护的内容给非授权用户，非授权用户也不能得到授权中心提供的许可证，从而起到了内容的防拷贝。

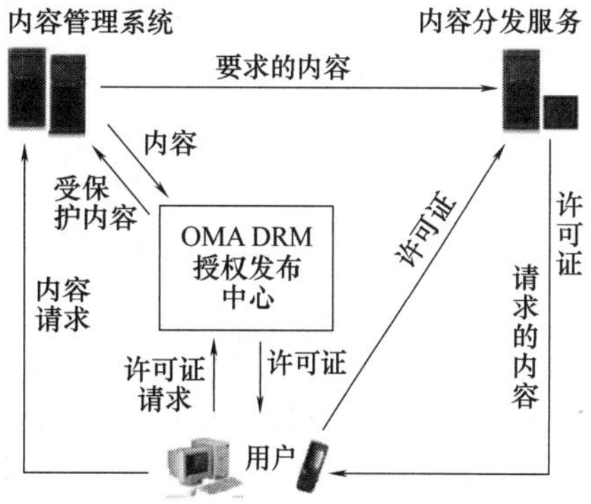

图 13-2　OMA DRM 防拷贝框架

三、数字指纹技术

虽然采用数据加密技术的保密方法是保护数字作品的一种形式，但它只能够保护数字产品安全传输，却不能保证数字产品解密后的盗版问题。数字指纹技术和数字水印技术是近几年来发展起来的新型数字版权保护技术，通过这两种技术，当发现非法拷贝后，发行者或版权所有者可以根据该信息对进行非法分发的用户实施跟踪，对其行为进行起诉或制止；对拷贝使用者进行追诉，保护数字产品的版权，从而抑制非法拷贝与传播。

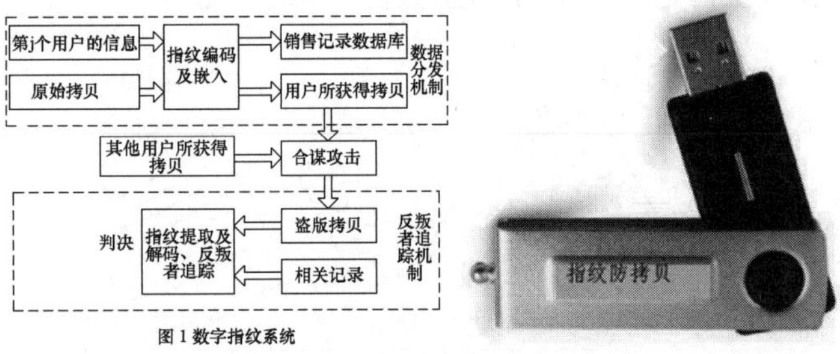

图 13-3　数字指纹防拷贝 U 盘

数字指纹是指在原产品中嵌入与用户有关的信息，嵌入的内容对不同的购买者是不同的。其作用是当版权者发现了非法分发或拷贝后，版权者可以根据嵌入的数字指纹信息对进行非法分发的用户实施跟踪，对盗版者进行指控，从而达到版权保护的作用，如图 13-3 所示。数字指纹具有隐形性、鲁棒性、确定性、数据量大和抗合谋攻击能力等特点。

四、数字水印技术

数字水印技术是通过利用人类感觉器官的不敏感性，以及数字信号本身的冗余，将标识信息嵌入到数字载体（包括电影、图像、音乐以及文档等多媒体数据）当中，且不影响原载体的感觉效果和使用价值。通过特殊的方式或专用的检测工具，可以从数字载体中提取出水印或是检测出它的存在。若他人擅自去除嵌入标识信息，将使多媒体信息质量受到严重影响甚至不能正常使用，如图 13-4 所示为数字水印的添加与检测框架。

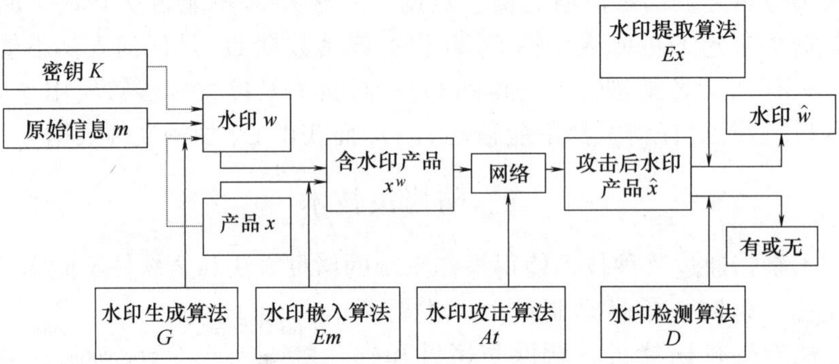

图 13-4　数字水印添加与检测框架

数字水印技术的特征主要有：

① 不可感知性。数字水印应是不易被感知或不可感知的，而且应不影响被保护数据的正常使用，不会降低质量。

② 安全性。安全性表现为水印能抵抗恶意的攻击，难以篡改或伪造，同时，应当有较低的误检测率，当原内容发生变化时，数字水印应当发生变化，从而可以检测原始数据的变更。

③ 鲁棒性。是指在经历多种无意或有意的信号处理过程后，数字水印仍能保持部分完整性并能被准确鉴别。

④ 水印嵌入容量。是指载体在不发生形变的前提下可嵌入的水印信息量。理论上，在保证水印嵌入的有效性的前提下，水印嵌入容量越多越好。嵌入的水印信息必须足以表示多媒体内容的创建者或所有者的标志信息，这样有利于解决版权纠纷，保护数字产权合

法拥有者的利益。

数字水印技术作为数字版权管理的关键技术，可以对数字媒体信息实时有效的版权保护，当该数字作品被盗版或出现版权纠纷时，所有者可从盗版作品或嵌入水印的作品中获取水印标识作为依据，从而保护所有者的权益。

水印信息载入的媒体形式主要有：文档、图像、音频和视频。本章将通过相应的软件对上述媒体形式的水印添加予以说明。

1. 文档水印的添加

以 word 2016 版为例，点击菜单栏的“设计”，在右上角找到“水印”，点击即可根据需要进行添加各种不同类型的水印。

（1）启动 Word 2016，点击菜单栏的“设计”，在右上角找到“水印”，点击即可根据需要进行添加各种不同类型的水印，如图 13-5 所示。

（2）选择添加图片水印或是文字水印。word 文档中预设了几种样式的水印，可以直接选用，找到合适的单击即可添加，如图 13-6 所示。

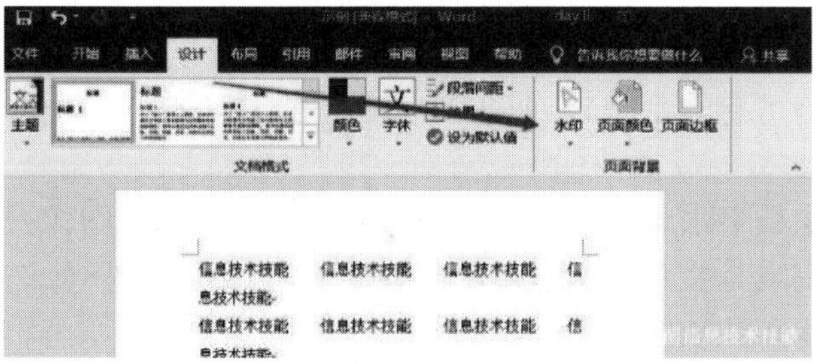

图 13-5　Word 2016“水印”对话框

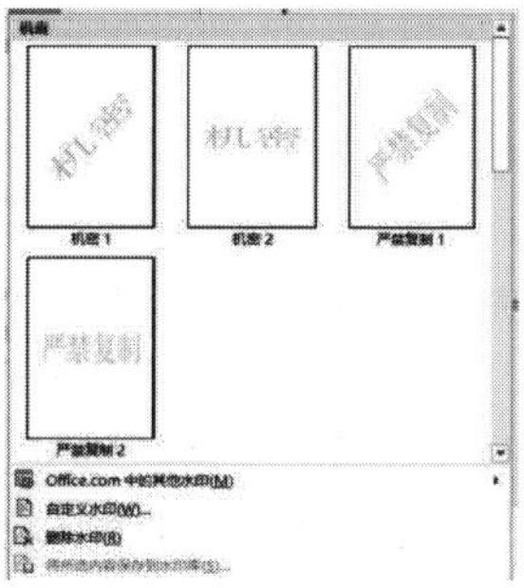

图 13-6　预设的水印样式

（3）可以点击“自定义水印”进行编辑自己想要的水印。点击“文字水印”前面的小圆圈，进入自定义水印文字编辑状态，可以根据需要编辑文字，调整字体字号样式以及字体的颜色。调整好后点击确定即可添加，如图 13-7、图 13-8 所示过程及添加后结果。

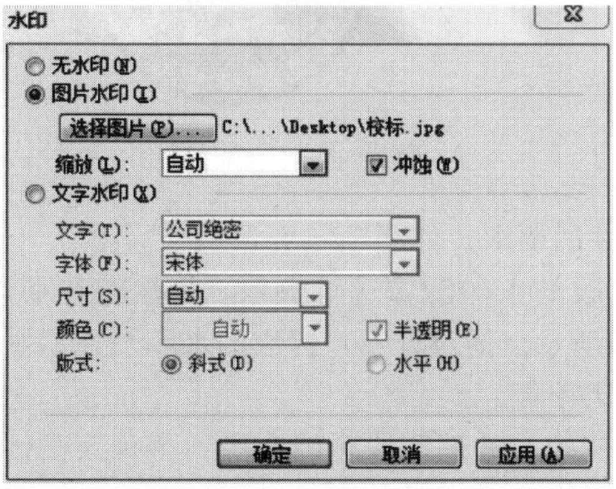

图 13-7　“水印”对话框图片水印参数设定

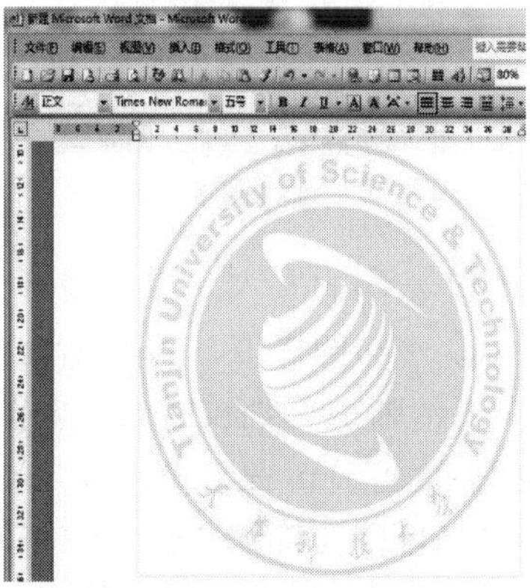

图 13-8　添加图片水印效果

（4）也可以选择“文字水印”，添加过程及结果如图 13-9、图 13-10 所示，可以根据需要调整文字水印的样式。

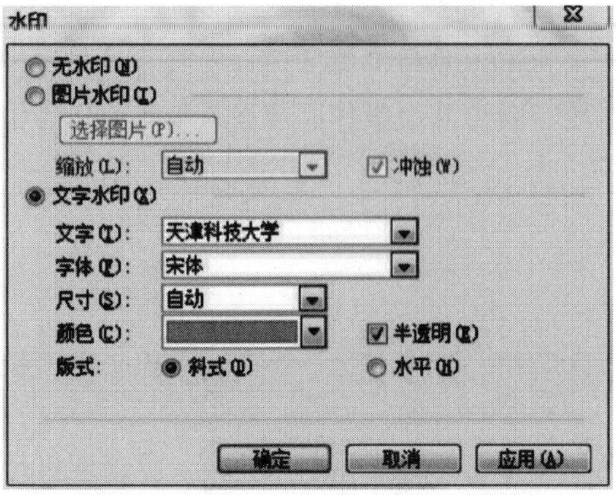

图 13-9 “水印”对话框文字水印参数设定

图 13-10 添加文字水印效果

2. 图像水印的添加

图像水印依据视觉效果可以分为可感知水印和不易感知水印。可感知水印是指水印信息可以被看见，且不易轻易擦除，与图像“共存亡”；不易感知水印通常隐藏在图像当中，表面上不易察觉。图像水印的添加可以通过高级程序语言编程实现，如 MATLAB，也可以通过一些免费软件进行添加（通常为可感知水印），如 TSR Watermark Image Software 以及 Photoshop 软件。

（1）使用 MATLAB 编程实现图像数字水印，可以参考 MATLAB 关于数字图像处理与数字水印的函数、算法过程的参考书或是文章，这里仅给出使用 MATLAB 对图像进行不易感知水印的添加、提取水印以及水印抗攻击性的示例图。

① 原始测试图像与二值水印图，如图 13-11 和图 13-12 所示。

图 13-11 测试图像（Lena. tif）

图 13-12 水印二值图（Bmp）

② 水印的嵌入。完全满足数字水印不可见性的要求，如图 13-13 所示。

③ 水印的提取。可以看出，对未经任何篡改的水印图像进行提取，虽然存在噪声，但可以清晰地见到校徽的主要图案，如图 13-14 所示。通过计算，提取的水印与原始水印的相似度值 Sim 是 0. 9275，说明二者的相似度比较高。

④ 鲁棒性检测实验。数字原稿在打印前的变换、处理阶段可能会受到多种攻击，如剪切、污损、涂改、格式转换、模/数转换等。对嵌入水印后的图像进行以上攻击篡改的实验，再提取各种攻击后的水印信息，可以验证算法的鲁棒性。

a. 水印的抗涂改实验，如图 13-15 和图 13-16 所示。

b. 水印的抗剪切实验，如图 13-17 和图 13-18 所示。

图 13-13　嵌入水印后的图像

图 13-14　提取的水印

图 13-15　经涂改的水印图像

图 13-16　涂改后提取的水印

图 13-17　剪切后的水印图像

图 13-18　剪切后提取的水印

c. 水印的抗格式修改实验，如图 13-19 和图 13-20 所示。

图 13-19　修改为 Bmp 格式的水印图像

图 13-20　格式修改后提取的水印

d. 水印的抗印刷扫描实验，如图 13-21 和图 13-22 所示。

（2）使用 TSR Watermark Image Software 软件添加图像水印

① 启动图像水印软件 TSR Watermark Image Software，首先进入的是“Files to watermark”子页面，点击“文件”按钮，打开想要添加水印的图像，如图 13-23 所示。

② 单击右下角“Next”按钮，进入“Watermake（s）configuration”子页面，单击

图 13-21　印刷扫描后的水印图像

图 13-22　印刷扫描后提取的水印

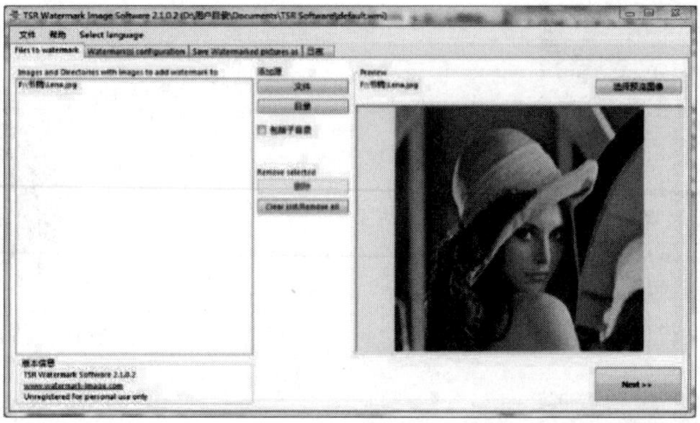

图 13-23　“Files to watermark” 页面

“Add” 按钮，为本次水印添加过程建立描述文件 “校标”，如图 13-24 所示。

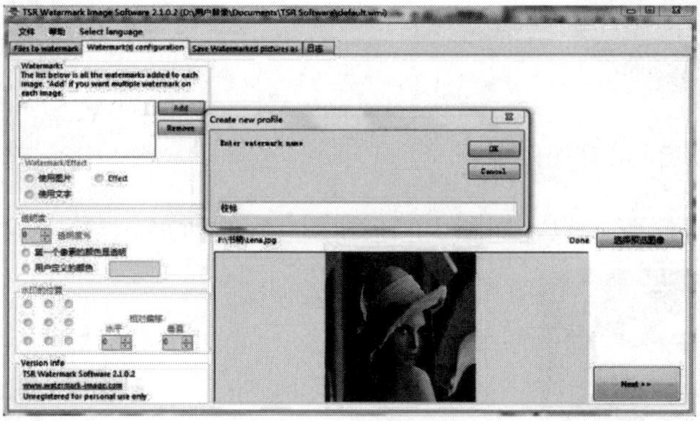

图 13-24　“Watermake（s）configuration” 页面

③ 在软件左侧，选择 “Watermark/Effect” 选项中 “使用图片” 选项，在右侧 “选择用于水印的图像” 处打开水印图像，效果如图 13-25 所示。

④ 选定水印图像后，可以设定 “水印的位置”，水印的 “透明度”，水印图像的大小百分比，如图 13-25 所示。若想建立不易感知水印，可以将 “透明度” 设置为 100%，图中校标水印的透明度为 50%。

⑤ 设定好后，单击右下角 “Next” 按钮，进入 “Save Watermarked pictures as” 子页面，单击左侧 “Add” 按钮，填入刚刚建立的描述文件 “校标”，如图 13-26 所示。

⑥ 此时软件界面左下侧的各保存选项被激活，这里可以选择 “目的地”“输出格式”

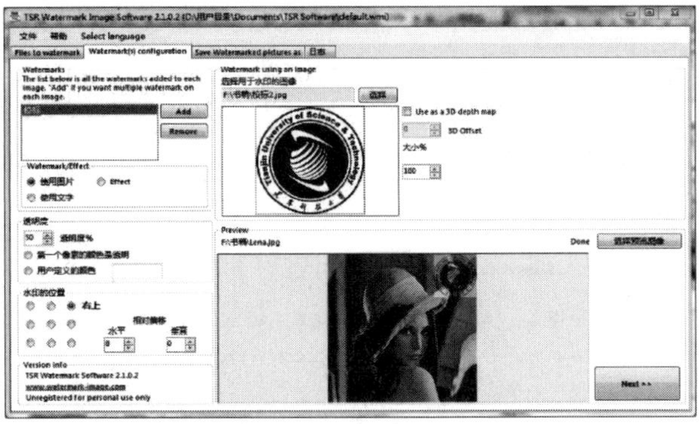

图 13-25　加入水印图像效果图

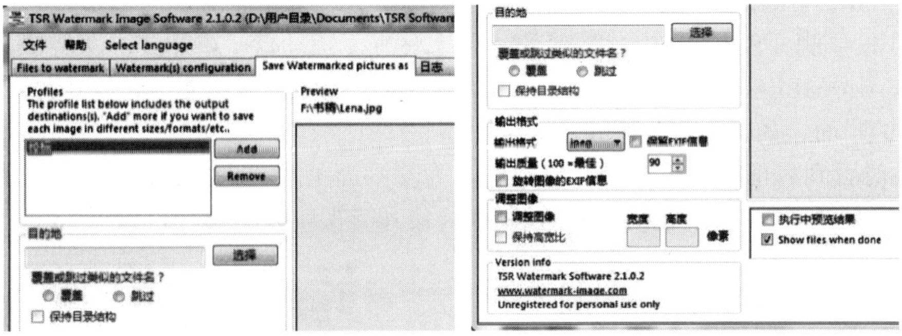

图 13-26　“Save Watermarked pictures as”部分页面

“调整图像”等选项。设定好后，单击右下角“开始”按钮，保存添加水印图像。

⑦ 保存的结果如图 13-27 所示。

图 13-27　添加“校标”水印的效果图

利用此软件还可以为图像添加文字水印和效果水印，可以根据需要调节各种水印的效果，并可以实现批量图像添加水印，操作简单方便。

3. 音频水印的添加

数字音频水印是指将具有特定意义的信息嵌入到原始音频中而不显著地影响其质量。根据不同的应用，嵌入的水印数据可以是版权信息、序列号、文本(如音乐或艺术家的名字等)、一个小的图像甚至是一小段音频。水印隐藏在宿主音频数据中通常不为人所感知，此外还能够抵抗常规音频信号处理以及某些恶意的攻击。

由于数字音频文件为非可视性文件，音频嵌入数字水印通常是通过特定算法，将弱信号水印信息嵌入到强背景数字音频上，主要有时域算法、变换域算法以及压缩域算法等，可通过 MATLAB 或其他程序设计实现。

4. 视频水印的添加

为视频添加水印，实际上就是把作为水印的文字、图像、动画或视频叠加到影片素材上，目前有多款专用软件能为视频添加水印，如 Video Watermark、Watermark Master

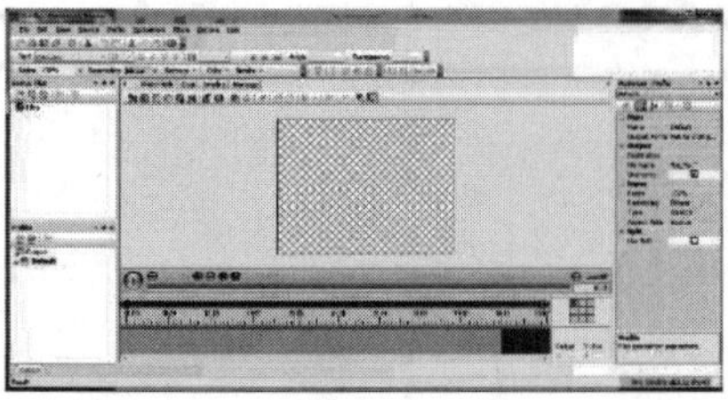

图 13-28 “Watermark Master”软件界面

等，如图 13-28 所示为 Watermark Master 软件。这些软件的优势在于支持的视频格式多、水印的种类和样式丰富、操作简便直观。另外还可以通过专门的视频编辑软件来实现水印的叠加，如会声会影、Premiere 等，只要是含有两个以上视频编辑轨道的视频处理软件都可以实现叠加水印。

Watermark Master 添加水印操作过程：

① 启动 Watermark Master 软件，选择默认的“Create a new config File”，进入程序主界面，如图 13-28 所示，根据预导入的视频分辨率设定画面尺寸，在软件右侧的“Properties-Profile”中调节“Frame \ Resize”为 720 像素×576 像素。

② 单击左侧“Source Files”下的“”图标，添加视频文件，支持的格式包括 AVI、MOV、MPEG、RM、WMV、VOB 等。单击选中该视频文件，使其在预览窗口中看到视频的画面，如图 13-29 所示。

③ 此时看到在视频的两边有黑色边框，为使画面美观，去掉黑色边框，选择视频上方“Crop”分栏菜单，拖拽视频两侧控制线，使其与视频大小吻合，如图 13-30 所示。

图 13-29 添加视频画面

图 13-30 视频画面编辑窗口

④ 返回“Watermark”分栏菜单，看到视频与第①步中设定的分辨率画面尺寸相同，如图 13-31 所示。

⑤ 添加文字水印或图片水印。选择视频上方图标添加文字水印，选择图标添加图片水印，本例中以文字水印为例。选择添加文字水印，出现“www. YourSite. com”网址，如图 13-32 所示，此时可以在右侧“Properties”中更改文字水印的属性，如图 13-32 所示，这里更改网址为“www. tust. edu. cn”。

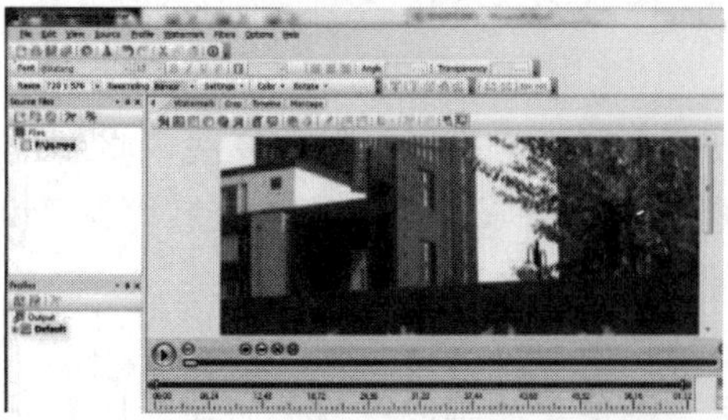

图 13-31 视频画面编辑后效果

图 13-32 添加文字水印页面

⑥ 属性设定。如图 13-33 所示，在“Properties \ Main \ Transparency”中设定透明度为 50%，根据需要，还可以设定位置、旋转、大小、字体相关设置等。此外，通过编辑时间线（拖拽时间线蓝色水印两边可设定）还可以设定水印显示时间的范围。如图 13-34 所示。

⑦ 输出设置及视频输出。添加调整好水印，单击【File】>【Run with Profile】选项，启动“Profile Settings”对话框，如图 13-35 所示。

⑧ 在“Output Format”中选定输出格式为“AVI”格式，如图 13-35 所示，然后单击确定，保存视频文件。

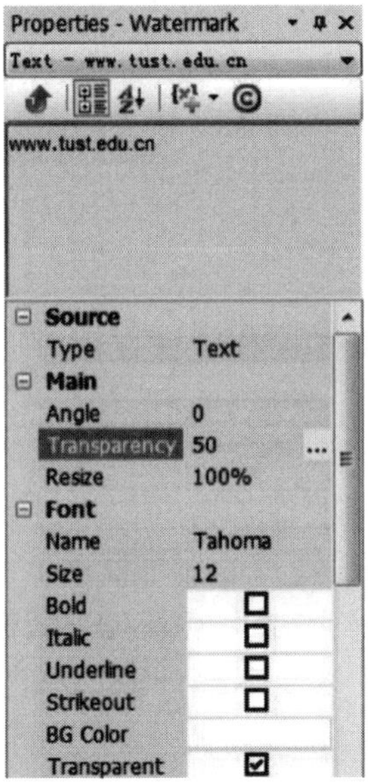

图 13-33 “文字水印”属性对话框

图 13-34 控制水印显示时间效果画面

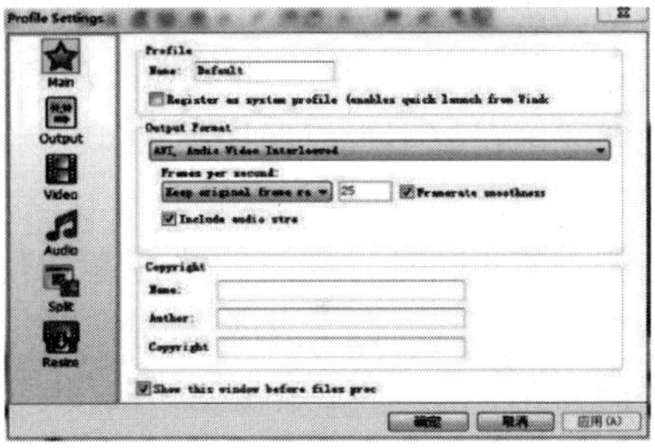

图 13-35 “Profile Settings”对话框

第三节　数字版权发展

一、数字版权立法

“倡导创新文化，强化知识产权创造、保护、运用”是党的十九大对知识产权工作的新方向，说明知识产权的作用日益凸显，已经成为国际竞争的重要战略资源和核心要素。在此背景下，VR、人工智能、区块链等新模式和新技术的不断渗透到数字出版产业的各个环节中，产生了大量的新内容、新作品，也引发了数字版权保护的新问题，值得进一步研究。

国家相关法律体系进一步完善，网络版权在司法保护、行政保护等方面的力度不断得到加强，版权权利人和社会各界就数字版权保护意识日趋提升，我国在数字版权保护领域不断取得了新的成绩。

（1）《反不正当竞争法》的修订，为版权保护“添砖加瓦”

2017年11月4日，十二届全国人大常委会第三十次会议通过了新修订的《反不正当竞争法》。修订后，该法能够更好地调整和引导新时代市场竞争秩序，扩大了版权保护范围。新修条款将知名人士的姓名扩大到了商标法及其他存在特定联系的领域，有效解决相关纠纷中署名权遭遇的尴尬，加大了对版权权利人的保护力度。

（2）新政策不断推动版权保护发展

2017年1月，国务院印发《“十三五”国家知识产权保护和运用规划》（简称“规划”）与《知识产权综合管理改革试点总体方案》（简称“方案”）两份文件，国家版权局印发《版权工作“十三五”规划》（以下简称“版权规划”）。三份文件相辅相成，为“十三五”时期的知识产权保护，提供了坚实有力的政策基础和依据。《规划》的印发，意味着知识产权首次成为国家专项规划的重点之一，有利于知识产权工作的全国布局。《方案》有利于完善知识产权管理机制、提升知识产权保护能力，对创新驱动战略提供支撑。《版权规划》对版权法律制度、行政管理、社会服务等体系的完善与建设工作起到非常大的促进作用。

二、数字版权保护体系

2017年的数字版权保护在立法保护、司法保护、行政保护和社会保护方面都有一些新的进展。

在立法保护方面，《反不正当竞争法》《“十三五”国家知识产权保护和运用规划》及《知识产权综合管理改革试点总体方案》都反映出我国在司法保护方面的推进，不断补充或扩展我国在数字版权保护的法律体系。

在司法保护方面，全国的知识产权案件依然呈高速增长态势，且新类型版权纠纷呈上升趋势。与此同时，我国依然存在赔偿标准的统一问题，以及审理涉及网络游戏直播案件、视频聚合网站的案件等新商业模式下的网络著作权案件的服务提供商的责任认定等问题，需要在今后的工作中进步探索和完善。

在行政保护方面，党的十九大报告为知识产权保护确定总基调，突出知识产权保护的重要性，彰显保护网络版权的突出作用。2017年的“剑网行动”，为网络版权保护的生态建设做出了突出的贡献。影视和新闻两类作品的侵权盗版状况得到有效整治，电子商务平台与App平台版权秩序受到重点关注，网络文学、网络音乐、网络云存储空间、网络广告联盟等领域的版权工作得到有效巩固，使权利人的权益得到有效保障，净化了网络环境。

在社会保护方面，2017年，网络版权的社会保护更加立体、多元、有效。“中国新闻媒体版权保护联盟”宣告成立，是新闻媒体知识产权保护意识增强的体现，凸显政府对新闻产业的版权保护的重视。学者、媒体、企业等多种社会力量不断聚焦版权保护，促使版权保护工作更加顺利进行。

三、问题及发展

1. 数字版权保护存在的困境及应对措施

人工智能、大数据、区块链技术等各种新技术助力数字出版产业的高速发展的同时，也带来了各种新的知识产权保护运用问题，给我国的数字版权保护不断提出新的挑战。

（1）新行业、新技术对知识产权保护形成一定挑战

市场的快速发展让版权生态更趋复杂、版权纠纷更趋多样，为版权保护带来了全新挑战。从过去的单线授权、零星开发，“IP 时代”引发的版权资源活化，已经走向贯通文化产业全链条的阶段。营造良好的版权生态，成为当前文化产业的迫切需求。然而由于新业态的不断出现新技术的不断发展，版权的方式和种类也不断翻新，使维权的难度进一步加大。例如：游戏直播、微信公众号、新型自媒体等新行业的兴起，涌现出大量侵权行为。不断推陈出新的新的业态还没有形成对版权保护的足够认识，当前的文化产业新兴业态在作品授权、权利分割、集中开发方面仍然存在不规范、不准确的现象。

随着人工智能的快速发展，未来人工智能将会在新闻采写、文学创作等领域大显身手，人工智能创作物也会大量涌现，其版权的归属将会引起广泛关注。

（2）强化行政保护、司法保护、社会保护、技术保护的协同作战，建立保护数字版权体系和生态环境

推动网络版权相关产业持续健康发展，要坚持在发展中创新。在创新中发展的理念，努力实现在内容、管理等领域取得进展，需要政府管理部门以及互联网企业、权利人和专家学者共同努力。通过版权交易平台建设和版权价值评估体系的创建，完善版权资产评价机制，加强版权行业组织建设，结合互联网特点摸索授权机制的构建，建立保护数字版权体系，让版权产业更好更快发展。

（3）进一步加快数字版权保护立法

保护知识产权就是保护创新。虽然，近几年来我国知识产权保护工作取得了有效进展，但是在现有法律规则和体制框架内，很难消除知识产权侵权的网络土壤，难以从根本上对网络侵权问题进行根治，建立健全工作体制机制，已成为亟待突破的制约知识产权审判工作的瓶颈。这就需要加强顶层设计，针对各种制约因素进行周密详细的调研，加强立法工作，确立新的规则，通过有效手段，营造不敢侵、不愿侵的社会氛围与法制环境，推动我国数字版权保护立法实现根本性转变。

2. 数字版权保护技术发展状况

数字版权保护技术的发展在版权保护中的运用中的作用，日益突显，成为更为重要的因素。

（1）数字版权保护借力区块链技术，完善版权保护体系

在数字版权领域，授权以及版权结算不畅、利益分享严重失衡、侵权盗版屡禁不止、确权及维权困难等问题尤为突出。为了破解上述难题，中国版权保护中心在 DCI 体系中应用区块链技术进行版权结算。区块链技术通过不可篡改的公共记账本客观记录事实，一旦发生诉讼，可提供合法、客观的证据，更好地保护数字版权。与此同时，中国版权保护中心也启动了“多媒体内容运营与版权费结算平台”。该平台使用创新的智能 AI 及区块链加固技术，专门从事数字版权运营与版权费用结算服务，可为版权人提供安全、快捷的数字作品版权登记接入服务通道。

（2）中国版权协会版权监测中心平台上线

2017 年 4 月，中国版权协会版权监测中心平台正式上线。该平台在人工智能搜索、云计算、大数据分析的支持下，监测范围涵盖了全球 PC 全网、移动 App、智能电视、机顶盒、聚合 APK 等网络播放平台，并针对云盘、贴吧、直播平台、P2P 网站等新型

平台。

（3）新的水印技术，助力版权保护

中国新闻出版研究院在承担国家新闻出版广电总局重大科技工程项目——数字版权保护技术研发工程的关键核心技术研发、系统总体集成和工程管控过程中产出的核心专利技术“一种视频水印的嵌人和提取方法”，能够实现数字视频版权标识的隐蔽嵌入和鲁棒提取，能够为视频媒体的数字版权保护与侵权追踪提供有效技术支撑。与其他同类技术相比，该技术不受视频编码格式限制，在版权标识不可见性、鲁棒性、高效性等方面均得到了显著提高。目前，该技术不仅在数字版权保护技术研发工程“富媒体内容版权保护应用系统”中得到了应用，而且在工程核心成果物——数字版权保护技术管理与服务平台中得到了集成应用，并发挥了关键支撑作用。同时，该技术还在多个数字版权基础服务系统或平台中得到了集成应用，提供了有效支撑。

参考文献

［1］ 廖也晴．鲁棒数字水印算法研究及其在 DRM 中的应用［D］．武汉理工大学，2010.

［2］ 荆雷，曹程．IPTV 业务中数字版权管理技术的应用前景［J］．邮电设计技术，2011，24-26.

［3］ 顾翀．用于印刷图像的水印算法研究［J］．包装工程，2009，(8)：31-33.

［4］ 百度文库．浅析数字版权管理现状与发展．http：//wenku. baidu. com/view/55c1bee8f8c75fbfc77-db2e1. html.

［5］ 郝振省．2011—2012 中国数字出版产业年度报告［M］．北京：中国书籍出版社，2012.

［6］ 楼文高，孟祥辉．数字版权保护技术的现状及其发展趋势［J］．出版与印刷，2007：7-10.

［7］ 贾英霞，简艳英．浅谈数字版权保护与信息隐藏［J］．电脑知识于技术，2007，564-565.

［8］ 张博，等．浅析数字出版版权保护现状及其对策［J］．出版发行研究，2010，58-60.

［9］ 脱立恒，等．基于 OMA DRM 的域管理方案研究［J］．微计算机应用，2010，22-29.

［10］ 王美华，等．OMA DRM 技术体系结构分析［J］．网络安全技术与应用，2006，76-79.

［11］ 郝振省，等．我国数字版权保护［J］．出版发行研究，2007，18-20.

［12］ 张立，王飚，李广宇．2017—2018 中国数字出版产业年度报告［M］．北京：中国书籍出版社，2018.